पितृ ऋण

पितृ ऋण

प्रभु जोशी

राजकमल प्रकाशन

ISBN : 978-81-267-2606-6

मूल्य : ₹395

पहला संस्करण : 2014
दूसरा संस्करण : 2017

प्रकाशक : राजकमल प्रकाशन प्रा. लि.
1-बी, नेताजी सुभाष मार्ग, दरियागंज
नई दिल्ली-110 002

शाखाएँ : अशोक राजपथ, साइंस कॉलेज के सामने, पटना-800 006
पहली मंजिल, दरबारी बिल्डिंग, महात्मा गांधी मार्ग, इलाहाबाद-211 001
36 ए, शेक्सपियर सरणी, कोलकाता-700 017

वेबसाइट : www.rajkamalprakashan.com
ई-मेल : info@rajkamalprakashan.com

मुद्रक : बी.के. ऑफ़सेट
नवीन शाहदरा, दिल्ली-110 032

PITRI-RIN
Stories by Prabhu Joshi

जीवनसिंह ठाकुर, प्रकाश कान्त,
अंजनी चौहान, रखब जैन,
राहुल ब्रजमोहन और
सुशोभित सक्तावत के लिए

अनुक्रमणिका

आत्म-कथ्य

अभी तय करना है हँसना

वे जून 1977 के आख़िरी दिन थे। मैं ज्ञान चतुर्वेदी की सलाह पर रीवा से 'ऑल इंडिया इन्स्टीट्यूट ऑफ मेडिकल साइन्सेज' नई दिल्ली इलाज के लिए गया था। तभी बम्बई से कमलेश्वरजी का दिल्ली में, जहाँ मैं ठहरा था, उस पते पर ख़त आया था, 'तुम अपना 'आत्म-कथ्य' अविलम्ब मुझे लिख भेजो। 'सारिका' के अगले अंक में 'गर्दिश के दिन' स्तम्भ के अन्तर्गत जाना है' मुझे अच्छी तरह याद है, मैंने लल्लन भाई-सरला भाभी के मायापुरी चौक के पॉवर हाउस वाले डेसू के फ्लैट में दो-तीन दिनों तक देर-रात छत पर जागकर तारों भरा आसमान ताकते हुए, यह लिखा था। लिखते हुए वहाँ बड़ी दिक्कत होती थी। आसमान की तरफ़ देखकर पहले तो मैं पास का पॉवर हाउस हटाता। फिर वहाँ से मायापुरी चौक के तथा आसपास के मकान हटाता। फिर रात भर रोशनी की दूधिया बारिश करते रहनेवाले ऊँचे-ऊँचे खम्भों को। फिर, इन सबको हटाकर बनाई गई ख़ाली जगह में, मैं गाँव का अपना मिट्टी का घर लाता। घर से जुड़े ओटले और आँगने लाता। तमाम सँकरी गलियाँ लाता। तभी अचानक उन सँकरी गलियों में कोई कार तेज़ी से हॉर्न बजाती हुई घुस आती और सबकुछ ध्वस्त हो जाता। उस ध्वंस के साथ ही वहाँ फिर से आ जाता, वही पॉवर हाउस। फिर से आ जाते डेसू के वे ही मकान। और आ जातीं मायापुरी चौक की वे बत्तियाँ और यहाँ तक कि पूरी दिल्ली ही आ जाती। अपने उजालों, अँधेरों और शोर के साथ।

बहरहाल, बड़ी मुश्किल से ढहने और बनने की प्रक्रिया के बीच मैंने स्मृतियों के ठहरे और ठिठके जल को खँगालकर, यह 'आत्म-कथन' लिखा था। तीसरे दिन पूरा होने पर सरला भाभी ने पढ़ा तो कहा, 'प्रभु तुम इतने अच्छे से लिखे हुए ऑटोबायोग्राफिकल नोट्स को कहाँ बूढ़ों के कॉलम में दे रहे हो। क्या तुम कहानी लेखन से रिटायरमेंट लेनेवाले हो, जो यह लिखकर छपाने को तैयार हो गए हो?' इसे विचित्र संयोग ही कहा जाना चाहिए कि दिल्ली से लौटते हुए वह सारा लिखा हुआ, रेल-यात्रा में ही कहीं भागम-भाग में गिर गया और जिस व्यक्ति को वह मिला, उस व्यक्ति ने उसे पढ़कर, डॉ. रामस्वरूप शर्मा को इस पत्र के साथ लौटाया कि 'चूँकि इसके साथ बीच के पन्नों

में जो पत्र रखा था, उसमें पता, बी-22 कालकाजी दिल्ली लिखा है, इसलिए, इसे मैं आपको लौटा रहा हूँ। पढ़कर यह अवश्य लगा कि ये वही प्रभु जोशी हो सकते हैं, जो शायद देवास से हैं, और जिनकी कहानियाँ मैंने 'धर्मयुग' में पढ़ी हैं।' और बाद उसके डॉ. रामस्वरूप शर्मा ने उसे मुझे रजिस्टर्ड डाक से लौटाया। लेकिन, वापस मिलते ही मैंने उसे तत्काल कमलेश्वरजी को नहीं भेजा। इसी दौरान ही जीवन में निरन्तर कुछ ऐसा तह-ओ-बाल मचता रहा कि कहानी-लेखन ही स्थगित हो गया। सन् 77 के बाद कोई कहानी लिखी ही नहीं गई। देवास के मित्र जीवनसिंह ठाकुर और प्रकाश कान्त निश्छल परिहास में कहा भी करते 'प्रभु जोशी ने आजकल 'अ-श्रेणी' के लेखन से अवकाश ले रखा है'

अब जबकि, मैं अपनी उस दौर की लिखी-छपी कहानियों को यहाँ-वहाँ से बटोर कर संग्रह के रूप में छपने के लिए दे रहा हूँ तो लगा कि इस 'आत्म-कथन' को भी पुस्तक में शामिल कर ही लिया जाए, क्योंकि उन पाठकों के लिए शायद यह जानना किंचित् रुचिकर तो होगा ही साथ ही उन्हें इस बात को समझने में थोड़ी बहुत मदद भी मिल सकती है कि एक सामान्य से जीवन और परिवेश में साँस लेते हुए कोई 'सृजनात्मकता' शनै-शनै किस तरह अपने अभिव्यक्त होने का एक क्षीण-सा और जोख़िमों से भरा रास्ता बनाती है हालाँकि, कुछ समय पश्चात् ही यह 'आत्म-कथ्य' थोड़े से परिवर्तित पाठ के साथ, 'धर्मयुग' में प्रकाशित हो भी गया था।...बहरहाल, यह स्वर्गीया सरला भाभी की स्मृति को समर्पित, जो अपने स्नेह के चलते मेरे लिए माँ का ही विस्तार थीं...

बड़ी आँखों की भी तकलीफ़ज़दा मजबूरी मगर, माकूल सुभीता होता है, बड़े बर्तनों की तरह-जिसमें 'स्पेस' इतना अधिक होता है कि चीज़ें कितनी ही तेज़ी से उबाल खाएँ-लेकिन, वे उफनकर बाहर नहीं आ पातीं। सिर्फ़ धीमे-धीमे खौलती रहती हैं भीतर ही भीतर। मैं इस साफ़ व गाढ़े अँधेरे वाली रात में पीछे मुड़ कर दूर देखना चाहता हूँ- उम्र के उस ऊबड़-खाबड़ छोर पर, जहाँ से मैंने ये आँखें खोलकर 'देखना' सीखा था। दूर देखने के लिए नज़र बारीक और आँखें छोटी करनी पड़ती हैं और मेरी आँखों ने अभी यही किया। नतीज़तन, इससे आँखों के भीतर का 'आयतन' घटा और उबलती चीज़ों का बेसब्र-सा गीला और गर्म उफान उठा और उसने मेरी आँखों के आगे, एक थरथराती हुई, गीली और पारदर्शी पर्त फैला दी है, जिसमें सब कुछ भीगा और झिलमिलाता हुआ काँपने लगा है इसे कोई रोना तो नहीं कहेगा न? यह रोना नहीं है दरअस्ल, रोने का असली ढंग तो इस निर्मम दुनिया ने मुझसे उसी कच्ची उम्र में छीन लिया था, जब मैं ठीक से हँसने के मक़सद तक भी नहीं पहुँच पाया था। बहरहाल, यह रोना बिलकुल नहीं है यह तो अब मेरी आँखों का सिर्फ़ एक फिज़ियोलॉजिकल फिनामिना है और

अब मैं यह किसे बताऊँ कि फ़िलहाल मेरी आँखों के आगे गीली और कुहराती धुँधली दीवार है, और दिक्कत यही है कि मुझे उसे फलाँगते हुए वहाँ, अतीत के अँधेरों से घिरे उस अवसादग्रस्त इलाके में अकेले जाना है, जहाँ लोगों और जगहों के बीच मेरी स्मृतियों के छोटे-छोटे क़तरे बिखर कर, वक़्त की पर्तों के दरमियान जाने कहाँ-कहाँ दब गए हैं। जबकि, उन कतरों को बटोरकर मुझे तरतीब से काग़ज़ पर रखना है

सचमुच ही यह सब पता नहीं था कि एक दिन अचानक हिन्दी कहानी के किसी अग्रज कथाकार का आग्रह, मुझे इस तरह गरदन मोड़कर पीछे देखने की ऐसी दहशतज़दा विवशता के सामने लाकर खड़ाकर देगा। और अन्ततः मैं बटोरने लगूँगा, गुमग़श्ता चीज़ों की सूची में शामिल हो चुके 'समय' के उन तमाम छोटे-छोटे टुकड़ों को, जिनकी पर्तों के बीच बहुत सारा अनभिव्यक्त दबा पड़ा है उन टुकड़ों को या दिनों को। पूरे के पूरे दिनों को।

लेकिन, गर्मियों भर लगातार गूँगे बने रहनेवाले आसमान के नीचे, इस महानगर की सन्नाटे में सनसनाती रात में देर तक नींद और जागरण के मुगालते में रहते हुए, मैं सोचता रहा कि क्या वे सचमुच ही 'दिन' थे? शायद नहीं थे। चूँकि, 'दिन' के बारे में मेरा ख़याल अक्सर यही रहा है कि वह उजालों को मुट्ठियों में भींचकर नीली पहाड़ियों के पार से चलकर यकायक तुम्हारे दालान में दाख़िल होता है पर, ऐसे 'दिन' औरों के यहाँ आया करते हैं, जिनके यहाँ 'लान' या 'दालान' होते हैं- और, मेरे यहाँ ये दोनों चीज़ें कभी नहीं रहीं। इसलिए मुझे वे 'दिन' आज की तरह 'दिन' नहीं, सिर्फ़ 'रात' लगते हैं—एक रात, लम्बी और ठहरी हुई, जिसकी नींद के ख़िलाफ मुर्गों के बजाय 'सायरन' बाँग देता है मजदूर जाग जाते हैं। मैं भी जाग जाता हूँ। मालूम है, मैं ख़ुद को मजदूर कह दूँ तो मेरे कॉमरेड दोस्त मुझ से भिड़ पड़ेंगे, क्योंकि मेरे फटे कमीज़ों की कॉलरें तो अक्सर ही साफ़ और सफ़ेद रही हैं। हाँ तो मुझे कहने दो कि वे रातें थीं। भूगोल वाले मास्टर साहब के द्वारा पढ़ाई गई ज्योग्रॉफी की रातों से बिलकुल जुदा क़िस्म की रातें।

माँ कहा करती है, 'घुग्घू की आँखें रात के गहरे अँधेरे में भी साफ़ तरीक़े से चीज़ों के दरमियान शिनाख़्त कर लेती हैं। बहरहाल, मैं इस गहरी और सनसनाती गाढ़ी रात में भी, दूसरी और दूर की बीत गई रातों को देख रहा हूँ। पीपलरावाँ के पंडित रामभरोसे नागर की लिखी पत्री बताती है-वह पूस की सप्तमी की रात थी, तब मैंने बाहर दुनिया में आने के लिए माँ के पेट पर बेरहम हँसिये के भयावह निशान छोड़े थे। माँ बताती है, 'उना दन दो जणी और के याँ भी छोरा होया था अने गाय के भी केड़ो।' यहाँ घर का कोई नहीं है माँ होती तो उसे जगाकर पूछता 'बता माँ कि उस रात हमारे घर की खपरैल की मगरी पर क्या कोई घुग्घू बैठकर बोला था ? तू कहा करती है न कि कृष्णपक्ष में, घर की मगरी पर घुग्घू बैठकर बोले तो उस घर में चोरी हो जाती है कहना ना होगा कि वो अब तक भी होती रही, लेकिन चोर नहीं पकड़ा जा सका। हालाँकि, उसका

नाम-पता मुझे बाद में राजनीति और अर्थशास्त्र की किताबों के सफ़ों के दरमियान मिल गया, लेकिन बावजूद इसके, मैं उसे पकड़वा नहीं सका। क्योंकि उसके खिलाफ़ किसी भी थाने में कहीं कोई एफ.आई.आर. दर्ज नहीं हो सकती थी। अलबत्ता अभी तक ऐसा कोई थाना ही नहीं बन पाया था, जहाँ ऐसी एफ.आई.आर. दर्ज करवा पाना मुमकिन हो भी सके।

उस रात माँ का चैन छिना था। माँ बताया करती है, पहले ऐन सुबेरे से हथौड़े मार दर्द सिर में हुआ। शाम को धँसती कटार की तरह पेट में। और अन्त में पौ फटने के पहले कोई चार बजे ग्रामीण दाई ने दराँती की दरकार की और माँ के पेट में चीरा लगाने के बाद मुझे पैर खींचकर बाहर निकाला था। शायद यह सिलसिला उसी दिन के बाद से शुरू हो गया कि सुरक्षा की कोशिश में ढूँढ़ ली गई हर जगह से, मैं टाँग खींचकर ही बाहर निकाला जाता रहा हूँ।

तब रात के उस चौथे पहर में (सुनते हैं, फाँसी देने का वक़्त भी यही होता है) लोगों ने मेरी शिशु-चीख सुनी थी। नौ महीने का सही वक़्त निकल चुकने के बाद, पर दिन की शुरुआत के पहले। शायद यही वह वजह हो कि तब से मैंने हर काम या तो वक़्त के पहले किया या वक़्त निकल जाने के बाद। और दोनों ही स्थितियों में 'फल' के नाम पर फिजूल ही हाथ लगता है कदाचित् मेरी दुनियादार क़िस्म की असफलताओं का एक कारण यह भी रहा है

बहरहाल, वह रात इतनी ठंडी थी कि चूल्हा भी ठंडा था। चूँकि घर में चार लकड़ियाँ भी नहीं थीं, अतः गर्भ पानी के अभाव और ठंड की अधिकता में मुझे उसी तरह बग़ैर नहलाये ही सूती लतरों में लपेटकर माँ की बग़ल में पटक दिया गया था। इसके अतिरिक्त मेरे जन्मगत विशेषणों में बकौल माँ के यह भी जुड़ा हुआ था कि 'म्हारो प्रभु बिगर 'न्हाणी' को है' हालाँकि इस टिप्पणी का अर्थ बॉयोलॉजिकल है बाद में पीपलरावाँ में पिताजी ने पंडित रामभरोसे नागर से कुंडली बनवाई और बीच में ही रुकवा दी थी, क्योंकि पंडित ने बताया था कि 'बालक का चन्द्र गड़बड़ है, इसलिए इसको जलघात है और पानी में डूबने से मृत्यु को प्राप्त होगा।' शायद यही वजह रही कि आज भी मैं कुओं और समुद्रों से डरता हूँ, जबकि, उम्र के पच्चीस साल एक गन्दी व्यवस्था के अँधेरे कुएँ और भ्रष्टाचार के काले समुद्र में ही काट दिए गए हैं और बावजूद इसके, मैं ज़िन्दा बचा हुआ हूँ। कहना नहीं होगा कि अब आदमी के लिए एकमात्र व सबसे बड़ी ख़ुशी यही रह गई है कि वह ज़िन्दा बचा हुआ है

पड़ोसियों ने बधाइयाँ देते हुए पिताजी से कहा था 'भई, माड़साब, आपको तो पुत्ररत्न की प्राप्ति हुई है' पर असलियत यह थी कि एक लीगलाइज्ड प्रॉस्टीट्यूशन की परम्परागत संस्कृति ने, एक पेट से दूसरा पेट पैदा कर दिया था। और इस प्राकृतिक अपराध की सज़ा यह थी कि लो अब इसे भी भरो। और उन दिनों मेरी माँ की छातियों की हड्डियों पर वाज़िब गोश्त नहीं था। ज़हरबाद हो गया था। अतः वहाँ से दूध नहीं,

मैं ख़ून ज़रूर पी सकता था। बहरहाल, कर्मकांडी ब्राह्मण के घर में पैदा होने के बावजूद, मेरे मांसाहारी होने की शुरुआत तो कदाचित् मेरे जन्म लेते ही हो गई थी।

हाँ, तो मैं कह रहा था, पैदा होते समय घर की मगरी पर बैठा घुग्घू, शत-प्रतिशत घुग्घू ही था। भूख का अपशगुनी घुग्घू, जो मगरी से उठकर मेरे पेट की आँतों की कच्ची दीवार पर बैठ गया, जिसे उड़ा पाने की ताक़त मैं आज तक नहीं जुटा पाया हूँ। क्योंकि, उसको पत्थर नहीं, पैसे मारकर उड़ाया जाता है मगर सोचो, माँ का पेट फाड़कर बाहर आनेवाले की जेबें क्या पुख़्ता सिली हुई और साबुत रह सकती हैं ? फिर फटी जेब में भला पैसे इकट्ठे कैसे किए जा सकते हैं..? माँ इस सामाजिक सच को मुहावरे की पीठ के पीछे खड़ा कर के बताया करती थी, 'असा अपसगुन का कागळा, काँकरा से नी, कळदार से उड़े।'

पिताजी कम पढ़े ज़रूर हैं, पर वे समझदार अब की तरह तब भी थे। इसीलिऐ उन्होंने भावी ख़तरे की दूरगामी कल्पना करके, बीवी के साथ ही एक गाय पालने का भी रिस्क ले लिया था। बीवी और गाय पाल लेने को दुनियादारी कर्म के समान्तर, वे एक और सार्वजनिक रूप से अघोषित कर्म किया करते थे, जिसका कच्चा चिट्ठा उनकी सन् चालीस वाली सिन्धियाशाही युगीन डायरियों में आज भी मौजूद होगा। वे भक्तिपरक सन्त क़िस्म का ग़ैर-रोमेंटिक साहित्य करते थे। हो सकता है, इसका कारण माँ की छातियों की हड्डियों पर गोश्त का अभाव रहा होगा, पर उनके सन्तत्व के अंश की घटना, जो बाद में दुर्घटना कहलाई, वह यह कि उन्होंने मेरा नाम दो-दो ईश्वरों पर रख दिया-प्रभु और शंकर। जबकि, मेरे अन्दर तमाम गुण राक्षस के निकले। और जब मैं समझदार हुआ, तब तक मेरी वे टाँगें, जो खींची जाती रही थीं, बदल कर ऐसी सख़्त हो गई थीं कि ज़मीन पर खड़ा हुआ, मैं पाँच फुट छः इंच का पत्थर का ठोस पुतला लगने लगा था, जिसके पाँव में तीखी टो के जूते थे। बहरहाल, जिनके कारण मैं रास्ते में आड़े आनेवाली कई चीज़ों को निर्ममता के साथ ठोकर मारना सीख गया था। पहली 'किक' मारने की शुरुआत मैंने पंडित रामभरोसे द्वारा लाद दिए गए, अपने लम्बे चौड़े नाम से ही की थी। प्रभुशंकर में से मैंने 'शंकर' को किक कर दिया था। क्योंकि, लोगों और जगहों के बीच भटकते हुए, वह रोटी के बजाय पार्वती की तलाश में उलझने लगा था। हालाँकि, यह तो बाद में मालूम हुआ कि रोटियों की कई क़िस्म हैं और पार्वतियों की भी।

हाँ तो मैं पैरों और जूतों की बात कर रहा था। उन दिनों माँ अक्सर कहती रहती– 'आमदनी वो जूता है, जो 'ढीला' हो तो पाँव लड़खड़ाते हैं और कट्ठा हो तो छाले पड़ जाते हैं, अने अपणे जाणो तो गाम-गाम है' पर, फफोले तो मेरे पाँव में तभी पड़ गए थे, जब मैं जूते की साइज़ से बाहर था।

लेकिन, इसका कारण पिताजी का दशरथी स्वभाव को अपना लेना था। हैसियत से चाहे वे दशरथ न भी रहे हों, पर कर्म से वे हो गए थे। इसी का फल और फ़ायदा

यह हुआ कि हम गिनती के चार भाई हो गए। और यहीं से हमारे घर में 'रामायण' की शुरुआत हुई। रामायण, जो लिखी नहीं, सिर्फ़ जी गई। जिसमें 'कई' की जगह सिर्फ़ 'एक' ही कांड था–निरन्तर लंकाकांड। और इस लंकाकांड के बीच सीता नहीं, सिर्फ़ 'रोटी' थी। शायद तभी से मेरे भीतर रोटी को लेकर लड़ने की आदत पड़ गई होगी। रोटी के मिलने की अनिश्चितता के बोध का ही यह कारण रहा होगा कि अब यदि मैं हवाई जहाज से भी सफ़र के लिए निकलूँ तो घर से चलते समय बैग में रोटी रख लूँगा।

यह रात है अँधेरे और महानगरीय सन्नाटे से भरी। इस रात में मुझे कुछ और रातें याद आ रही हैं। उस रात में, मैंने माँ की आँखों में बच्चों की भूख के बन्दोबस्त को लेकर एक बिछ्लती बेचैनी देखी थी। उन दिनों पिताजी किसी काम के सिलसिले में बाहर गए हुए थे।

एक हफ़्ता हो गया था और वे लौटे नहीं थे। घर में खाने का सामान खुट गया था। चूल्हे के पास भी सिर्फ़ दो-चार लकड़ियाँ बची थीं, लकड़ियाँ और आळनिये कंडे पिताजी ही जंगल से काट-बीन कर लाते थे। माँ ने दिनभर 'डोलग्यारस' के नाम पर भूख को धरम की चतुराई से चकमा देते रहने के बाद, रात को उन लकड़ियों में चिंगारी रखकर चूल्हा चेता दिया था। फिर चूल्हे पर पीतल के भरतिये में दलिये का 'आदण' भी रख दिया। आदण रखकर वह दलिया बीनने बैठ गई। दलिया, जिसमें दाने कम, इल्लियाँ अधिक थीं। हम चारों भाई माँ के द्वारा दलिया पानी में उबलने के लिए डालते ही, भूख की बेकाबू होती बेचैनी में भरकर, चूल्हे की आगुन को घेरकर बैठ गए थे। हमारी अपनी पैनी नज़रें दलिया पकने के इन्तज़ार में लगी हुई थीं। मगर, वह अज़ीब दलिया था। देर तक पक नहीं पाया और लकड़ियाँ ख़त्म हो गईं। आग पर रखा वह दलिया, हमारे खाने नहीं संतोष के लिए था। वह माँ की भूख को परास्त करने की कच्ची युक्ति थी, जो आग पर रखी पक रही थी, क्योंकि माँ ने दलिया भरतिये के भीतर डाला ही नहीं था। वहाँ चूल्हे पर सिर्फ़ पानी उबल रहा था। मैं आज भी नहीं भूला हूँ। उस रात ठंड ने माँ का ज़बरदस्त साथ दिया था। उसकी करुण युक्ति सफल हो गई थी। क्योंकि, रात के गहराते जाने के साथ ही हमारी ज़बानों पर जमा 'भूख' शब्द छीनकर, वहाँ उसने 'नींद' को डाल दिया था। दूसरे भाई-बहन दलिया के पकने का इन्तज़ार करते-करते ऊबकर अन्ततः रजाइयों में चले गए थे। पर मैं आज की तरह तब भी ढीठ ही था। चूल्हे की आगुन के सामने आग तापता डटा रहा। माँ कुछ देर मेरी ढिठाई को एकटक देखती रही फिर मुझे अपने सीने से लिपटाकर रोने लगी। माँ को रोता देखकर मेरी आँखों तथा मन के भीतर एक गाँठ अपनी जगह क़ायम करने लगी। क्योंकि, उसके अक़्स चेहरे पर फैलने वाले आँसुओं ने मेरे भीतर भूख और भाषा के व्युत्क्रमानुपात को समझा दिया था। तब निश्चय ही मेरे पास भाषा नहीं थी, केवल निरबंक 'महसूसना' भर था। शायद, इसी महसूसने की चिंगारी ने ही बाद में मेरे भीतर भाषा की लपट पैदा की होगी, जिसने धीरे-धीरे सबकुछ को अपने में लपेटना शुरू कर दिया।

बहरहाल, फिर तो हर आनेवाला 'दिन' नई-नई परेशानियों को दबोचकर अपने साथ लाने लगा और जिनसे मेरे भीतर गाँठ पड़ती गई। और यह पता तो पिछले दिनों ही चला था, जब माँ के पेट में भयंकर दर्द उठा कि 'उस' दिन ने मेरे 'मन' में, लेकिन माँ की आँतों में गाँठें डालने का बड़ा बेरहम काम किया था। मैं अपने मन की गाँठें तो कलम से कुरेद कर बाहर निकालने का तरीक़ा सीख गया, लेकिन माँ की आँतों की गाँठों को निकालने के लिए चाकू की ज़रूरत पड़ती थी–तब मुझे हाथों में 'क़लम' थामने का बौना ग़रूर बेहद निरर्थक लगने लगा।

मैं जहाँ तक याद करता हूँ, वह पहली ही क़लम थी, मेरे हाथ में। नन्हीं अँगुलियों के बीच खड़िया मिट्टी की 'पेम'। स्कूल के ब्राह्मण मास्टर ने अपने पंजों से मेरा हाथ दबोचकर अनार का 'अ' तथा आम का 'आ' लिखवाया था। मुझे याद है, लिखने में मुझे काफी दिक़्क़त पेश आई थी। मैं बिना मदद लिए लिखने में लगभग असफल हो गया था। सूखे की चपेट में हर साल आ जानेवाले पहाड़ी गाँव के बच्चे के लिए 'अनार' अपरिचित था। अनार एक बार मोतीझरे की बीमारी में आँतों को सड़न से बचाने के लिये वैद्यजी ने 'बापूबा' को दिए थे। निश्चय ही आँतों में बीमारी तो हमें भी थी, मगर वह भूख की थी। हम सब भाई-बहनों के लिए भूख एक वंशानुगत रोग था। बहरहाल, मैं 'अ' 'आ' लिखना छोड़कर बलाई के एक लड़के के साथ 'हाःहा' करने पहुँच गया गया था। यह मेरी स्कूली ज़िन्दगी का पहला दोस्त था। उसने अपनी पतरे की पेटी में किताबों के बीच दबाकर रखा गया पका हुआ आम खट् से निकालकर दिया और मैं चट्-से खाने लगा। वर्णव्यवस्था के दो विपरीत छोर बतलाई और ब्राह्मण के बीच 'आम' की नींव पर खड़ा यह खास पुल, मेरे ब्राह्मण अध्यापक को बरदाश्त नहीं हुआ और उसने मेरे बाएँ हाथ को उल्टा करके खड़ी स्केल से बर्बरता से मारा था। मेरे लिए सामाजिक-विस्मय का यह पहला कठिन क्षण था। चूँकि, मैं यह नहीं समझ पा रहा था कि आख़िर मैं मारा क्यों गया हूँ। उसी दिन से मेरी वह 'हाःहा' वाली हँसी बदल गई थी। और भीतर ही भीतर कदाचित् अल्फ़ाबेट भी। मैंने दूसरे ही दिन उस मास्टर की क्लास छोड़ दी थी। हालाँकि, इसके लिये घर में मेरी जमकर पिटाई हुई थी। मुझे याद है, बरसों बाद छोटा भाई हरि पढ़ने लगा तो मैंने सोचा था कि मैं उसे 'अ' अर्जुन का और 'आ' आग का बताऊँगा, क्योंकि तब तक मेरी प्रेरणा महाभारत बन चुकी थी-आज मैं अपनी योजना पर हँसता हूँ। ऐसा करके उसे भी कितनी ग़लत शुरुआत करवा देता। क्योंकि अर्जुन ने ज़िन्दगी का अन्तिम अर्थ 'आग' नहीं बर्फ़ में खोजा था–मैं अर्जुन पर हँसना चाहता हूँ।

अर्जुन ही क्यों पाँचों पांडव और द्रौपदी पर मेरा बच्चा-मन एक बार हँसा था– 'देह को गलाने के लिए कमबख़्त ये सब 'हिमाले' में क्यों गए थे? अपना गाँव पीपलरावां क्या बुरा था।'

गज़ब की ठंड गिरी थी, उस रात। हड्डियों को ठिठुरा देनेवाली। घास की पत्तियों

पर जमी ओस की बूँदें भी बर्फ़ में बदल गई थीं। पिताजी ने झकझोर कर उठाया और फिर हाथ-मुँह धुलाया और हँसिया पकड़वाकर जंगल में लिए गए। घास काटने के लिए। क्योंकि बीवी-बच्चों के पेट से ज़्यादा ज़रूरी चिन्ता उन्हें गाय के पेट की थी। गाय गाभिन थी और वह जब भी जनती थी, तब 'बछड़ा' ही जनती थी, बछिया नहीं। और उनकी योजना थी (पिताजी शुरू से ही गज़ब के योजना-बहादुर रहे) कि यदि गाय के चार बछड़े हो गए तो उनकी क़ीमत में ही लड़की की शादी निबट जाएगी। उस मारक ठंड में, मैंने घास कम काटा, लेकिन दायें हाथ से बायाँ हाथ ज़्यादा काट लिया। मैंने कहा था न, ठंड बहुत मारक थी और ओस की बूँदें भी जम गई थीं। नतीज़तन, कटते ही ख़ून थोड़ी देर बहा और फिर जम गया। इसके बाद तो यह हुआ कि हरेक 'इस' या 'उस' घटना या प्रसंग से मेरी आँखों में ख़ून उतरता और जम जाता था। वजह यह थी कि आज़ादी ताज़ा थी और इसलिए हमारी भूख और गुस्से में भी तरक़्क़ी होने लगी थी। तब मुझे एक चीज़ तअज्जुब की लगी थी कि भूख में हमारे पेट दबते गए थे, लेकिन बहन की पसलियों के ऊपर कुछ अतिरिक्त उभार आ गया था। ये मेरे लिए चाहे 'अचरज', लेकिन पिताजी के लिए शायद 'चिन्ता' की चीज़ थी। मैंने कौतूहलपूर्वक मार्क करना शुरू कर दिया था कि पिताजी के चेहरे की रंगत बदली-बदली लगने लगी है ग़ालिबन, वहाँ भी ख़ून जमने की शुरुआत हो गई हो। वे अक्सर छुट्टियाँ लेते और रोटियाँ बाँधकर आसपास के जाति-बिरादरी वाले गाँव-गाँव भटकते रहते थे। हमारे खाने के वक़्त बदलना शुरू हो गए थे। क़िस्म का तो सवाल ही नहीं था। माँ हमें नये कपड़ों के नाम पर पिताजी की पुरानी धोतियों या अपने ही पुराने लुगड़ों के 'नये' कपड़े सिल दिया करती थी। जिसका ज़ोरदार मज़ाक मेरे स्कूल में होता था। साथियों से अधिक अध्यापकों द्वारा, क्योंकि हमारे पिता मेरे उन अध्यापकों के सहकर्मी ही थे।

ठीक इसी के बीच हुआ यह कि घर में शादी की तैयारियों का सिलसिला शुरू हो गया। बंधु-बाँधवों के जबड़ों से लार टपकने लगी थी। वे बहन की शादी के जश्न के लिए ज़मीन का छोटा-सा टुकड़ा और घर बिकवा देने में लगे थे। वे ख़ानदान की परम्परा की दुहाई देते हुए कहने लगे थे कि 'घर को पेलो ब्याव है तो सारी जात तो जिमाणी ही पड़ेगी।' नतीज़तन, ख़र्च हमारी आर्थिक हैसियत से बाहर हो जाए और हम कर्ज़ लेने को विवश हो जाएँ। वे पिताजी को कर्ज़ दे कर ज़मीन गिरवी रख लेने की व्यूह-रचना कर रहे थे। वे चाहते थे कि हमारी ज़मीन या मकान सस्ते में बिकवा दें। अतः सब काका-बाबाओं में कर्ज़ देने की स्पर्द्धा खड़ी हो गई थी। क्योंकि उस कर्ज़ से बहन की शादी और हमारे भविष्य की तेरहवीं हो जानी थी। वे सच्चे भाई-बंधु और असली ब्राह्मण थे। वे जानते थे कि आदमी को अपंग करने के दो ही तरीक़े और मौक़े होते हैं–शादी और श्राद्ध। पिताजी पैसों की व्यवस्था के लिए रामचरित मानस उठाकर ले आते और उसमें 'राम-शलाका' प्रश्नावली से उसके इन्तज़ाम का उत्तर ढूँढ़ते।

घर में दहेज ख़रीदने की शुरुआत हो चुकी थी। लड़का मिल नही रहा था। बहन

के बड़े होते जाने के साथ ही उसके लिए साड़ी पहनने के कठोर आदेश जारी कर दिए गए थे। इधर घर में सहसा मेरी हैसियत में इज़ाफ़ा हो गया था, क्योंकि मुझे बहन के अंगरक्षक के पद पर अस्थायी नियुक्ति दे दी गई थी। बहन को स्कूल छोड़ने के लिए मैं ही जाया करता था। चूँकि, बहन मुझसे बड़ी थी और आदतन मेरी अँगुली पकड़ लेती तो मैं झटक कर छुड़ाता और उसकी अँगुली पकड़ लेता। यह पद के वर्चस्व के प्रदर्शन की अनिवार्य कार्रवाई थी। परन्तु इस पद पर रहते हुए, मैंने शीघ्र ही यह महसूस कर लिया कि यह बड़ा रिस्की जॉब है इसमें डबल-ट्रबल था। एक हाथ से बहन की अँगुली पकड़ो, तथा दूसरे हाथ से कमर पर से ढीली और कूल्हे पर से फटी अपनी चड्डी को भी सँभाले रहो। तिस पर पद पर नियुक्ति की गम्भीरता हरदम मुस्तैद और सचेत रहने की माँग करती–सो, जेब में हाथ घुसाकर अतिरिक्त ढंग से चारों तरफ़ देखते हुए चलना पड़ता।

मैं घर से बहन के स्कूल तक के सारे रास्ते पूरी तरह मुस्तैद और अतिरिक्त सावधान बना रहता। चारों तरफ़ देखते हुए मैंने पाया कि गली और चौराहे से गुज़रते हरेक ज़वान या अधेड़–जबड़े से कुत्तों की तरह लार टपक रही है ठीक ज़मीन और मकान लूटने का इरादा रखने वाले लोगों और रिश्तेदारों की तरह। जबकि, बहन प्रॉपर्टी नहीं थी। वह तो बाद में समझ आया, जब मैं बड़ा हो गया कि बहन के पास अथाह प्रॉपर्टी थी और वह प्रॉपर्टी थी–चलती-फिरती। वह थी, उसकी सुन्दरता। उसको रंग के आवंटन में ईश्वर ने अपना हाथ काफ़ी हद तक खुला रखा था।

मुझे याद है कि एक दिन गाँव के पटेल का गबरू जवान लड़का सामने से आया और हमें देखकर उसने अपनी चाल धीमी कर दी। मैंने देखा, उसकी आँखें अज़ीब-सी लिप्सा में भरी हुई थीं। उसकी पूरी शक़्ल लार टपकाते जानवर की-सी लगने लगी थी। मेरे भीतर लपककर उसका जबड़ा उखाड़ लेने की हास्यप्रद इच्छा हुई। जेब में हाथ छटपटाने लगा। वहाँ चाकू की जगह पेंसिल का तीखी नोंक किया हुआ छोटा-सा टुकड़ा था। लड़के ने बहन की तरफ़ घूरते हुए सीटी बजायी। मैंने पेंसिल के उस छोटे से टुकड़े को एक झटके के साथ ऐसे बाहर निकाला, जैसे वह लोहे के तीखे फल का छह इंची कोई रामपुरी चाकू हो। बहरहाल, 'माड़् डालूँगा स्साले' कहने के साथ हाथ के जेब से बाहर आते ही हुआ ये कि मेरी ढीली और फटी चड्डी कमर से फिसलकर नीचे आ गई।

मुझे अच्छी तरह आज भी याद है, वह दृश्य। सारा बाज़ार हँस दिया था। पटेल का वह लड़का तो लगभग अट्टहास मार कर हँसा था। पर, मैं उस क्षण शरमाया ही नहीं था। उस छोटी-सी घटना से उस कम उम्र में भी, मैं इस निष्कर्ष के क़रीब आ गया था कि साहसी होने के लिए तुम्हें एक तो मज़ाक का कारण बनना पड़ेगा और दूसरे शर्म को खदेड़कर हाशिये पर करना होगा। शायद, मैं तभी से बेशर्म हो गया था और तय कर चुका था कि निबटने के लिए नंगई निपट ज़रूरी है

मेरा अनुमान है, यहीं से मैं खड़िया मिट्टी की 'पेम' से पेंसिल पर आया होऊँगा।

चूँकि, इस घटना के कोई हफ़्ते भर बाद बेचैन रहकर, मैंने गोरखपुर के कल्याण का एक चित्र देखकर पेंसिल के उसी तीखे टुकड़े से कार्बन के ज़रिये अपनी कॉपी में उतार लिया था। वह चित्र महाभारत के उस प्रसंग का था, जिसमें द्रौपदी को छेड़े जाने की ख़बर जानने के बाद, कीचक के लार टपकाते जबड़े पर भीम मुष्ठिका का प्रहार करता है मैंने अपनी छोटी-छोटी अँगुलियों में पेंसिल फँसा कर बी.के. मित्रा का वह चित्र नहीं बनाया था, बल्कि कार्बन पेपर ने लड़ाइयों की कॉपी कर दी थी। क्योंकि, ज्यों-ज्यों बहन की 'उम्र' और मेरी 'समझ' बढ़ती गई, मुझे पूरे गाँव में हर आदमी कीचक लगने लगा था। और मैं सोते समय उनके लार टपकाते जबड़ों को फाड़कर उनकी लार ग्रन्थियाँ निकालने के नाबालिग सपने देखने लगा था–लेकिन, लार ग्रंथियों को निकाल फेंकने का तरीक़ा या तरक़ीब कभी हाथ नहीं लगी।

जबड़ा तोड़कर लार ग्रन्थियाँ निकालने का तरीक़ा तो बहुत बाद में मिला, जब मैं बायोलॉजी विषय लेकर देवास के के. पी. कॉलेज में फर्स्ट ईयर में भर्ती हुआ; पर उस विज्ञान-शिक्षा ने मुझे सिर्फ भूखे तिलचट्टों के जबड़ों को तोड़कर उनकी लार ग्रन्थियाँ निकालना सिखाया था, जो सूँड़ से रोटी के बुरादे को ढूँढ़ने के लिए रातभर रोटीघर में चक्कर काटते रहते हैं। उन भेड़ियों की नहीं, जो आदमी के भेष में अभी भी जमे हुए हैं और जश्न मना रहे हैं। कदाचित् तभी से मुझे वो तथाकथित पढ़ाई फ़िजूल लगना शुरू हो गई थी। क्योंकि, मैंने देखा, उस पढ़ाई ने भेड़ या भेड़िये, अधिक और ऊँचे पैदा किए, मगर आदमी बौने।

बौने आदमियों की विराट हरकतें बाद में मैंने चौतरफ़ा देखीं। पर मुझे यहाँ अपनी बौनी खुशी याद आ रही है वे तीखी ग़रीबी के बड़े घोर दिन थे, जिन्हें पिता अपनी तनख्वाह के छोटे–चाकू से काट-काटकर नेस्तनाबूद करने की कोशिश किया करते थे। वे छोटे भाई बासु की बीमारी के दिन थे। वह जी रहा था, चूँकि वह मर नहीं पा रहा था। एक बहन जो कुपोषण के बाद भी ख़ूबसूरत और प्यारी थी; एक दिन स्कूल से लौटने के बाद घर में खेलती हुई नहीं दिखी। मैंने रोते हुए माँ से पूछा था कि वह कहाँ गई? माँ ने खाली आँखों से देखते हुए बताया था–'बेटा वह गुम गई।' मैं और पूछता। वह लाचार लफ़्ज़ों में दुःख से भर आनेवाले गले से बताती–'ऊ के ढूँढ़ी नीं सकता। क्योंकि ऊ के ढूँढने में मुलक-सारा पइसा लागे।' मैं उठकर दौड़ता हुआ, मिट्टी की कोठी के नीचे छुपा के रखी अपनी गुल्लक लाता और उसे औंधी करके अपने पास इकट्ठे किए पीली इकन्नी-दुअन्नी के सिक्के, जो खोटे थे, उसके सामने रोते हुए पटक कर कहता-'ले तू ढूँढ़ी ला माँ।' माँ ढूँढ़ने की बात टाल कर कहती–'रो मत। रोयगा तो वा नीं आयेगी। और रोयगा नीं तो बग़ैर पइसा ख़रचा करे ई आ जायगी।'

मैं रुलाई रोककर घर से बाहर आ जाता। गली में। जहाँ गोपाल मन्दिर था। गोपाल मन्दिर के सामने खँडहर था। मुझे जाने कैसे अपने से बड़ी उम्र के बच्चों द्वारा, जब-तब सुनाये जाते रहे किस्सों के चलते, उस कच्ची उम्र में यह भ्रम हो गया था कि वह

बुद्धू तो थी ही, भूले से इस खँडहर में खेलने गई होगी और खँडहर के उजड़े भूल-भुलैया वाले कमरों में कहीं गुम हो गई होगी। फिर उस खँडहर के बारे में भी हर बार क़िस्सों पर क़िस्से चलते ही रहते थे कि इसका मालिक मकान बहुत बड़ा धनपति था। उसने इसमें धन के हंडे गाड़ रखे थे। मकान एक दिन धँसा और वह अपनी निपूती बीवी के साथ इसी में दबकर मर गया और धन के हंडे उसने कहाँ गाड़ रखे हैं, किसी को भी बता नहीं पाया। पटेल के लोगों ने रात में कई जगह खुदाई करवायी भी, लेकिन उनको नहीं मिले। मुझे ये जानकर ख़ूब ख़ुशी हुई कि उनको पइसे नहीं मिले।

इस बीच मुझे कहीं से यह ग़लत सुराग़ भी हाथ लग गया था कि जो बच्चा माँ के पेट से पाँवों की तरफ़ से आता है, उसे गड़ा हुआ धन और गुमी हुई चीज़ें आसानी से मिल जाती हैं। मैं माँ के पेट से पाँवों की तरफ़ से ही आया था। और मुझे यह बात अच्छी तरह से समझ में आ चुकी थी कि पैसा बहुत बड़ी चीज़ है बहन से भी बड़ी, क्योंकि उसके अभाव में बहन को वापस लाना असम्भव हो गया था।

बहरहाल, मैंने मैदानों में खेलना स्थगित करके खँडहरों में खेलना और खोदना शुरू कर दिया था। उस खुदाई में मुझे धन के बजाय काँच के टूटे टुकड़े, लोहे की सड़ी पत्तियाँ या कोयलों से अधिक कुछ नहीं मिला; पर मेरे पास छोटी उम्र का बड़ा भ्रम और बड़ा ही उत्साह था। लोहे के एक छोटे से सरिये के सहारे, मैं अपने छोटे-छोटे हाथों से खँडहर में खुदाई करने से निराश नहीं हुआ। कई दफ़ा ये होता कि जब, मैं खँडहर नहीं जाता तो रात में खँडहर मेरे पास आ जाता और पूरी रात, मैं उसमें उतरकर चुपचाप और अकेला रात भर ही खुदाई करता रहता। कभी-कभी सहसा धन का हंडा दिखाई दे जाता और मैं मारे ख़ुशी के वहीं उसी खँडहर में ही नाचने लगता। परन्तु, जैसे ही मैं उस हंडे का ढक्कन खोलने लगता तो बड़ा-सा काला-सियाह साँप अपने फनों को चौड़ा करके प्रकट हो जाता। मैं ज़ोर से चीख पड़ता। पिताजी झिंझोड़कर उठा देते। मेरे जागते ही खँडहर भागकर फिर अपनी जगह चला जाता। अँधेरे में पिताजी का चेहरा काला-काला दिखाई देता और मेरी घिग्घी बँध जाती। कुछ क्षणों तक तो मैं उन्हें पहचान ही न पाता। वे पूछते रहते पर, मैं कोई जवाब नहीं दे पाता। जैसे मैं उनकी भाषा को समझ पाने की शक्ति ही भूल गया हूँ।

अब मेरे लिए यह लगभग एक नियम-सा बन गया था। मैं खँडहर के खेल और खोदने से निकलकर उसके सामने वाले गोपाल मन्दिर के सामने रुक जाता और दोनों हाथ जोड़कर प्रार्थना किया करता था--छोटे भाई बासु के बचने और बहन के ब्याह की। मुझे अच्छी तरह याद है, देवउठणी एकादशी के आसपास के दिन थे। धूप में खँडहर में खेलते-खेलते मैंने अचानक ख़बर पायी थी। दोस्त ने आकर बताया था--'थारो भई बासु मरी गयो।' प्यारा और ख़ूबसूरत बासु। बुख़ार में तपते-तपते आख़िरकार वह थक गया। मैं उस क्षण ख़बर पाकर रोया नहीं था। क्योंकि मुझे मालूम था, रुलाई आ जाए तो बहन नहीं लौटती। मैं रोने के बजाय गुस्से से भर गया और मैंने पागलों के

से जोश से खँडहर की ईंटों के छोटे-छोटे टुकड़ों को बटोर कर ज़ोर-ज़ोर से गोपाल मन्दिर की छत पर फेंकना शुरू कर दिया। क्योंकि देव ने उठते ही मेरे छोटे भाई को उठा लिया था। सचमुच ही उस दिन नीत्शे की तरह, मेरे उन नन्हे-नन्हे हाथों से हज़ारों साल का वह बूढ़ा ईश्वर मारा नहीं जा सका। यों भी पत्थर के देवता को ईंटों के छोटे-छोटे टुकड़े फेंककर भला कैसे मारा जा सकता है ? पर उस प्रहार से उस दिन अपने भीतर की, अनश्वर सी जान पड़नेवाली ईश्वर वाली, वह आस्था ज़रूर घायल हो गई, जो यहाँ तक आते-आते आख़िरकार मर ही गई।

दूसरे दिन मैंने देखा पिताजी फिर सुन्दरकांड का पाठ कर रहे हैं। अब वे मृत बासु की आत्मा के लिए कर रहे थे और निश्चय ही उस दिन उन्होंने रामशलाका प्रश्नावली से कोई उत्तर खोजने की कोशिश नहीं की थी। क्योंकि मौत से बड़ा उत्तर किसी प्रश्न का भला और क्या हो सकता है मुझे याद है, जब पिताजी स्कूल चले गए और माँ मौत को भूलने की धोखादेह क़िस्म की कोशिश में घर के कामकाज में लग गई, तब मैंने चुपचाप 'रामचरित मानस' का वह गुटका उठाकर, उसमें का वह पूरा का पूरा सुन्दरकांड फाड़कर बाहर निकाल दिया था। उसे फाड़ते ही पाप-बोध में भरकर मैंने अपनी हथेलियाँ देखी थीं–देखते हुए लगा था, वे हथेलियाँ मेरी तो कतई नहीं रह गई हैं।

मैंने अपनी बौनी खुशी का ज़िक्र किया था। मैं आपको बताऊँ कि जब मैं सुन्दरकांड फाड़कर ऊपर आया और मृत तथा ज़मीन में काफी गहरे में गाड़े जा चुके छोटे भाई बासु की नई चड्डी देखी तो मैं यकायक ख़ुश हो गया। यह सोचकर कि चलो अब मुझे कूल्हे पर से फटी चड्डी नहीं पहननी पड़ेगी। पर मैं बासु की चड्डी नहीं पहन पाया था, क्योंकि अब तक मैं फटे हुए में थेगला सीना सीख गया था। सुन्दरकांड फाड़कर, (जो मेरी ज़िन्दगी में फिर कभी नहीं आया) थेगला सी लेना मुझे ज़्यादा बड़ा और अपना काम लगा था। उसमें मोर्चा लेने का पवित्र-सा संकल्प था। इसके बाद मैंने शायद हर बार चाहा कि किसी में फटे के पाँव देने के बजाय दो टाँके जोड़ सकूँ।

इसके बाद बहन की सगाई हुई। छूटी और अन्त में फिर हुई। वह ब्याहता होकर चली गई। उसके जाने के बाद घर में मनों बासी पूड़ियाँ और एक स्थायी अकाल आकर जम गया। जो जगह बहन ने खाली की थी, उसमें अकाल का आकर बैठना, हम सबकी मुसीबत का बड़ा और नया कारण था। बासी पूड़ियों को सुबह-सुबह माँ गुड़ के पानी में डालकर उबाल देती और हम सब भाई खा लेते। एक दिन उन्हीं पूड़ियों को खाते हुए मैंने जूतों की आहट सुनी। वे जूते नहीं पनीही थी। ऐसी पनीही जिनके भीतर से चलने पर चिंचियाहट होती थी। उस चिंचियाहट को सुनकर लगता, जैसे उनके तल्लों में कई सारी कटी हुई जीभें दबी पड़ी हैं और हर कदम उठाते ही वहाँ से सिसकियाँ उठ रही हैं। और उन पनीहियों का मालिक और कोई नहीं पिताजी के छोटे भाई और हमारे चाचा थे। उनकी आवाज़ में उनसे लिया गया कर्ज़ बोलता था। मुझे आज भी नहीं भूलता वह दिन। पिताजी रामायण का पाठ पूरा करके गुटके को सिर से लगाकर

भगवान के सिंहासन के नीचे खिसका रहे थे। तभी चाचा औसारे में दाख़िल हुए और उन्होंने अभी तक कर्ज़ न लौटाने के लिए गालियाँ देनी शुरू कर दीं।

पहली दफ़ा रामायण और गीतापाठी सन्तनुमा पिता की बेरहमी से की जानेवाली बेइज़्ज़ती देखी थी। ज़िन्दगी में गले से गाली न निकालने वाले पिता को मैं उनके ही छोटे भाई के श्रीमुख से निकलती गालियों को निगलते देख रहा था।

मैं बासी पूड़ियों को थाली में छोड़कर औसारे में आ गया। आदमियों की दो क़िस्मों के बीच, गुस्से से भरा हुआ। चड्डी की जेबों में हाथ डाले हुए। हाथ, जो भीतर घुमड़ते गुस्से में तन कर मुट्ठी बने हुए थे।

इस तरह कई दफा मुट्ठियाँ बँधीं और तनकर जेब में ही रह गईं। उस समय जब गाय काँजी हाउस में रोककर नीलामी पर चढ़ा दी गई। जब माँ के दहेज वाले बर्तन मेरी फीस के लिए बेचे गए। तब लगा था, हथकड़ियों की कई क़िस्में हैं। ये बात तो बहुत देर की है, जब मैं देवास में पढ़ने लगा और अपना सहपाठी, जो बाद में एक ईमानदार दोस्त बन गया, जिसे हम सब काका कहा करते थे (जीवनसिंह ठाकुर, जो साहित्य व साइंस कम, राजनीति और अर्थशास्त्र की किताबें अधिक पढ़ता था।) से मुलाक़ात हुई कि हथकड़ियों की कई क़िस्में हैं और वे थानों ही नहीं, हमारी जेबों के भीतर भी एक व्यापक षड्यंत्र के तहत फिट कर दी गई हैं। कदाचित् समझ आने पर उस षड्यंत्र के पर्दाफाश की इच्छा के तहत ही मैंने कहानियाँ लिखने की कोशिशें शुरू की थीं।

हाँ, तो मैं कह रहा था कि गाली खाते पिता का चेहरा रातभर मेरी आँखों के पनीलेपन में तैरता रहा था। मुझे देर तक नींद नहीं आई थी और मैंने कन्दील की पज़मुर्दा रोशनी में पंचायतघर के वाचनालय से ली गई कहानी की एक किताब पढ़ना शुरू किया था। धीमे-धीमे पढ़ते हुए, मैं लगभग रो दिया था। वह किताब थी–'कुत्ते की कहानी।' उसे पढ़कर मैं आदमी और आदमी के बीच फर्क करना सीख गया था। शायद वह प्रेमचंद की कहानी थी। एक ही माँ के पेट से पैदा होने वाले दो पिल्ले किस तरह दो वर्गों में स्थानान्तरित हो जाते हैं।

इसके बाद कुत्ते मेरी बिरादरी में इस क़दर शामिल हो गए कि मैंने गली के कुत्ते के पिल्ले को अपना यज्ञोपवीत (जनेऊ) पहनाकर अपना सारा ब्राह्मणत्व सौंप दिया। यहाँ तक कि पड़ोस की दुर्गा बुआजी ने उस पिल्ले की पिटाई की तो मैंने उन्हें पत्थर मार दिया था। हालाँकि, बाद में मेरी पिटाई पिल्ले से भी अधिक हुई। पर पिल्ला मुझे और अधिक प्यारा हो गया। मेरे इसी कुत्ता-प्रेम के संस्कार का आगे जाकर मेरे व्यक्तित्व में अच्छा ख़ासा विकास हुआ और मैंने इस दुनिया की नब्बे प्रतिशत बेशक़ीमती समझी जानेवाली चीज़ों को टाँग उठाकर पेशाब करने लायक समझना शुरू कर दिया। इससे मेरी ज़रूरतों का दायरा घट गया। इन्हीं दिनों गाँव के एक सम्पन्न घर के सुपुत्र ने जब मुझे माँ-बहिन के गुप्तांगों को लेकर दी जानेवाली गालियाँ दीं तो मैंने उसे उसके घर के सामने ही बेतरह मारा था। इतना कि पूरे कुटुम्ब के लोगों के दरमियान दरार पड़ गई

थी और लोग साफ़-साफ़ दो गुटों में बँट गए थे। चाचा ने चीखकर कहा था 'दादा तुमने कैसी औलादें पैदा की हैं। धरती पर इनका होना अकारथ है 'सरग' सिधारें तो पिंड छूटे।' एक ने यह भी कहा कि 'आप इसके बजाय बागुर में मूत देते तो ही ठीक था।'

और उस दिन देर रात जागकर तय किया था कि इस रात के ख़त्म होने के पहले गाँव छोड़ दूँगा। पूरे गाँव के साथ ही पिता को अपमानित करने वालों को दिखा दूँगा कि बागुर में मूतने ना मूतने का फर्क़ क्या है..? बस गाँव छोड़कर शहर चला जाऊँगा। माँ ने दूध में आटा गूँथकर मेरे लिए रोटियाँ बनाईं और रूमाल से थोड़े बड़े आकार के कपड़े में रोटियाँ बाँध दीं, जिसे गळ्ना कहा जाता था।

मैं देवास जा रहा था। अपने इस दुनिया में आने का अर्थ खोजने। माँ मुझे बनेसिंग के खूपे तक छोड़ने आयी। फिर वह वहीं रुक गई। मैं तेज़ी से आगे बढ़ आया। तब देवास के लिए 'बोराजी की मोटर' चलती थी, जिसे घिचलाय के श्मशान से पकड़ना पड़ता था। उस दिन मोटर पकड़ने के लिए, मैं समय से काफ़ी पहले श्मशान पहुँच गया था। उस श्मशान से मरे हुए लोग सात आसमान के पार स्थित स्वर्ग का रास्ता पकड़ते थे–पर, वहाँ पहुँच कर ठिठका हुआ, मैं ऐसा ज़िन्दा-मुर्दा था, जो श्मशान से धरती पर के किसी स्वर्ग को हासिल करने के लिए आया था। मैं शहर जा रहा था कि स्वर्ग? जिसमें हमेशा संकटों से परे रहनेवाले देवता वास करते हैं। यह तो मुझे बाद में मालूम हुआ, जब मैंने ई. एम. फ़ार्स्टर की किताब 'हिल ऑव देवी' पढ़ी; जिसमें उसने 'देवास' के नाम की व्याख्या करते हुए लिखा था–'देवास' अर्थात् जहाँ देवता वास करते हों। तब देवास स्वर्ग की सम्भावनाओं का मुकाम लग रहा था।

दरअसल, आज मैं हँसना चाहता हूँ। देवास, ई.एम. फ़ार्स्टर, अपने पर और स्वर्ग पर भी। लेकिन, अभी नहीं, क्योंकि इतने सालों के दरमियान इतनी चीज़ें एक साथ गुज़री हैं कि पहले एक फ़ेहरिस्त बना लूँ, ताकि मैं तय कर सकूँ कि किस-किस पर कितना-कितना हँसना है हालाँकि मुझे डर है कि कहीं ऐसा न हो कि हँसते-हँसते ही मेरी आँखें अचानक गीली हो जाएँ। पर कोई ग़लती से इसे रोना तो नहीं कह देगा? यह तो मेरी आँखों का फ़िजियोलॉजिकल फ़िनामिनान है दरअसल, शहर रुलाता है, और बड़ी आँख रोती है–इस बात में दो आरोप हैं। एक शहर पर तथा दूसरा आँख पर। लेकिन, मैं चाहूँगा आँखों को आरोप से बचाने के लिए शहर की नाराज़गी मोल लेना कतई ठीक नहीं हैं।

(रचनाकाल-1977)

—प्रभु जोशी

पितृ ऋण

मैंने देखा, पिताजी अच्छी तरह बर्थ के कोने में खिड़की की चौखट से बिलकुल सट कर पर्याप्त निश्चिन्तता के साथ बैठ गए थे। मोटी और मटमैली-सी वह पोटली, जिसमें उनके कुछ कपड़े-लत्ते बँधे थे, उन्होंने अपने पैरों के ठीक पास रख ली थी। इतनी व्यवस्थित ढंग से जैसे कि उसमें कोई बहुत मूल्यवान सामान बँधा है और सतर्कहीनता की स्थिति में उस पर किसी के भी हाथ साफ़ करने का भय हो—जबकि, उनकी शारीरिक हालत और पोटली की शक़्ल देखकर, यह बहुत साफ़ लगता था कि घटिया से घटिया स्तर का चोर, चोरी तो छोड़िए, उसे छूने के लिए भी अपना मन नहीं बना पाएगा।

डब्बे में औसतन अधिक लोग थे, जबकि जिस डब्बे में हम इस वक़्त सफ़र कर रहे थे, वह डब्बा रिज़र्वेशन वाला था। अमूमन लोग रिज़र्वेशन वाले डब्बे में, इस उम्मीद में ही चढ़ जाते हैं कि वहाँ कम-से-कम बैठनेवाली जगह तो निकल ही आती है और सफ़र करनेवाले लोग भी अपनी मध्यवर्गीय भीरूता के चलते, संकोच को तोड़कर चढ़नेवाले से लगे हाथ, भिड़ते भी नहीं। कम-से-कम रात नौ बजे तक तो ऐसी सवारियों की उपस्थिति पर आपत्ति नहीं ही उठाते। बहरहाल, लोग जिन्हें जगह नहीं मिल पाई थी, इधर-उधर खड़े हो गए थे। कुछेक तो दरवाज़े के पास हैंडिल पकड़कर लगभग झूलते हुए से भी थे। बावजूद इसके, कोई भी व्यक्ति, उस बर्थ पर बैठने की हिम्मत नहीं कर पाया था, जिस पर पिताजी पालथी मारकर बैठे हुए थे।

मैंने कनखियों से मार्क किया, डब्बे में मौजूद भीड़ की आँखों में, पिताजी के प्रति घृणा और दया का मिला-जुला टुच्चा-सा बिफरता भाव था। निस्संदेह इसका कारण, पिताजी की शारीरिक विकृति ही थी। ख़ून बिगड़ कर रोग को इस हद तक बढ़ा चुका था कि अब उनका चेहरा बहुत ही ख़ौफ़नाक ढंग से विकृत हो गया था। लगभग जुगुप्सा पैदा करने वाला और वीभत्स। अलबत्ता, कभी-कभी वहाँ, उनकी गोरे रंग की त्वचा की सतह पर छलछला आते ख़ून की गीली पर्त का शुबहा होने लगता था। हो सकता है, त्वचा की ऐसी उधड़न के ही कारण उन्होंने दाढ़ी पर उस्तरे के बजाय मशीन फिरवाने के विकल्प को चुन लिया था।

इस समय पिताजी काफ़ी भीतर तक असहजता अनुभव कर रहे थे। हालाँकि, उनके चेहरे की सतह से इसे नहीं जाना जा सकता था, क्योंकि इतने सूक्ष्म भावों को

व्यक्त कर सकने में उनकी त्वचा, रोग के द्वारा घेर लिए जाने से, पहले की तरह उतनी समर्थ नहीं रह गई थी। सिर्फ आँखों के ज़रिये ही उनकी मनःस्थिति को जाना जा सकता था। चूँकि उनकी आँखें अभी भी उतनी ही बोलती–बात करती हुई ही थीं। बहरहाल, मैंने आँखों की तरफ़ देखकर, उनकी असहजता को पूरी तरह भाँप लिया था। असहजता का कमोबेश एक कारण शायद यह भी था कि कदाचित् डब्बे के भीतर की भीड़ के अन्दर भर आए तनाव का ज़िम्मेदार, वे ख़ुद को ही मान रहे थे। शायद इसीलिए, उन्होंने विवश होकर खिड़की की चौखट से बाहर गुज़रते अरुचिकर दृश्यों में ख़ुद को तन्मय दिखाने का बहाना खोज लिया था, और काफ़ी देर से वे एकटक बाहर ही देखे जा रहे थे। या बहुत मुमकिन था कि ऐसा न भी हो, क्योंकि रोग पिछले छह-सात साल से था और इतने लम्बे वक़्फ़े में अजनबीपन व घृणा से भरी नज़रों को झेलने के, वे अभ्यस्त हो गए हों। लेकिन, शायद ऐसा नहीं ही था। चूँकि रोग को बढ़ता देखकर पिताजी के लिए गाँव के बाहर कुएँ पर खाँकरों की डगालें काटकर, एक छपरीनुमा टापरी बना दी गई थी–और माँ के अलावा, शायद ही कोई दूसरा उनसे वहाँ मिलने जाता हो। फिर वे भी टापरी से तब ही बाहर निकला करते थे, जब उन्हें यह ख़बर हो जाती थी कि बाहर उनको देख लेनेवाला, गाँव का कोई आदमी नहीं है बाहर निकलकर, केवल वे कुछ ही को देखा करते थे। मसलन, सूपड़ी वाले आम को, टेकरिया नीम को और पाल्या बरगद को। और टापरी के बाहर खड़े रहनेवाले इन दर्शकों से, उन्हें कभी किसी तरह की असहजता का अहसास नहीं होता था। अलबत्ता, वे उनसे बातें भी किया करते थे। पता नहीं, शायद वे बातें उनके स्वगत का ही हिस्सा थीं या सचमुच हाड़-मांस के लोगों की जुगुप्सा के विरुद्ध वनस्पति जगत से स्वयं को उपेक्षित महसूस करते, एक अनाथ आदमी का संवाद।

बहरहाल, पढ़ाई के उन दिनों के बाद से, कदाचित् यह पहला मौक़ा था, जब पिताजी मेरे पास लगातार एक हफ़्ते से थे। वर्ना, पिछले छः-सात वर्षों से उनकी ज़िन्दगी, जिनमें समाज के बहुत नज़दीक रिश्ते भी थे, कुएँ के पास बाँध दिए गए केवल उसी टापरेनुमा मकान भर में ही सिमटकर रह गई थी। और पिछले महीने, माँ की अचानक हुई मौत के बाद, जब गाँव में उन्हें अवेरने वाला कोई नहीं रह गया तो मजबूरन उन्हें, मुझे अपने पास शहर ले आना पड़ा था। हालाँकि, उन्होंने यहाँ, मेरे पास आने में पहले काफी आनाकानी की थी, और मुझे भी यह तार्किक लगने लगा था कि चूँकि उनकी स्मृतियों का एक विराट-संसार यहीं है तो उनके लिए यहाँ रहने में ही कदाचित् ज़्यादा सुविधाजनक स्थिति होगी–क्योंकि यों भी जीवन के उत्तरार्द्ध में धर दबोचने वाली बीमारी ने उन्हें, अब केवल स्मृतियों के बियाबान के लिए ही छोड़ दिया था। मगर, बाद में लगा कि बिरादरी के रिश्तेदार, इसे मेरे ख़िलाफ़ अपने कुप्रचार का एक सहज सम्भव आधार बना लेंगे।

बहरहाल बाद इसके कुटुम्बियों की भर्त्सना से बचने के लिए, मैं उन्हें अपने साथ

शहर ले आया था।

यह निश्चय ही भावुकता नहीं थी। बस कहा जाना चाहिए कि एक क़िस्म की लोकनिन्दा के भय का दबाव जिसमें, लाने को तो मैं उन्हें, यहाँ शहर में अपने पास ले आया था, मगर लाने के थोड़े ही दिन बाद बहुत तीक्ष्णता के साथ, यह महसूस होने लगा था कि जैसे मैंने ख़ुद हाथ से पकड़कर अपने दिमाग़ के भीतर, एक ऐसे भयानक कीड़े को डाल दिया है, जो दिन-रात मेरी चेतना को धीरे-धीरे कुतर-कुतर कर खाता जा रहा है क्योंकि, जहाँ मैं रह रहा था, उस आवासीय इलाक़े के आभिजात्य परिवेश में पिताजी की घर में उपस्थिति, मेरे व रेखा के लिए परोक्ष-अपरोक्ष रूप से शर्मनाक ही बनती जा रही थी।

और इसी बीच ऑफिस के एक काम के सिलसिले में, मेरे उच्चाधिकारी ने मुझे वाराणसी चले जाने को कहा तो मैं बावजूद अपनी अस्वस्थता के, बिना किसी 'ना-नू' के इतने लम्बे टूर के लिए तत्काल तैयार हो गया था। यही सोचकर कि चलो इसी बहाने ही सही, दिन-रात अपने दिमाग़ पर बने रहनेवाले इस आतंक से, कुछ दिनों के लिए किंचित् मुक्ति तो मिलेगी। घर पहुँचकर, जब मैंने रेखा से अपनी इस आकस्मिक वाराणसी-यात्रा का ज़िक्र किया तो पता नहीं पिताजी को इस बात का सुराग़, कैसे हाथ लग गया। और, वे बग़ैर किसी पूर्व-पीठिका के पुरतपाक ढंग से प्रस्ताव रख गए थे कि जब मैं वाराणसी जा रहा हूँ, तो क्या उन्हें भी अपने साथ लिए चलूँगा? उनके द्वारा प्रस्ताव इतना अप्रत्याशित रूप से, ऐसी करुण-याचना की तरह रखा गया था कि मैं लगे हाथ, कोई भी टिप्पणी करने में ख़ुद को असमर्थ पा रहा था। मगर, पिताजी मेरी असहजता और द्विविधा से नितान्त दूर और ऊपर रहते हुए अतिशय गँवई भावुकता में भर कर कहने लगे थे, लगभग स्वगत की तरह कि उन्हें यह बात बहुत पहले से मालूम थी...'छित्तरमल दादा' ने बताया था कि मैं ही उनको तीरथ करवाऊँगा। जनम के समय कुंडली बनाते हुए ही उन्होंने उनको फटाकदनी से बता दिया था कि सन्तान पितृभक्त निकलेगी और तीर्थ-पुण्य भी वही करवाएगी। बाद इसके वे बच्चों की-सी सहजता से अपने छित्तरमल दादा तथा 'ज्योतिष विद्या' की तारीफ़ करते रहे थे कि कैसे वह भविष्य के गर्भ में छुपी बात को भी शत-प्रतिशत बता देती है यह देवविद्या है और ब्राह्मण-पुत्र होने के नाते मुझे भी उसका थोड़ा-बहुत ज्ञान तो होना चाहिए था। बाद इसके वे हँसने लगे थे। हँसी के झीने नेपथ्य में मुझे उनका सहसा वही चेहरा दिखाई देने लगा था, जो बीमारी के पहले था, जिसमें वे मेरे पिता थे। मैं भीतर से कमज़ोर हो आया था, नतीज़तन, जब यात्रा के लिए निकलने का समय हुआ तो हम शाम के अँधेरे में ताँगे में बैठकर, कॉलोनी से सीधे स्टेशन आ गए थे। आसपास के लोगों की निगाहों से बचकर।

अचानक डब्बे की भीड़ में कुछ सुरसुराहट हुई। कुछ लोग झगड़ने के स्वर में परस्पर

बोले जा रहे थे। मैंने ऊपर की बर्थ पर से लेटे-लेटे ही गरदन उचका कर नीचे डब्बे में देखा। एक अधेड़ और एक नई उम्र का लड़का, लड़की के ठीक सामने आयरन का एंगिल थामे खड़ा था। शायद अधेड़ को अपनी ज़वान लड़की को लड़के द्वारा लम्पटों की तरह बेलिहाज़ होकर निर्विघ्न घूरना पसन्द नहीं था। इसीलिऐ, वह उसे राय दे रहा था कि वह उनके सामने खड़ा न रहे, और दूसरी जगह बैठ जाए। उस अधेड़ ने बर्थ के उस खाली कोने की ओर इशारा किया था, जिस पर पिताजी बैठे थे। इस अप्रिय सलाह पर लड़का भड़क उठा, 'मेरे खड़े रहने से आपके पैरों को तो तक़लीफ़ नहीं हो रही है न...? तो फिर, आप अपनी सलाह अपने पास रखिए।'

इस उत्तर का सामना न कर पाने की झुँझलाहट में, वह अधेड़ उठा और उस बर्थ के पास पहुँच गया, जहाँ पिताजी बैठे हुए थे। वहाँ पहुँचकर वह बेसाख्ता हड़काने वाली कड़क आवाज़ में बोला–'अबे ऐ बुड्ढे...! चल उठ यहाँ से...वहाँ संडास के पास क्यों नहीं बैठ जाता...! जब तेरी हालत ऐसी है तो!'

ठीक इसी पल, मेरे भीतर दहशत की गर्म लकीर ख़ून में उतरते केल्शियम के इंजेक्शन की तरह उतर गई। चूँकि, उसकी झिड़क के साथ ही पिताजी ने अपनी रोमहीन खुश्क़ पलकें उठा कर पनीली आँखों से बहुत कातर होकर मेरी तरफ़ देखा था। और लगने लगा कि अगले ही पल मुझे वे सहायतार्थ पुकारने वाले हैं। मैं उनकी पुकार से डरने लगा। क्योंकि उनकी उस पुकार में निश्चय ही मेरे व उनके बीच के रिश्ते का सच, अपने प्रमाणीकरण के साथ सामने आ जानेवाला था। पर ख़ुशकिस्मती से ऐसा नहीं हो पाया। क्योंकि तभी वही लड़का जो अधेड़ की जवान होती हुई ख़ूबसूरत-सी लड़की को ताकने की सुविधा हथियाए हुए था, उस अधेड़ को लताड़ता हुआ बोला–'शर्म नहीं आती आपको...? ऐसे अपंग और बूढ़े आदमी को इस ढँग से ट्रीट करते हुए...? कुछ तो मानवीयता रखिए...! शर्म करिए श्रीमान्...।' लड़के के पास अधेड़ पर आक्रामक होने के लिए अनपेक्षित नैतिक रास्ता निकल आया था, जबकि वस्तुतः उसकी आँखों में, पिताजी की स्थिति पर नैसर्गिक रूप से कोई विशेष मानवीय सहानुभूति नहीं थी–पर, नाराज़ होने के लिए इस मुद्दे को, उसने आसानी से अपना पुख़्ता आधार बना लिया था। जबकि, पुत्र होने के कारण अधेड़ के व्यवहार पर अविलम्ब आपत्ति प्रकट करना नैतिक रूप से, मेरे हिस्से आता था। इसके विपरीत निहत्थे आदमी के पास बचे हुए अस्त्र की तरह मेरे पास थी, केवल अपनी फीकी बुझी हुई और लज्जा को छुपानेवाली हँसी। वह हँसी कम, खिसियाहट अधिक थी। उस खिसियाहट को कोई नहीं देख पाया था।

लड़के के तथाकथित दृढ़ नैतिक-प्रतिकार से वह अधेड़, डब्बे में सफ़र कर रहे लोगों के बीच अमानवीय, क्रूर तथा हास्यास्पद एक साथ हो गया था। वह कसमसाया हुआ, अपनी लड़की के साथ, पूर्व स्थान पर जम गया, जहाँ से वह उठकर आया था। और अब लड़के को लड़की को घूरते रहने की सुविधा पुनः और ठीक उसी स्तर की प्राप्त हो गई थी। फलतः उसकी मुद्रा में भर आया तनाव झड़ गया था और पहले की

अपेक्षा कहीं ज़्यादा निश्चिन्तता के साथ लड़की को घूरने का रुचिकर कर्तव्य निभाने की स्थिति में आ गया था।

मैंने भी महसूस किया कि मेरे ख़ून में कुछ देर पहले पैदा हुई ख़लल अब ख़त्म हो गई है स्थिति के नाटकीय हो उठने का भय काफी कुछ छँट गया था।

तिरछी निगाह से मैंने पिताजी की स्थिति का मुआयना किया–वे अब पहले से कहीं ज़्यादा घुड़ी-मुड़ी होकर खिड़की की चौखट से और अधिक सटकर बैठ गए थे। साथ ही नीचे पाँवों के पास रखी पोटली को उठाकर उन्होंने अपनी गोद में रख लिया था। हालाँकि, ताज़ा घटे प्रसंग से, उनकी आँखों में जाने तो भी कैसा-कैसा कातर भाव भर आया था। उनकी इस दुरवस्था से मेरे भीतर के दुखों में एक हिलोर-सी उठ गई। लगा, मेरे दुखों के मानचित्र पर, एक नई सुर्ख रेखा खिंच गई है जिसने उन्हें बाँट दिया है मैंने अपने चेहरे पर हाथ फेरा। जैसे चेहरे से गर्द झाड़ रहा होऊँ। वहाँ गर्द थी ही नहीं। शायद पश्चाताप था, जिसे हाथ फेरकर पोंछने की मैंने, एक असफल कोशिश की थी। पश्चाताप कि उस धूर्त लड़के ने अधेड़ को डाँटकर, वह काम कर दिया था, जो कि एक बेटा होने के नाते मुझे करना चाहिए था।

पता नहीं क्या कारण था! हमें काफ़ी देर रुके रहना पड़ा। क़रीब दो-एक घंटे। शायद बिलासपुर एक्सप्रेस का ही पचड़ा था। उज्जैन में, जो डब्बे देवास से लगे थे, काट दिए गए थे। भोपाल के लिए दूसरे डब्बों का शंटिंग शुरू हो गया था। डब्बे की कुच्चम-कुच सघनता पहले की तुलना में कम हो गई थी। मेरी बर्थ के नीचे बैठे गाँवदी लोग उतर गए थे और डब्बे में भर आए ख़ालीपन ने मेरे भीतर के इतनी देर से रिस रहे तनाव को भी बाहर उलीच दिया था।

दो-एक क्षण गुज़रने के बाद ही, बर्थ पर लेटे-लेटे मैंने सहसा पिताजी की टसक सुनी। थोड़ा-सा चौंक गया। गरदन उठा कर देखा, उन्होंने ख़ुश्क चमड़ी वाली अपनी साठ बरस बूढ़ी टाँग लम्बी की थी। मुझे मालूम है, यह उनकी आदत है थी नहीं, हो गई है उस समय से, जब मैं फर्स्ट ईयर में था। दशहरा-दिवाली के समय छुट्टियों में, मैं हमेशा की तरह गाँव गया था। छुट्टियाँ ख़त्म होने के बाद, देवास आने के लिए बोहरे की मोटर, गाँव से दो मील दूर काँकड़ पर से पकड़नी पड़ती थी। पिताजी यहाँ तक मुझे छोड़ने आए थे। माँ ने हमेशा की तरह मेरे साथ दाल-चावल, सिंकी हुई मूँगफलियाँ तथा होले-उम्बी की छोटी-छोटी पोटलियाँ मिलाकर एक बड़ा-सा पोटला बना दिया था। जो काफ़ी भारी हो गया था। पिताजी ने चलते समय अपने सर पर रख लिया था। मैंने कहा भी था 'अब आप से इतना वज़न नहीं चलता मुझे दे दीजिए, मैं उठा लूँगा।' तो वे पिताओं वाले अन्दाज़ में बेतरह भिनक पड़े थे। 'वाह! इत्ती सी उमर में तू इत्ता वज़न उठाएगा तो फिर मैं काय वास्ते हूँ, ऐं...?

कुछ दूर चलने के बाद काँकड़िया आम के पास उन्हें अचानक लगा कि मोटर 'चानिया-थल' के पास से 'हारण' बजाये दे रही है और यदि तेज़-तेज़ नहीं चले तो निश्चय ही वह छूट जाएगी। वे इतनी बड़ी गठरी उठाये हुए दौड़ने से लगे थे। दौड़ते-दौड़ते अचानक उनका पैर बरसाती पानी भरे रहने से बन जाने वाले किसी 'बेदरे' में आ गया और वे लथड़ाकर गिर गए थे। फिर भी उठकर लँगड़ाते-लँगड़ाते दुड़की मारी और आख़िरकार उन्होंने मोटर को हाथ से नहीं जाने दिया था। हम ज्यों ही पहुँचे कि मोटर आ गई थी। उन्होंने झटपट गठरी अन्दर फेंककर मुझे चढ़ा दिया था। मेरे चढ़ते ही मोटर चल दी थी। उनकी साँस बुरी तरह फूल आयी थी। इस हद तक कि वे चाहकर भी पिताओं वाली कोई परम्परागत हिदायत नहीं दे पाए थे। मैं भी नहीं देख पाया था कि उनका क्या हुआ, क्योंकि मोटर के चलते ही पिछले पहियों ने कच्चे रास्ते की धूल की एक दीवार उठा दी थी, जिसके पीछे उनकी साँस, उनके शब्द और उनकी आकृति भी कहीं गुम हो गई थी।

'चिट्टी लाखजे रे नाना...हो...!' बस इतने से ही शब्द थे, जो मोटर की गुर्राहट को बमुश्किल धकेलते हुए मेरे कानों तक कैसे भी पहुँच गए थे। बाक़ी को मोटर की एकदम से ऊँची हो गई गुर्राहट ने लील लिया था।

हफ़्ते भर बाद उन्होंने किसी से लिखवा कर चिट्ठी पहुँचायी थी जिससे ही पता चला था कि उस दिन उनके पाँव में मोच आ गई थी और वे काँकड़ पर काफ़ी देर तक अकेले ही मूर्च्छित पड़े रहे थे और अब पाँव पर पलाणी के पत्ते बाँध रहे हैं। दरअस्ल, देवास पहुँचने के बाद, मैं चिट्ठी ही लिखना भूल गया था।

तभी से अब तक उन्हें यही होता है एक ही बैठक से लगातार बैठे रहने से उनकी टाँग सो जाती है उसे वे दो-चार बार लम्बी-ओछी करके उसका उपचार करते हैं। उन्होंने दो-चार बार यही कसरत की और फिर आराम से पीठ टिकाकर उसी तरह बैठ गए।

और अब डब्बा पूरी तरह ख़ाली हो गया था। भोपाल स्टेशन था। जहाँ रात के डेढ़ बजे तक गाड़ी पड़ी रहनेवाली थी। पूरा प्लेटफार्म ऊँघ रहा था। गाड़ी के भीतर की बत्तियाँ भी जैसे यात्रियों के लिए नहीं, अपना कर्तव्य निभाने के लिए जल रही थीं। मैंने अपने उनींदेपन में उठंग होकर पिताजी की तरफ़ देखा, शायद उन्हें नींद नहीं आ रही थी। डब्बे के ख़ालीपन, रात की ख़ामोशी और अँधेरे ने उनके अन्दर मुझसे बतियाने का अपूर्व साहस भर दिया था। और वे मेरी रुचि या जिज्ञासा की टोह लिए बग़ैर, अपने अतीत का बखान तथा आनेवाले आगे के सफ़र की कल्पनाजन्य संभावनाओं पर हुलक से भर कर बात करने लगे थे। मसलन, हम बनारस कै बजे पहुँचेंगे...? वहाँ मैं अपने ऑफिस का पता कैसे करूँगा...? उन्हें कहाँ ठहराऊँगा...? कौन-कौन से मन्दिर और घाटों पर ले जाऊँगा...? वहाँ का हवा पानी कैसा होगा...?

अँधेरे में उनकी आवाज़ से निकलते हर शब्द पर, पहले मैं उनके मौजूदा विकृत चेहरे को हटाता और फिर उसकी जगह उनका पुराना चेहरा लगाता और अन्त में उनकी

आवाज़ को उसी पुराने चेहरे से निकालकर सुनता। उनकी शक़्ल लगभग हर लम्हे में ही बदलनी पड़ती और बदलते हुए वह अलग-अलग समय और उम्र की हो जाती। कभी घास काट कर लानेवाली, कभी हाट से लौटने वाली, कभी माँ के साथ हँसने और बात करने वाली तो कभी मेरी पढ़ाई के लिए कर्ज़ माँगनेवाले की–निश्चित ही पिताजी बहुरूपिया नहीं थे, पर बहुत सारे प्रतिरूप उनमें समाहित लगते थे। वे माँ की बात करते तो आवाज़ काँपने लगती जैसे वे बात नहीं, माँ की मृतदेह से कफ़न हटा रहे हों। देह से भी नहीं, मौत से आवरण उठा रहे हों। फिर बताने लगते कि चिन्ता की ज़रूरत नहीं है मैं उन्हें केवल मीरघाट ले जाकर छोड़ दूँ। वहाँ तो उनको अपने कुनबे के गंगई गौर मिल ही जाएंगे। वे बहुत भले लोग हैं। वे आगे बताने लगे थे कि वे मुझे भी जानते होंगे। उनके पोथे में मेरा नाम भी ज़रूर दर्ज होगा...मेरे छुटपन का नाम बब्बू।...वोई नाम। तेरी माँ ने ही तो लिखवा दिया था, जिसमें यह था कि उन्होंने उन्हें दाल-बाफले और खीर खिलायी थी। बाफलों को घी में कितना तर-बतर कर दिया था। फिर ये तेरी माँ को 'रमायन' का छोटा-सा गुटका दे गए थे, जिसे वह बाँच-बाँचकर सुनाती थी... वह अक्षर बाँच लेती थी ना। 'वा पढ़िया-लिखिया घर की थी..ना...म्हारा मुजब थोड़ेई थी...नेठूई ज...काळो अक्षर भैंस बराबर...।'

मैं चुपचाप कम्बल से बदन को ढाँपे ऊपर बर्थ पर लेटा रहा।

कुछ पल और बड़बड़ाने के बाद पिताजी अचानक रुक गए। शायद उन्होंने मेरे द्वारा इरादतन की जा रही उपेक्षा को मार्क कर लिया था और उन्हें लगने लगा हो कि उनकी बातें मेरे लिए नीरस और व्यर्थ हैं। शायद ऐसा नहीं भी हो। कहीं माँ का ही कोई सन्दर्भ उन्हें याद हो आया हो। और नतीज़तन दुःखी होकर वे उसे बोलने-बताने से छुपा गए हों। और कहने की ज़रूरत नहीं कि सौ फ़ीसदी यही था। चूँकि, दो घड़ी की चुप्पी के पश्चात् वे फिर से बतियाने लगे थे। आवाज़ में आए बदलाव से साफ़ तौर पर ज़ाहिर हो रहा था कि वहाँ उनके गले में रुँधापन है वहाँ दुःख ताज़ा और एकदम हरा है घर पर भी कुछेक दफ़ा माँ का रिफरेंस आते ही, मैंने उन्हें बहुत दुखित और कातर होते देखा था। ठीक इसी तरह ही।

अन्ततः मैंने ऊबकर कहा कि ज़्यादा बेहतर यही होगा कि हम बात करने के बजाय थोड़ा सो लें। मैं अँधेरे में उनके चेहरे को चाहे न देख पाया होऊँ, मगर यह तय है कि मेरी इस टिप्पणी से उनकी मुद्रा में अपमानबोध एकत्र होकर ऊपर तक उफन आया होगा। या हो सकता है, उन्हें अपने प्रलाप की अनर्गलता पर स्वयं ही पश्चाताप हो आया हो। बहरहाल, वातावरण के तनाव को कम करने के लिए उन्होंने अपनी तरफ़ से एक अनुमान गढ़ा और बोले–'हाँ रे तू भी थाकी गयो होगा रे।...म्हारो कँई...? हूँ तो यूँज बड़बड़ातो रहूँ रे... बूढ़ा लोग होण के नींद नी आय तो जबाण ही चलती रे। तू तो सोई जा रे...हूँ जागी रियो हूँ।'

फिर कुछ देर पश्चात् ही मुझे झपकी लग गई।

धड़-धड़-धड़ाम... तेज़ भागती रेल, शायद किसी नदी के लोहे के लम्बे पुल से गुज़र रही थी। इतनी ऊँची और तीखी आहट से मेरी नींद खुल गई। बाहर हवा काफ़ी ठंडी थी। मैंने पिताजी की ओर नज़र डाली। वे गन्दी-सी गठरी की तरह घुटने पेट से सटाए उघाड़े पड़े थे। शायद, खिड़की बन्द नहीं कर पाए होंगे और मेरी नींद में कहीं खलल न पड़ जाए, इस आशंका के कारण उन्होंने मुझे भी उठाने से ख़ुद को रोक लिया होगा। वैसे, रोग ने उनके हाथों की अँगुलियों के पोरों को काफ़ी हद तक भोंथरा-सा बना दिया था। इतना कि वे बारीक काम करने में अक्षम व लगभग अनुपयोगी सिद्ध हो गई थीं। कभी-कभी तो वे मात्र ठूँठ की तरह लगा करती थीं।

एकबारगी हवा की ठंडी खुनक का ख़याल कर के मेरे मन में आया भी कि जो एक और कम्बल मेरे पास एक्स्ट्रा है, मैं उसे उनके शरीर पर डाल दूँ—मगर, दूसरे ही क्षण उनके विकृत अंगों की स्मृति ने इस विचार को एक सिरे से साफ़ ही कर दिया। फिर कम्बल भी इतना क़ीमती था, लाल इमली वाला कि पिताजी के क्षत-विक्षत अंगों पर डालने का अर्थ, उसे बर्बाद करना था। मैंने ख़ुद को ज़ब्त कर लिया। यह सोचकर कि शायद उनको ठंड न लग रही हो, बल्कि, बीमारी ने उनके सोने की मुद्रा में ही यह परिवर्तन कर दिया हो। वैसे भी मैंने कहीं किसी पत्रिका में पढ़ा भी था कि इस बीमारी में रोगी को गर्मी का बहुत ज्यादा अनुभव होता है ठीक ऐसी गर्मी जैसे पारे को चाट लेने के बाद होती है और मरीज़ ज़्यादा ओढ़ने-पहनने से घबराने लगता है

मैं उस एक्स्ट्रा कम्बल को ठीक से चारों तरफ से ओढ़कर फिर सो गया।

रातभर गाड़ी चलती रही। और बेलिहाज़ हवा भी खिड़की से अन्दर आती रही। मगर, भोपाल के बाद, जब डब्बा पूरा भर गया तो भीड़ के कारण डब्बे में मनुष्य के शरीर से उठने वाली गर्मी से ठंड कम हो गई थी। मैंने भीड़ का अनुमान लगाने के लिए गरदन उठाकर पूरे डब्बे में देखा। लगभग सभी यात्री तीर्थ की तैयारियों वाले लोग लग रहे थे और उनकी शक़्लें टिपिकल मालवी क़िस्म की थीं। भोली और मासूम। तभी अचानक मुझे उस यात्री दल में एक आदमी दिखाई दिया, जो ऊँचा पूरा तो था ही साथ उसने सफ़ेद मालवी साफा बाँध रखा था। अपने दोनों हाथों को खोब बनाकर उसने अपने चेहरे को कुछ ऐसे ढाँप लिया था, जैसे वह आँखों से झरती नींद को सँभाल रहा हो। उसे देखकर मुझे पिताजी का बरसों पहले का वह चेहरा याद हो आया, जब उन्हें इस रोग ने घेरा नहीं था। बर्थ के कोने में लेटे हुए पिताजी तथा उसके सामने बैठे हुए इस आदमी को देखकर लगा, जैसे पिताजी अपनी विकृत काया को केंचुल की तरह बर्थ के उस कोने में छोड़कर यहाँ आ बैठे हैं। शापग्रस्त काया से मुक्त होकर एकदम तरोताज़ा। बिलकुल पहले की तरह। मन में ऐसी हूक उठी कि यदि अविलम्ब अपने को रोक नहीं पाया तो मैं पिताजी को पुकार बैठूँगा।

उस दिन भी पिताजी रोटीघर की दीवार से पीठ टिकाकर ऐसे ही बैठे थे। खाद की गाड़ी ढो कर लौटे थे तथा ख़ाने की थाली की प्रतीक्षा कर रहे थे कि देवास से परीक्षा

की फीस के पैसों के लिए मैं पहुँच गया था। जहाँ तक मुझे याद है, उस दिन घर में शायद अन्तिम रोटियाँ थीं। (यह बाद में पता चला था) और पिताजी भी चतुर माँ की सांकेतिक भाषा को समझ गए थे कि यदि वे खाएँगे तो मुझे रोटी नहीं खिलायी जा सकेगी। मैंने थाली के सामने बैठते हुए माँ से कहा था कि पिताजी को भी खाना परोस दे तो पिताजी बीच में ही बोले थे कि उन्हें बिलकुल भूख नहीं है... सुबह की बासी रोटियों की 'सिरावणी' ही आज इतनी डट के हो गई थी कि अभी तक डकारें आ रही हैं और फिर आजकल गर्मी भी तो इतनी पड़ती है कि दो रोटियाँ खाओ तो दस लोटे पानी पीना पड़ता है... और उन्होंने पेट को भरा दिखाने के लिए एक ऐसी डकार ली थी, जो साफ़-साफ़ मालूम पड़ रही थी कि वह ख़ाली पेट से ज़बरन ली गई डकार है फिर माँ ने उन्हें छाछ और गुड़ दे दिया था, जिसे गटागट पी कर, वे काका के यहाँ माँ के गहने 'गिरवी' रखने के लिए उठकर चल दिए थे।

'उतरिए! आप लोग अभी उतरिए इस डब्बे में से। इस आवाज़ से पूरे डब्बे में खलबली मच गई। शायद वे गँवई लोग भूल से रिज़र्वेशन वाले इस डब्बे में चढ़ आए थे, जबकि तीर्थ यात्रियों की बोगी दूसरी थी। टी.टी. ही था। सबसे टिकट माँग रहा था। और यकायक पिताजी के सामने आकर ठिठक गया था। उसने पिताजी को पहले ऊपर से नीचे तक देखा, फिर मुद्रा में रेलवे अधिकारी का सरकारी क्रोध भरकर बोला–'ऐ बुड्ढे...! तुम यहाँ कैसे...जमे हो...?'

पिताजी उसकी टिप्पणी और प्रश्न से बेख़बर बने खिड़की के बाहर देख रहे थे। उनकी निर्लिप्त मुद्रा के कारण टी.टी. को लगा जैसे वे जानबूझ कर न सुन पाने का अभिनय कर रहे हैं। इससे उसके सरकारी अहम् को शायद तीखी ठेस अनुभव हुई। नतीज़तन, काफी ऊँची आवाज़ में वह लगभग चीख कर बोला, 'अबे ओ बुड्ढे...? सुनाई नहीं देता क्या...?'

मैंने देखा पिताजी ने डरकर अत्यन्त कातर दृष्टि से टी.टी. की तरफ़ तका। फिर एक मूक और करुण याचना से प्लावित आँखों से मेरी तरफ़ देखने लगे।

संकट की एक कठिन घड़ी इतनी रात में अप्रत्याशित ढंग से आ खड़ी हुई थी। मैं तत्काल सँभला और टी.टी. को मैंने अपनी अफ़सरों वाली इंगलिश में बताया कि उसके पास बाक़ायदा रिज़र्वेशन वाला टिकट है मैंने ही दिलवाया है और वह कोई भिखारी नहीं है पास में पैसे न होने के कारण उज्जैन के प्लेटफार्म पर गिड़गिड़ा रहा था। अतः मुझे दया आ गई। फिर मैंने पिताजी की तरफ़ मुख़ातिब होकर कहा, 'बाबा, इन्हें अपना टिकट दिखाइए।' यह वाक्य बोलते समय मेरी आवाज़ अजीबोग़रीब ढंग से जाने कैसी-कैसी तो भी हो आयी। चेहरा नाटकीय। टी.टी. आगे बढ़ गया। यह सब होने के बाद मैंने खुश होकर सोचा 'बाबा' सम्बोधन इतना गोलमाल था कि उससे डब्बे के अन्य यात्रियों को तनिक भी इस बात का सन्देह नहीं हो पाया कि मुझ जैसे अभिजातवर्गीय व्यक्ति और एक रुग्ण बूढ़े के बीच किसी भी प्रकार का कोई निकट का रक्त-सम्बन्धी

रिश्ता है अलबत्ता मुझे हल्की-सी खुशी ही हुई कि पिताजी को सम्बोधित करने के लिए बचपन में अपनाया गया यह सम्बोधन, उम्र और समय के इस मुक़ाम पर आकर कितना सुरक्षात्मक सिद्ध हुआ है

टी.टी. टिकट की पड़ताल किए बग़ैर अगले डब्बे की तरफ बढ़ गया।

मैंने रूमाल निकालकर गरदन के आसपास आया हुआ पसीना पौंछा और फिर से बर्थ पर चढ़कर लेट गया। लेटते हुए मैंने सोचा कि यदि पिताजी को अपना एक्स्ट्रा क़ीमती कम्बल ओढ़ने को दे दिया होता तो इस तरह के कठिन अभिनय की नौबत से बचा जा सकता था। क्योंकि, तब धीरे से वह टिकट देखता और आगे बढ़ लेता। आपके कपड़ों का स्तर सामनेवाले के व्यवहार के भद्र-अभद्र स्तर को भी तय कर देता है इसके बाद लखनऊ तक कोई संकटकालीन स्थिति उपस्थित नहीं हुई। यात्रा बिलकुल निर्विघ्न रही। बीच में पिताजी का सिकुड़ा हुआ चेहरा देखकर मैंने चाहा भी कि पिताजी से चाय-नाश्ते का पूछ लूँ। लेकिन डब्बे में मौजूद साफ़ शफ़्फ़ाक सवारियों की प्रतिक्रिया का सामना करने से हिम्मत नहीं हो रही थी-सो ख़ुद को रोक लिया। फिर पिताजी ने ख़ुद भी कोई ऐसी माँग नहीं की, जो मुझे किसी तरह की विकट स्थिति में डाल दे।

मुझे पहली बार लगा पिताजी अनपढ़ होने के बावजूद मूर्ख नहीं हैं।

सुबह तक हम बनारस जा लगे। स्टेशन पर उतरते हुए पहली बार लगा कि यहाँ मालवा की तुलना में ठंड ज़्यादा है और कम-ज़-कम एक स्वेटर रख लिया गया होता तो ठीक रहता। क्योंकि, हवा की ठंडी हिंसार शरीर पर चोट कर रही थी।

बनारस में स्टेशन से ही इतनी बड़ी फज़र में ही गंगा किनारे चल धरने के लिए रिक्शा कर लिया और घाट की तरफ़ कूच कर दिया। रिक्शा करते समय थोड़ी-सी असहजता का सामना ज़रूर करना पड़ा। मगर, हम जल्दी ही मीरघाट पहुँच गए क्योंकि पिताजी गंगा के पवित्र घाट पर सूर्योदय के पहले ही नहाने के लिए उत्सुक थे। वे बार-बार ब्रह्म-मुहूर्त में स्नान कर लेने पर पुण्य-प्राप्ति की महिमा का बखान करते आ रहे थे। उनकी उत्सुकता तथा बेसब्री के पीछे तपते और झुलसे वर्षों की एक लम्बी और डोलती हुई प्रतीक्षा थी। इसीलिए मैंने सोचा इन्हें नहलाकर कहीं किसी सराय या धर्मशाला में टिका दूँगा और फिर मैं अपना ऑफिस वाला काम निबटा आऊँगा।

रिक्शेवाले को किराए का पैसा चुका कर, मैंने रिक्शा वहीं घाट के बाहर छोड़ दिया। फिर हम धीरे-धीरे घाट की तरफ बढ़ आए।

सूरज क्षितिज से बस थोड़ा-सा ही निकल पाया था और नदी के दूसरे किनारे से उगता हुआ ऐसा लग रहा था जैसे वह अपने उगने की पूरी तैयारी किए बग़ैर ही निकल आया है उसकी रोशनी में वैसी तेज़ी नहीं लग रही थी, जैसी देवास में टेकरी के पास उगते हुए लगती है शायद, ऐसा नदी के ऊपर फैले कोहरे के कारण ही लग रहा था।

घाट पर कुछ पहलवाननुमा पंडे लोग भी हमारे पीछे लगे लेकिन, साथ में पिताजी को देखकर पीछे लगने की निरर्थकता को ताड़कर वे अपने हील-हुज्जत के हथकंडों के साथ लौट गए। सुबह-सुबह धन्धे के वक़्त को वे भी यों ही ज़ाया नहीं करना चाहते थे। मुझे अनायास ही गाँव की मालवी बोली वाली एक कहावत याद हो आयी, जिसमें कहा गया था कि बामण की सुबह और बेस्या की साँझ बिगड़ी कि उनका सब कुछ बिगड़ा...।

अब पिताजी और मैं घाट के पास थे। घाट की सीढ़ियों पर बहुत सम्भव था, पिताजी की शारीरिक दशा देखकर उन्हें कोई टोक भी सकता था।, इसीलिए हम चलते हुए घाट के आख़िरी कोने पर आ गए थे, जहाँ लोगों की हलचल ज़्यादा नहीं थी। बस दो-चार लोग यहाँ-वहाँ टहल रहे थे, जैसे वे भी गंगाघाट पर स्नान नहीं, सिर्फ़ किसी की तलाश में आए हों।

अपनी गन्दली-सी गठरी खोलकर पिताजी अपना लाल पंछा निकालने लगे। तभी असावधानीवश उसमें से कुछ नीचे बिखर पड़ा, जिसमें से दो एक छोटी-छोटी पुट्ठल, कुछ चिल्लर और मैले-कुचैले काग़ज़ थे। मैंने देखा, जिस उल्टे हुए काग़ज़ को उन्होंने ठीक किया था, वह काग़ज़ नहीं, माँ की एक छोटी-सी तस्वीर थी, जो मैंने सेकेंड ईयर में अपने दोस्त के एक क्लिक-थर्ड कैमरे से निकाली थी। तस्वीर को उठाते हुए मैंने देख लिया तो पिताजी काफ़ी असहज हो गए। कदाचित् तस्वीर को छुपाने की पुख़्ता कोशिश के बावजूद हाथ लगी असफलता ने उन्हें भीतर तक अफ़सोस से भर दिया था।

मैंने चेहरा इतना भावहीन कर लिया जैसे कुछ देखा ही नहीं हो। मगर इतनी निर्धूप सुबह में माँ की तस्वीर से एक हल्की-सी चमक मेरे भीतर भर गई थी।

नहाने के लिए वे घाट की सीढ़ियों पर उतरने लगे तो क्षण भर के लिए वहाँ उनके पैर ठिठक गए। जैसे, मुझसे कुछ कहने की तैयारी कर रहे हों। तैयारी क्या सचमुच ही वे कुछ कहना ही चाह रहे थे। मगर, दबा गए। चेहरा मेरी तरफ़ किए बग़ैर कुछ पल उसी मुद्रा में स्थिर रहकर बोले–'सुण, पोटला को ध्यान राखजे हो.. बेटा।' उनकी इस हिदायत में उनकी बरसों पहले वाली ही पाटदार आवाज़ थी। एक पिता की, आदेश देती दानेदार आवाज़, जिसकी अनसुनी करने में ही पुत्र अपने आहत अहम् की तुष्टि खोजते हैं। मुझे उनकी ऐसी ही प्राचीन और पिताओं की परम्परागत हिदायत को ठसकदार आवाज़ में सुनकर खीझ और हँसी साथ-साथ हो आई। भला वाराणसी में ऐसा गया-बीता और कौन चोर होगा, जो उनके ऐसे पोटले को हाथ लगाना भी पसन्द करेगा।

वे धीरे-धीरे चलते हुए ठंडे जल में डूबी दो एक सीढ़ियाँ उतरकर रुक गए। लगा, पानी की ठंडक से अधिक वे इस समय उसकी पवित्रता को अनुभव कर रहे हैं। फिर, बहुत गाढ़ी और रुँधी हुई आवाज़ में बोले–'ऊ नी पोटली में थोड़ीक-घणी चिल्लर है रे...थारी माँ ने इकट्ठी करी राखी थी... के हूँ तमारा साँथे तीरथ गई तो भगवान का

मन्दर-मन्दर वास्ते खुला पइसा की दिक्कत नी होयगा...।'

बोलते-बोलते वे जल में डूबी हुई और अधिक नीचे की सीढ़ियों पर उतर गए। अब वे जल से ज़्यादा कहीं स्मृति की गहराई में खड़े थे। लगभग आपादमस्तक डूबे हुए।

फिर बहुत धीमे से मेरी तरफ़ अपना चेहरा किया और बोले-''बेटा रे! पोटली में थारी माँ का 'फूल' भी रखिया हुआ है रे...! एका वास्ते, हूँ कही रहियो थो...पोटली को ध्यान राखजे। काल अमावस को दिन है... पिण्डदान करी ने खमाई दाँगा...गंगा माता की धार में...।'' उनके इस संवाद को सुनते हुए मैंने मार्क किया कि उनकी आवाज़, आख़िरी शब्दों तक पहुँचते-पहुँचते अत्यन्त जर्जर और विदीर्ण हो आयी है इस सूचना ने कि पोटली में माँ की अस्थियाँ हैं, मुझे थोड़ा-सा विचलित कर दिया। विचलित होकर मैंने पिताजी के चेहरे की तरफ़ और ग़ौर करते हुए पुनः देखा-वहाँ, उनके चेहरे पर से उम्र तथा स्मृतियों से लदे न जाने कितने पल और न जाने कितने वर्ष सरसराते हुए गुज़रते जा रहे थे। मुझ तक उन वर्षों और पलों के गुज़रने की आवाज़ नहीं पहुँच रही थी। और यदि आवाज़ पहुँच भी रही थी तो वह उन वर्षों और पलों के गुज़रने की नहीं, सिर्फ़ गंगा के धीमे-धीमे शताब्दियों से बहते जल की थी, जो पता नहीं कहाँ जा रहा था।

पूरे सफ़र में कदाचित् पहली बार उनके मुँह से मेरे लिए 'बेटा' संबोधन निकल आया था, जिसकी भीतर तक सालती अनुगूँज ने मुझे कमज़ोर कर दिया था। पर, मैं कमज़ोरी पर जल्दी ही नियन्त्रण पाने में सफल हो गया। मुझे लगा कि मैं मौक़े पर सम्भल ही जाता हूँ।

पिताजी कुछ पल पानी की हिलती सतह को चुपचाप अपलक घूरते रहे। शायद, वहाँ उनकी धुँधलाती आँख तथा बहते जल की सतह के बीच माँ की स्मृतियाँ थीं, जो उन्हें हॉण्ट कर रही थीं।

''थारी माँ की भोत इच्छा थी कि वा म्हारा साँथे तीरथ करती रै...। ओ के तो गंगा-गीत भी तो कित्ता आता था।'' उन्होंने कहा और अन्तिम शब्द बोलते हुए उनके गले की आवाज़ अवरूद्ध हो गई। चेहरे से ऐसा लग रहा था, जैसे उनके कान उस ओर खुल गए हैं-जहाँ माँ की आवाज़ में गंगा के गीत गूँज रहे हैं। उन गीतों की बहुत क्षीण-सी अनुगूँज मुझ तक भी चली आ रही थी।

मैंने देखा उनकी आँखें इतनी शोकाकुल हो उठी हैं कि लगने लगा कि अगले ही क्षण आँसू बाहर बह आएँगे। इसी बीच शायद उन्होंने भाँप लिया कि मैं उनके चेहरे पर आते-जाते भावों को पढ़ने की कोशिश कर रहा हूँ, अतः उन्होंने 'जय गंगे' कहकर पानी में डुबकी लगा ली। वे पानी की काँपती सतह के नीचे चले गए थे। जैसे कभी-कभी वे हमारे साथ गाँव की छोटी तलैया में पानी के भीतर चकमा देने के लिए छुप जाते थे। पर, इस समय यह ख़ुद को नहीं, अपने आँसुओं को छुपाने की उनकी तकनीक

थी, लेकिन इससे क्या...? मैं जान चुका था कि उनके सिर के ऊपर से बहती गंगा जी की धारा, अन्दर ही अन्दर उनकी रोगग्रस्त गिचगिची आँखों के खारे पानी को कहीं दूर बहा ले गई होगी।

इसी बीच कुछ सुसंस्कृत लोग मुझे घूरने लगे थे। मैं वहाँ से हटकर दो-चार क़दम दूर आ गया। छोटे-छोटे उन मन्दिरों की तरफ़, जहाँ भिक्षुओं की एक भीड़ बैठी हुई थी। पास आकर मैंने देखा कि उनमें अधिकांशतः कुष्ठरोगी ही हैं। मुझे देखते हुए उन्होंने अपने हाथ मेरे आगे फैला दिए। कुछेक ने एल्युमिनियम के अपने कटोरे भी। एक के एल्युमिनियम के कटोरे में तो ताज़ा पूड़ियाँ और चावल थे, शायद सुबह-सुबह किसी तीर्थ यात्री ने दे दिए होंगे।

वैसे, मैंने किसी पत्रिका के एक आमुख कथा वाले लेख में यह पढ़ा भी था कि यहाँ वाराणसी में पितृमोक्ष के लिए आनेवाले लोग भिक्षु-भोज कराते हैं, जिसमें धर्मभीरुता के चलते बाक़ायदा यह ध्यान रखा जाता है कि भोजन खाने योग्य भी हो। उनमें मालपुए तक भी होते हैं।

पिताजी ने अपनी क्षत-विक्षत अँगुलियों को जोड़कर जो अँजुरी बनाई थी, उसमें से अर्घ्य का जल रुक नहीं पा रहा था। फिर भी उन्होंने जो भी और जितना भी उनको याद था, बुदबुदाते हुए पाँच-छः बार जल-अर्घ्य दिया और पानी से बाहर आ गए। बाहर निकलते समय वे लगभग गिरते-गिरते बचे। पानी से निकलकर उन्होंने कपड़े बदले फिर मेरी ओर बढ़ आए।

हम घाट से लगे हाथ सराय के लिए निकल आए। सराय आकर तय किया कि मेरे लिए पहले ऑफिस के काम निबटाना ज़रूरी है वहाँ से लौटने के बाद पिताजी को कुछ ख़ास-ख़ास धार्मिक महत्त्व के स्थानों और मन्दिरों पर घुमा लाऊँगा। इतना भी उनके लिए उम्मीद से कहीं ज़्यादा होगा। मुझे उनसे यह जानकर तअज्जुब भी होने लगा कि उन्हें कई उन मन्दिरों के नाम याद थे, जिनका मुझे तो पता तक नहीं था।

ऑफिस के काम के लिए निकलते समय मुझे याद आया भी कि उनके पास न जाने कब से बचाए जाते रहे सौ-सौ के काफी-कुछ मुड़े-तुड़े नोट हैं और चिल्लर की एक छोटी पोटली भी। मैंने पिताजी के सामने आशंका प्रकट की कि कहीं कोई सराय में उनसे यह सब छीन-छान न ले। अपरिचित जगह। अपरिचित लोग। ये मेरी आशंका को भाँपकर तुरन्त बोले- ''हाँ सच्ची बात है म्हारा कने तो तू ऐसी जोखिम रहने ही मत दे रे..। हूँ ख़ुद देणे की सोचरियो थो, पर मन में आयो, कँई मालम म्हारी चोंटी-चाटी, छुई-छाई रकम के तू हाथ लगायगा भी या के नी।''

बाद इसके, उन्होंने पोटली खोलकर मुझे मुड़े-तुड़े नोटों की छोटी-सी गड्डी सौंप दी और बाल-सुलभ उत्साह से वह सारी चिल्लर भी, जो माँ की मट्टी की गुल्लक की थी। चिल्लर में माँ की स्मृति का भी भार भर गया था। हाथ में लेते हुए, मैं थोड़ा-सा असहज हो आया। मगर चिल्लर सौंपते हुए उनके चेहरे पर एक तसल्ली-सी उभर

आयी थी, जैसे वे एक भावनात्मक बोझ से मुक्त हो रहे हैं। चिल्लर सौंपने में उनके हाथ में एक उतावली लग रही थी। विरासत सौंपने के लिए उतारू आदमी की-सी।

मैं बैग में उस सारी अमानत को डालकर ऑफिस के काम को निबटाने की जल्दी में बाहर आने लगा तो बोले-'बेटा ऑफिस को काम तू निरात से निबटई के आ जे। नौकरी को मामलो है एके पेलाँ देख जे। म्हारो कँई...?, हूँ तो काल मन्दर मन्दर देव-दर्शन करी लूँगा। रोज़ी- रोटी को काम पेलाँ हो।''

मैं तेज़-तेज़ चलता हुआ, रिक्शा ढूँढ़ने के लिए सराय के परिसर से बाहर आ गया।

ऑफिस में माहितियाँ लेते-देते वक़्त पिताजी का बेचैन बनाता हुआ ख़याल आया और देवास में रेखा और बच्चों की भी याद हो आयी। रेखा की परेशानियाँ भी याद आईं और ख़ुद की भी, जो पिताजी के हमारे साथ रहने के कारण निश्चय पहले से कुछ ज़्यादा ही बढ़ गई थीं। ऑफिस से निबटते ही पहले मैंने सीधे सराय पिताजी के पास पहुँचने की सोची। तभी मुझे भीड़ याद आ गई जो मीरघाट पर मेरे सामने हाथ फैला रही थी। वह भीड़, जिनमें से कुछेक के कटोरों में पूड़ियाँ और चावल थे।

मुझे लगा, ऐसे लोग वाराणसी में रहते हुए दुःखी नहीं कहे जा सकते हैं। वे अपनी ही क़िस्म के लोगों के साथ रहते हुए दुःख की तिक्तता से काफ़ी हद तक ऊपर उठ आए हैं और मुक्ति का अनुभव करते हैं। इसी से अचानक एक विचार बिजली की गति से कौंधा कि यदि मैं पिताजी को इन्हीं रुग्ण और समानधर्मा लोगों के बीच छोड़ दूँ तो मैं बहुत-सी परेशानियों से आसानी से मुक्ति पा सकता हूँ। और वे भी दुःखी नहीं रहेंगे, क्योंकि, उनकी ही तरह के सैकड़ों लोग यहाँ हैं और सैकड़ों मन्दिर भी। फिर भगवान तो यहाँ कण-कण में हैं।

मौत के ख़याल की डरावनी दीवार की तरह था यह विचार, जिसे मैं सिर्फ़ एक झटके में ठीक इसी समय ही फलाँग सकता था, अन्यथा फिर शायद नहीं। और मैंने हिम्मत बटोरी और उसे एक ही साँस में फलाँग गया था।

अब, इस समय मैं सराय पहुँचने के बजाय रेलवे स्टेशन पर टिकटघर के सामने था। देवास की टिकट कटाने के लिए। तभी सनसनाता हुआ सन्देह सामने आकर खड़ा हो गया। यदि कहीं वे घर वापस लौट आए तो...? हाँ तो फिर क्या होगा...? मगर यह सोचकर मुझे एक आश्वस्ति अनुभव हुई कि उनके पास अब एक नया पैसा भी नहीं है उन्होंने ख़ुद आगे रह कर ही तो मुझे सब के सब ही तो सौंप दिए थे।

(रचनाकाल- 1974)

किरिच

लड़के के साथ अक्सर ऐसा होता था। वह उम्र, वक़्त, स्थान और मौसम के सुहानेपन से पीछे चला जाता था। पीछे, जहाँ बहुत कुछ छूटा हुआ था। पर लड़की के साथ ऐसा कुछ नहीं था। ऐसा छूट गया या गुम हुआ, जो था, सब उसके साथ था। आसपास और साथ। बचपन की कच्ची और गाढ़ी दूधिया हँसी। पनीली आँखें। शर्माती उम्र। उम्र का बेछोर उत्साह। गुड़ियाओं-सी देह। खिलौने-सा स्वभाव और इन सबके बीच किताबें थीं। किताबों में कहानियों-सा मन था। और वह यह सब लड़के के साथ चलते-बतियाते अपनी मुट्ठियों में हरदम दबोचे रहती थी। इसीलिए वह पीछे और दूर, लड़के की तरह, जब तब गुम नहीं हो जाती थी। होती भी थी तो सिर्फ़ लड़के के लिए ही।

लड़का आज रात की आख़िरी ट्रेन से वापस जानेवाला था। लड़की से दूर। सैकड़ों मील। जहाँ उसका अपना छोटा-सा शहर था। एक अनिश्चित समय तक न लौट पाने के लिए। इसीलिए, वे दोनों उठकर ऊपर आ गए थे। ऊपर टेरेस पर। आकाश के एकान्त में। अँधेरे के शुरू और दिन के ख़त्म होने के पहले। एक ज़रूरी और चमत्कारपूर्ण ख़्वाहिश की वज़ह से। गो कि उसके बग़ैर उनका अलग होना, 'अलग होने' की तरह नहीं स्वीकार सकेगा--न शहर। न घर। और न ही वे ख़ुद।

वे काफ़ी देर से चुप थे और फ़िलहाल दोनों के दरमियान दो संसारों की दूरियाँ थीं। बस बोलने पर भाषा ही दोनों के बीच पुल बनाती थी, जो अपने उपयोग की समाप्ति पर स्वतः समाप्त हो जाता था। लेकिन अभी कुछ क्षणों से ख़ामोशी कुछ ज़्यादा ही खिंच गई थी।

बहुत देर से चुप और अपने-अपने वजूद को, इसी तरह एक-दूसरे के आरपार बहुत तीखेपन से जज़्ब करते हुए, उन्हें अब लगने लगा, बहरहाल, कुछ बोला जाना चाहिए।

लड़के ने यों ही भरे हुए मन और खाली आँखों से चारों–ओर के आकाश को देखा। वहाँ थीं, कत्थई रंग की मल्टीस्टोरी बिल्डिंग्स, जिनमें अब हस्ब मामूल-सा स्याह रंग घुलना शुरू हो गया था तथा उनके ऊपर और बीच में आकाश था। पश्चिम का। महानगरीय और आवारा, जिसमें कुछ भी हो सकता था–पतंग, परिन्दे या पीलापन। पर, वहाँ बादलों के कुछेक छोटे-छोटे टुकड़े थे, जिनके सिरे जगह-जगह से सुनहरे और

चमकीले होकर धब्बों के मानिन्द फैल गए थे, जिससे आकाश एक निरे अचरज की तरह लगने लगा था।

ये आषाढ़ आने के बस कुछ ही पहले के दिन थे, जो अमूमन इसी तरह बादलों के छोटे-छोटे टुकड़ों को भागते-भागते लापरवाही से छोड़ जाते हैं। धूप और हवा को ख़ाली लम्हों में खेलने के लिए फिर, वे मन्दिरों की ऊँची बुर्जियों के तीख़े सिरों और इमारतों के कोनों में, चिन्दियों की तरह उलझे हुए हिलते रहते हैं। घुलते अँधेरे में। देर और दूर तक। हालाँकि, कुछ देर बाद अँधेरा उन्हें उखाड़ फेंकता है आकाश से। क्षितिज के पार। और फिर पूरा शहर, एक अथाह नीले अँधेरे के अतलान्त के नीचे, बड़े-से जहाज की तरह आहिस्ता-आहिस्ता डोलता हुआ रह जाता है उन चमकीले सिरों को याद करता हुआ। सिरों को या पूरे दिन को, जो सहसा लील लिया गया था।

लड़के का अकस्मात् ध्यान गया कि आज हवा टेरेस पर अपनी आदत के क़ाफ़ी विपरीत चपलता छोड़कर जाने क्यों एकदम ठिठकी-सी और चुप है, जैसे दोनों के दरमियान घटने वाले कुछ बेआवाज़ की साक्षी बनना चाह रही हो, ताकि वह कभी वक़्त आने पर मुख़बिरी कर सके।

लड़के ने वहाँ से नज़र हटा कर बग़ल में देखा। लड़की अभी तक ख़ामोश बैठी हुई थी। आकाश के रंगीन फैलाव और आकर्षण से कट कर। सफ़ेद साड़ी के हल्के, गुलाबी सिरे से खेलने में मशग़ूल। मगर, लड़के को मालूम था। दरअस्ल, उसके पास खेल नहीं है वहाँ होगा, अँगुलियों के पोर और साड़ी के गुलाबी छोर के दरमियान, वक़्त के फिसल जाने का अवसाद और मन का तीख़ा उलझाव, जो अलग होने के ऐन लम्हों में बढ़ता है, घटता नहीं। लड़के ने मार्क किया, सफ़ेद साड़ी से फूटती शाम की डिफ्यूज्ड रोशनी में उसकी पूरी देह दीप्त हो उठी थी। एकदम एफ्रोडाइट की तरह।

लड़के की तरह, लड़की भी बहुत देर से कुछ बोलना चाह रही थी। चाह रही थी– ढेर सारी नहीं, कम और प्यारी बातें हों। आख़िरी बार। जाने से पहले, जिन्हें वह, लड़के की अनुपस्थिति से भरे दिन में, या एकाकीपन के किसी तवील और सर्द वक़्फ़े की वजह से जमी हुई उदासी के ख़िलाफ़ इस्तेमाल कर सके। और फिर वापस रख दे। याददाश्तों के नीले अँधेरे तहख़ाने में। जहाँ, सिर्फ़ उसी के जाने की अनुमति हो।

'हम अकेले रह कर 'अकेलेपन' को नहीं पहचान पाते। अकेलेपन को हम तभी पहचान पाते हैं, जब हम किसी के साथ रह लें। चाहे किसी छोटे-से वक़्फ़े के लिए ही सही।' –लड़के ने बोलना शुरू किया ख़ामोशी को तोड़ने के लिए, तो उसे लगा उसमें कशिश कम कोशिश ज़्यादा है उसकी कोशिश थी कि उसकी आवाज़, आज की और बिलकुल अभी की लगे। उस पर से अतीत की धूल झड़ जाए, जो अक्सर उसके बोलने पर उड़ती रहती थी। पहले लड़के के लिए यह कमोबेश एक श्रमसाध्य-सी तकनीक थी, जिसमें वह अमूमन बावजूद अपनी ईमानदार कोशिश के अनुत्तीर्ण हो जाता था।

लड़की भी अपनी तरफ़ से लगे हाथ कुछ कहना चाह रही थी, लेकिन बातें एक ही समय में, इतनी तेज़ी और अधिकता के साथ कुछ इस तरह आने लगी थीं कि कुछ तो आपस में ही टकरा-टकराकर चूर-चूर हो गई थीं, और जो बची थीं, वे भी डेमेज्ड थीं, जिन्हें उठाने के पहले, आवाज़ के कन्धों को कहीं कुछ अवांछित-से के ढोने जैसा बोध होने लगता था।

'सचमुच ही मैं अभी तक स्वीकार नहीं पा रही हूँ'--लड़की ने अधीरता को बहुत एहतियात के साथ दबाते हुए तनिक भीगे लेकिन धीमे स्वर में कहा- कि 'कुछ देर बाद तुम यहाँ नहीं होओगे। इस शहर में। इस घर में।' घर शब्द उसने इस तरह बोला था, ग़ालिबन, शहर से बाहर और ग़ायब होकर भी आदमी का वजूद वहाँ बना रह सकता है

'तो क्या हुआ, पर मैं भूल नहीं पाऊँगा।' लड़का इतना बोल कर लम्हे के गोल दायरे में कहीं गुम हो गया। वह अक्सर इस तरह एकाएक बीच-वाक्य से गुम हो जाया करता था। कहीं जाने के लिए। शायद पीछे छूटे हुए को भर आँख निहारने के लिए। और फिर कुछ पलों बाद उसका लौटना होता था। उसी सतह पर। मगर, दूसरी तरह। वह लौट कर बोला--'एक लड़की अपने पीछे छूट चुके बचपन से इस क़दर भी भरी हुई हो सकती है, ये बात मुझे तअज्जुब से भरे दे रही है । तुम्हारे साथ रह कर।' दरअस्ल लड़के ने कहा नहीं। सिर्फ वक़्त की दीवार के उस पार एड़ियाँ ऊँची कर के झाँका। वहाँ। लड़की के बचपन में। लड़की, वहाँ फ्राक पहन कर उसकी तरफ़ मुसकरा रही थी।

लड़की ने गरदन झुका ली। जैसे वह लड़के के कथन को परख रही हो। अपनी देह को निहार कर। क्योंकि वह मान रही थी कि वह अब बड़ी हो गई है उसके ऐसे सोच के समर्थन में उसकी देह ही मदद कर सकती थी।

'हम अचानक और यों ही यक-ब-यक थोड़े ही मरते हैं। हम ही क्यों बल्कि कोई भी अचानक नहीं मरता। उसके पीछे मृत्यु की एक लम्बी पूर्व तैयारी होती है लगभग अचूक-सी।' लड़के ने दूर क्षितिज की ओर देखते हुए कहा। उसे ख़ुशी हुई कि वह आवाज़ के अवसाद को निथारते हुए, बात को अपने तईं यथोचित दार्शनिक बना सका। दरअस्ल, लड़का क़स्बे में अपनी लम्बी और असाध्य-सी बता दी गई बीमारी के आधुनिकतम उपचार के लिए दिल्ली आया था। उसकी ही यह वजह थी कि लड़का हरदम मृत्युबोध से ख़ुद को बेतरह घिरा-घिरा पाता था। मृत्यु वाली बात उसने अपने भीतर चलते रहनेवाले घनमथन की वजह से बिना किसी सन्दर्भ के अनायास कह दी थी। लगभग किसी आत्मगत संवाद की तरह। कहने के बाद वह, ख़ुद ही भीतर से काफ़ी हद तक असहज हो आया था।

उसकी ऐसी गम्भीर-सी लगने वाली बात सुन कर लड़की ने उसके चेहरे की ओर चौंक कर तका। वहाँ, दिन के आख़िरी हिस्से की अन्तिम धूप थी। किक लाइट की तरह। शार्प और पैरेलल, जिसमें लड़के के घने और कानों को ढँक लेनेवाले लम्बे बालों

के सिरे सुनहरे हो उठे थे। लड़की को लगा, लड़का, चेहरे से उतना बीमार नहीं लगता, जितना अस्पताल की जाँचों के काग़ज़ों से।

'पर तुम्हें ये नहीं लगेगा क्या?' लड़की ने उसकी ओर पल भर देखते रहने के बाद गरदन झुका कर फिर से बोलना शुरू किया–'ये कितने अच्छे दिन थे, पर सोचती हूँ कितनी जल्दी ख़त्म हो गए।'

'ऐसा होता नहीं–सिर्फ़ लगता है' लड़के ने संजीदगी से कहा जैसे अपने किसी लम्बे और उमर-रशीदा अनुभव के आधार पर कोई अकाट्य-सी शाश्वत स्थापना रखने वाला हो और फिर दूर देखने लगा। 'होने' और 'लगने' की ज़िरह से परे, जहाँ पश्चिम का आकाश था। उसने एक विस्मय की तरह मार्क किया वहाँ, अचानक क्षितिज पर तैश में उठ आया था एक बादल, जो आषाढ़ का नहीं था। आषाढ़ अभी कुछ क़दम दूर था। शहर से। पर रिश्तों से नहीं। वहाँ नमी ने अपने लिए पर्याप्त जगह बना ली थी।

'माँ कहा करती थी।' लड़की ने साड़ी का छोर छोड़ दिया और पतली-पतली अँगुलियों वाले हाथों को, जिनकी कलाइयाँ चपटी थीं, एक-दूसरे में फँसा लिया। कुछ कस कर। तनिक उत्तेजना के साथ जैसे हथेलियों के बीच कोई नर्म चीज़ तहा कर दबा रखी हो, उसने। शायद अपनी माँ की ही कोई बात। मगर, बावजूद इसके वे हथेलियाँ, हाथ मलने के मुहावरे के काफ़ी नज़दीक जान पड़ती थीं। जैसे, अभी-अभी उनके बीच से सहसा कुछ फिसल गया हो। और, अब वहाँ सिर्फ़ एक जर्जर-सा पश्चाताप भर दबा रह गया है

'क्या कहती थीं, तुम्हारी माँ?' लड़का शुरू-शुरू में लड़की के माँ वाले इस जुमले के बाद यह वाक्य आदतन बिना किसी विलम्ब के उसके सामने परोस देता था। सवाल की शक़्ल में। पर बाद में उसने यह उद्यम जल्द ही छोड़ दिया था। चूँकि, वह इतने दिनों में लड़की के साथ रहते हुए जान चुका था। अच्छी तरह से जान चुका था कि वह अपने साथ घटी हर छोटी-मोटी घटना, अनुभव और प्रसंग के जस्टिफिकेशंस को अपनी स्वर्गवासी माँ की पुरानी धारणाओं से जोड़ कर, नए व पुराने के बीच एक पतला-सा पुल कायम कर लेती है, जिस पर वह सुरक्षित-सी चलने लगती है और, चलते हुए वहाँ, अपने मनचीते स्थलों पर, शाइस्तगी के साथ पहुँच जाती है पर, लड़के ने अबकी दफ़ा अविलम्ब उनेवाले अपने भीतर के उस शीतसिक्त सवाल को 'वहीं' दबा रहने दिया, जहाँ से वह आदतन उठा करता था।

वह ख़ामोशी से उसके कथन के फिर से आरम्भ होने का इन्तज़ार करने लगा। लेकिन, कदाचित् वहाँ कोई अल्प-विराम आ गया था और वह उसे तत्काल पार करने को उद्यत नहीं थी। अलबत्ता, विराम लड़की के लिए एक आश्रय था, जहाँ ठिठककर वह अपनी माँ द्वारा बरसों पहले कही गई किसी बात की धूल झाड़कर उसे चमकाने में उलझ गई हो। या फिर किसी अगली और नई बात की तरफ छलाँग लगानेवाली हो।

'माँ कहा करती थी' जैसा कि लड़के को पुख़्ता यक़ीन था। लड़की ने वाक्य नहीं,

माँ की स्मृति को दोहराया-'यदि अच्छे दिनों को गिनने लगो तो वे छोटे हो जाते हैं। छोटे और जल्दी ख़त्म होने वाले। और मैं तो हर दिन, गिन-गिन कर जीती रही थी–तुम्हारे साथ।' उसने कहा। कहने के बाद वह हवा में देखने लगी, जिसकी पर्तों के नीचे महानगर का एक धीमे-धीमे उठते रहनेवाला कोलाहल दबा हुआ था। जो दूर से किसी हाहाकार-सा लगने लगता था। हो सकता हो, ऐसा हाहाकार उसके भीतर भी हो। दिन गिनने के पश्चाताप का।

'क्या वे बच्चों की तरह होते हैं, जिन्हें गिनने से नज़र लग जाए।' लड़के ने पूछा। स्वर के भीगेपन में एक कच्ची जिज्ञासा के बजाय लड़की की माँ की उक्ति के साथ खेलने की मामूली-सी चतुराई थी, ताकि, वे दोनों अपने आसपास सिमट आयी असहजता से ऊपर उठ आएँ। जो अलग होने की घड़ियों के नज़दीक आने की वजह से थी। पर, लड़की ने आधा वाक्य सुना या आधा ही उत्तर देने के लायक समझा। बाद के शब्दों को शायद उसने नहीं पकड़ा, क्योंकि, वह वाक्य ख़त्म होते-हवाते गुम हो गई थी। सोचने में।

'दिन वाकई बच्चों की तरह होते हैं' लड़की ने सोचा। बच्चे जो छोटी-छोटी आसान दूरियाँ भी दौड़ कर तय करते हैं और अच्छे दिन तेज़ दौड़ते बच्चों से होते हैं। तुम ऐसे दिन और उनकी ख़ूबसूरती के बारे में सोचते हुए आँखें मूँदो और खोलो। तुम पाओगे कि वे तेज़ दौड़ते हुए भाग गए हैं। सिर्फ़ उनकी पीठ भर हलकी-सी चमकती, मगर गहरे सी चिढ़ाती, देर तक अवश ढंग से दिखाई दे रही है

'तुमने कुछ और कहा था?' लड़की ने सहसा सोचने के दायरे से मुक्त होकर रिकलैक्ट किया। उसकी शक़्ल पर कुछ लकीरें उभर आयी थीं।आइने के तड़कने पर सतह पर उभर आने वाली रेखाओं जैसी।

'कहा नहीं, पूछा था!' लड़के ने अपनी स्थिति स्पष्ट की। –'यही कि क्या दिन वाकई ख़ूबसूरत बच्चों की तरह होते हैं, ऐसे ख़ूबसूरत बच्चों की तरह जिन्हें ज़रा से में नज़र लग जाया करती है?' लड़की ने लड़के की ओर कौतूहलपूर्वक देखा। वह सचमुच ही ऐसा सवाल पूछते हुए बच्चों की तरह लग रहा था। लड़की को लड़के का ऐसा भोलापन बहुत भाता था। इतना अधिक कि उसके भीतर उस भोले चेहरे को चूमने की सहसा इच्छा बलवती हो उठती। लेकिन, चूमने से ज़्यादा महत्त्वपूर्ण चीज़ थी, चूमने के लिए वाज़िब वक़्त पैदा होने की। सारी एकाग्रता और तत्परता उसी के लिए होती, लेकिन सफलता दूर ही ठिठकी रहती। जबकि, लड़का अपनी तरफ़ से एक दूसरा ही सच जानता था कि कोमल मन की भावुक लड़कियाँ एकान्त देखते ही ऐसे लड़के को सीने से लगा कर उदास हो जाना चाहती हैं। जबकि, उनकी इस हरक़त के पीछे सिर्फ़ किसी चौड़ी और रोएँदार छाती से 'लग कर' रोने की रूमानी कल्पना दबी होती है– 'लगा कर' उदास होने की नहीं। और बच्चों को सीने से 'लगा कर' रोया जा सकता है, 'लगकर' नहीं। इसीलिए, वहाँ उनकी आँखों के भीतर कोई अनाम-सी उदासी

डबडबा आती होगी।

'तो कोई टोटका नहीं होता... नज़र से बचाने के लिए... काजल या और कुछ भी, जिसे अच्छे दिनों के गालों या ठुड्डियों पर लगा दिया जा सके। और अच्छे दिन पाल-पोस कर बड़े कर लिए जाएँ। मेरा मतलब ये कि माँ के पास कोई कारगर फार्मूला नहीं था, इस तरह का?' –लड़का, लड़की की तड़क गई शक्ल से डरकर बोला था और चाहता था, वह जल्दी से मुसकरा उठे। लड़के के लिए लड़की के चेहरे पर मुसकान ले आना, खोज में लगे किसी व्यक्ति के आविष्कार की सफलता-सा जान पड़ता था। हालाँकि, आविष्कारक दोनों ही थे, पर दोनों के आविष्कारों की दिशाएँ अलग-अलग थीं। यदि लड़की आकाश में उड़ सकने वाले उपकरण की खोज में जुटी होती तो लड़का उसमें गिर सकने के, ख़तरे को सूँघता हुआ पैराशूट जैसा कुछ खोजता होता। फिलहाल, तो वे एक दूसरे के लिए प्रयोगशाला ही थे। नाज़ुक रिश्ते की सान्द्रता को परखने के।

लड़की ने गरदन उचका कर फिर से उसे देखा। देखा और होंठों के कोनों से मुसकरा दी। वह एक ऐसी मुसकान थी, जो सहसा एक विचित्र हँसी में बदल गई। बहरहाल, यह एक ख़तरनाक हँसी थी, लड़के के अनुमान से। ऐसी तड़की हुई शक्ल पर ऐसी हँसी देखकर लड़का बेतरह डर जाया करता था और जब डर के नीचे दबने लगता तो वह अपनी भाषा को रपटीली और लफ़्ज़ों को चिकने बनाने की सुनियोजित कोशिश में लग जाता, ताकि, भय के उस मारक बिन्दु से हट कर फिसलते हुए किसी दूसरे पड़ाव पर पहुँच जाएँ, जहाँ मुस्कराने की माकूल वज़हें और खिलखिलाती हँसी के हरहराते स्रोत हों। पर, कई दफ़ा भाषा के साथ रपटते हुए, वे बहुत ख़तरनाक जगहों पर पहुँच जाया करते थे, जहाँ खाइयाँ होती थीं। खाइयाँ–जो भाषा से पैदा होकर, एकाएक सम्बन्धों के बीच थम कर बड़ी होने लगतीं। फिर वे चुप हो जाते।

धीरे-धीरे चुप्पी ही पाट देती खाई को। शब्दों की आवाजाही फिर शुरू हो जाती।

'तुम मेरा मक़सद समझीं?' लड़के ने आतुरता के साथ पूछा। बल्कि आतुरता से आगे यह एक चिन्ता थी। अपने होने तथा अपनी चुटीली भाषा के साथ होने की--कि वह कहाँ है? हँसते होंठों और उदास आँखों के बीच उठी दीवार के उस पार या इस पार? लड़की के होंठों ने इस प्रश्न पर फैलकर थोड़ी-सी जगह बनायी। फीकी-सी मुसकराहट के लिए। इस सब से उसके चेहरे की उदासी किंचित् झड़-सी गई।

'वहाँ, तुम्हारे शब्दों में ऐसा कुछ भी नहीं था, जो समझने की सीमा से बाहर हो।' लड़की उसका इस तरह का देखना देखते हुए बोली। आज से पहले का कोई और वक़्त होता, जब धूप होती और चौराहा या लोगों की भीड़ और वे दोन्रों वहाँ चल रहे होते। तब वह उसकी ऐसी आतुरता के बेक़ाबूपन से खेलने लगती। पर इस वक़्त वह चुपचाप उसे निहार कर रह गई। उसने लड़के की आँखों को देखकर सोचा–'ये बड़ी-बड़ी आँखें बच्चों की तरह देखना जानती हैं, हसरत में भरकर घूरना नहीं।'

'क्या सोच रही हो?' लड़के के शब्द, अब भी डर के उसी लिहाफ़ में उलझे हुए थे।

'सोच रही थी... सचमुच ही अच्छे दिन टोटकों से भी नहीं बचाए जा सकते।' उसने कहा और चुपा गई। 'वाकई, अच्छी चीज़ें देर और दूर तक साथ नहीं रह पातीं। किसी के साथ भी।' लड़की ने इस तरह निष्कर्षात्मक लहज़े में बोला, जैसे उसने सच को छानकर उसका सार निकाल लिया हो।

लड़के को लम्हे भर के लिए लगा। वह अपनी वाचालता की वजह से लड़की की संज़ीदगी के सामने सहसा बौना होता जा रहा है वह छोटा होना बरदाश्त कर सकता था, बौना होना नहीं। कम-ज़-कम सोचने समझने के स्तर पर।

'सुखी दिनों या सुखों के बारे में तुम्हें इस तरह भावुक होकर नहीं चलना चाहिए। इम्मोशन्स शुड नॉट बी अलौव्ड टू टेक लीड अपॉन थॉट्स।'। लड़के ने कहा। और कहने के बाद पाया कि ज़िरह के बीच अंग्रेज़ी में यह वाक्य डाल कर, वह लड़की की संजीदगी से कतिपय ऊपर उठ आया है बौद्धिक ऊँचाई पर। बड़प्पन बोध की एक लहर उसके ज़िस्म में भर गई। कमोबेश यह उसी की ही वजह थी कि उसकी बाईं बाँह एक झिझक के साथ उठी और लड़की की नर्म पीठ के गिर्द लिपट गई। दिन में उसे वह मैदे की पींड की-सी जान पड़ती थी। फिर बाँह वहाँ हौले-हौले घूमने लगी, जैसे वह उन इम्मोशन्स को टटोल रही है, जो थॉट्स पर वर्चस्व कायम कर लेते हैं। बहरहाल, दिलासे के वे शब्द, जो जीभ के ज़रिये बोलने से छूट गए थे स्पर्श में बदल कर गहन अन्तरंगता से भीगी और भरी एक थपकी में तब्दील हो गए। जबकि, हक़ीक़तन यह स्पर्श के सुलगते क्षणों की लपलपाती घड़ी थी, जिसमें लड़का तप रहा था। लड़की भी तप रही थी। थोड़ी ही देर में लगा कि वे दोनों ही तप रहे हैं। और वे उस तपन से बाहर आने की उतावली में भी नहीं हैं।

तभी लड़की ने बहुत हौले-से उसका दाहिना हाथ, अपनी हथेलियों के बीच ले लिया। लड़के ने सोचा लड़की और उसकी जीवनरेखा एक हो गई है सोचने के दूसरे ही पल लड़का उदास हो आया कि लड़की को कहाँ पता होगा कि उसके उसी हाथ ही तो में है, उसकी 'मृत्युरेखा' भी ।

लड़की ने अब आँखें मूँद ली थीं... जैसे डर हो, आँखों के खुली रह जाने पर, स्पर्श का नसों में अकस्मात् बहना शुरू हुआ, अलौकिक झरना, बह कर बाहर निकल जाएगा। भागते दिन के साथ। अँधेरे के समुद्र में।

लड़की भी कभी-कभी लड़के को इसी तरह छूती थी। बाज़दफ़ा घर के अन्य लोगों के सामने। या भीड़ में। चौराहा या महानगर की सड़क क्रॉस करते हुए। वह उसकी बाँह थाम लेती। हथेलियों की रेखाओं के बीच स्पर्श का नन्हा-सा सुख होता। जो पिघल कर बहते ख़ून के साथ संगत करने लगता। एक धीमी और उत्तेजक धुन के मानिन्द। परन्तु छूते और घटते हुए आँखों में एक निर्लिप्तता होती। जैसे वह लड़का न होकर उन्हीं चीज़ों की तरह हो। घर के खिलौने, किताब या उसके पर्स की तरह या फुटपाथ की दीवार और सड़क के खम्भे की तरह, जिसे छूते या थामते हुए देख लेने पर आदमी

अभियुक्तों को देखे जानेवाली संदिग्ध दृष्टि से नहीं देखा जाता। तब सहसा कहीं कुछ बदल जाता। हाथ व आँख की अलग-अलग हरक़तों के दरमियान। लड़की ऐसे छूने पर लड़के द्वारा सस्ते समझ लिए जाने के ख़तरे से एकाएक सतर्क होकर कहतीं– 'दरअस्ल तुम बच्चों की तरह हो, तुम्हें तमाम चीज़ें एक ही वक़्त में एक साथ खींचती हैं, तब मुझे डर लगता है सड़क पार करते हुए तुम किधर भी तो देखने लगोगे। लाल बत्तियाँ, फिल्मों के होर्डिंग, आसमान से गुज़रता कोई प्लेन और तब कोई तेज़ कार या बस तुम्हें टक्कर मार कर चली जाएगी। उस दिन नहीं हुआ था? घूमते पंखे में तुम्हारी अँगुली आ गई थी। लड़की बाँह छोड़कर अँगुली की चोट तलाशती। जहाँ छोटी-सी सफ़ेद पट्टी के नीचे रूई का नर्म फाहा था।

फाहे के नीचे हलका-सा दर्द। और दर्द बदल जाते। लड़का समझ जाता। समझ जाता, पर बताता नहीं कि इतनी सारी भूमिका बनाने में ऊर्जा निवेश करने के बाद वह कितनी कमज़ोर लगती है जो शब्दों के ही नहीं, स्पर्शों के भी एक्सक्यूजेस और एक्सप्लेनेशंस देती है घर में भी बाज़दफ़ा किशोर-वय से ताज़ा-ताज़ा निकले दोनों में, एक दूसरे को परास्त करने के प्रीतिकर प्रयोग और परीक्षण चलते रहते।

'सुनो, बच्ची तुम हो।' लड़का लड़की की कमज़ोरी को मार्क कर के बड़ा हो जाता और कहता–'यू आर अ किड बिफोर मी।'

लड़की उसकी आदतों के कुछ हवाले खोज कर, तरतीबवार उसके सामने रखती और एक अधिवक्ता की-सी संजीदगी से यह साबित करने की कोशिश करती कि 'नहीं, बच्चा वह है'। 'हालाँकि, संजीदगी इतनी पारदर्शी होती कि उसके पीछे बहती हास्य की तरलता बहुत आसानी से पकड़ ली जाती। इस तरह दोनों के दरमियान एक खेल खुल जाता, जिसमें आमतौर पर दोनों जीतने की ज़बरदस्त ललक दिखाते। पर, ख़ासतौर पर हारने में ही, उनका नन्हा-सा और नाबालिग़ सुख छुपा होता।

'देखो बुरा मत मानो।' लड़की कन्विन्स कराने की मिथ्या मुद्रा बनाती और आवाज़ को पाटदार–'दरअस्ल, तुम बच्चों की तरह ही हो। ख़ुद कुछ भी तो मेंटेन नहीं कर पाते। जूते, कपड़े, बाल–अब तुम अपने बालों को ही देखो न? तुम्हारे बाल कैसे-कैसे तो भी बिखरे हुए हैं... इधर आओ, मैं ठीक कर देती हूँ।' लड़की के भीतर सब कुछ मेंटेन कर सकनेवाली महती गार्जियाना भावनाएँ उठतीं और उठकर आँखों में आकर जम जाती। वह उसके पास आने की प्रतीक्षा किए बगैर ख़ुद ही आगे बढ़कर उसके बालों में अपनी अँगुलियाँ धँसाने लगती। फिर मुसकराते हुए कहती–'हाय तुम्हारे बाल कित्ते घने हैं। मैं तो कहती हूँ–इट विल बी अ बार्बर्स डिलाइट टू सेट योर हेयर्स।'

'रहने दो–बाबा रहने दो'? लड़का कहता।

'अरे अरे, रुको।, ज़रा रुको तो'।–लड़की सहसा घबरा कर कहती–'वहाँ मुझे एक सफ़ेद बाल दिख रहा है एकदम चाँदी का-सा।'

'क्या कहती हो?' लड़का तत्परता से चौंकने का अभिनय करता। 'घर से चला

था तो सब सोने के ही थे। बस अभी तुम्हारे छूने से हो गया होगा, चाँदी का। छोड़ो रोको ख़ुद को, वर्ना सारा सिर चाँदी का हो जाएगा।' लड़का ऐसा भय खड़ा करता जो कि दरअस्ल कहीं होता ही नहीं।

'सेलून वालों के बजाय अब सिल्वर-ज्वैलर्स की तुम में रुचि बढ़ जाएगी।' लड़की हँसते हुए कहती। हँसते हुए वह लड़के को हँसी से भरी लगती। इतनी कि उसके 'भरे-भरेपन' से कि उनके आसपास की तमाम चीज़ें भी उसी भरे-भरेपन से भर जातीं। बाद में वे एक दूसरे से भरे-भरे हो जाते। भरे-भरे और लगभग निर्भरे।

'सच्ची बताव! क्या वाकई सफ़ेद बाल है? वहाँ, मेरे सिर में?' लड़का आवाज़ से ज़्यादा अपने चेहरे में भोलापन भर के पूछता। लड़की चट-से हामी में गरदन हिलाती।

'ओ.के. सो इट प्रूव्हज देट आयम मैच्योर..!' वह जीत के जोश और जज़्बे में भर कर कहता–'इट इज़ द ग्रेस ऑफ ग्रे' एंड यू आर सर्टनली अ किड बिफोर मी... ठहरो अब मैं तुम्हारे बाल ठीक करता हूँ...बच्ची कहीं की–क्या कहूँ? तुम तो वाकई कुछ भी तो मेंटेन नहीं कर पाती। आलमोस्ट लाइक अ नॉटी किड । सेंडल, साड़ी, बाल' और लड़का उसके सिर तक हाथ पहुँचा कर लड़की के बालों को अपने हाथों में समेट लेता।

'चल्लो हट्टो तुमसे हमें अपने बाल ठीक नहीं करवाने।' लड़की अविलम्ब असहमति प्रकट करती। पर, दरअस्ल वहाँ, उन शब्दों की ध्वनि में एक इतराहट सनी होती। असहमति के पीछे शरारत करती सहमति होती।

'अच्छा छोड़ो! मैं बाल ठीक नहीं कर रहा हूँ, इनफैक्ट आय वांट टू गिव यू माय ब्लेसिंग्स, एज आयम विथ ग्रेस आफ ग्रे एंड ऑफकोर्स यू आर सिम्पली अ किड बिफोर मी'। लड़का कहता। पर लड़का लड़की दोनों जानते कि वे आपस में ऐसे किड्स हैं, जो एक दूसरे की नज़र में किडनैप के लायक लगते हैं। कुछ देर बाद लड़की जान चुकी होती। जान चुकी होती कि वहाँ उसकी हथेलियों में ब्लैसिंग्स नहीं है वहाँ सिर्फ़ उसके काले और लम्बे बालों से, खेलने की छुपी हुई कोई बेसब्र और बहु-प्रतीक्षित इच्छा है वह रोकती नहीं। रोकने का बहाना भर करती। अलबत्ता, डर जाती कि बहाने की वजह से लड़का, उसके बालों से खेलने की अपनी इच्छा को कहीं रोक ही ना दे।

'शरारती बच्चे! कहीं के।' वह कहती और घने बालों के भीतर दबे लड़के के छोटे-छोटे नर्म और बारीक़ कान पकड़ लेती।

'छोड़ो, बाबा, इस तरह कान पकड़ने से बच्चा तो नहीं बनूँगा, मैं–पर, हाँ, जिस वैज्ञानिक तकनीक से वे पकड़े गए हैं, उससे वे इतने लम्बे हो जाएँगे कि मैं 'बुद्ध' बन जाऊँगा।' लड़का एक नकली दर्द के मारे बेतरह कराहते हुए कहता।

'तुम बुद्ध नहीं हो। तुम तो 'निरे' बुद्धू हो।' लड़की कान छोड़ने के बाद चहककर कहती । कहने के बाद सोचती कि तुम 'नि-रे' के बजाय वह कह सकती थी, तुम तो

'मे-रे' बुद्धू हो। अपनी भाषा की चतुराई के चक्कर में हुई यह मामूली चूक उसे सालने लगती।

'बुद्ध और बुद्धू, दो नाम या विशेषण नहीं, बल्कि, हे बच्ची, दुनिया को जानने के ये दो रास्ते हैं। 'बुद्ध' का अर्थ जानने के दायरे से बाहर निकल जाना और 'बुद्धू' का अर्थ है–जानने के दायरे से बाहर रह जाना।' लड़का बुद्ध की ध्यानस्थ मुद्रा में आसन लगा कर बैठते हुए हास्य को दर्शन में बदलने का नाटकीय उपक्रम करता। फिर दोनों ही हँसने लगते। उनकी हँसी शोखियों और शरारतों का दिग्दर्शन बन जाती।

वे हँसते हुए ऊपर आ जाते।

ऊपर टेरेस पर जहाँ कमरे की छोटी-सी दुनिया और दुनिया के सच से कट कर एक दूसरे में जीने का सुख, अँधेरे में घुल कर ग़ायब हो जाता। लड़की सहसा उदास हो जाती। आवाज़ का हास्य छिनकर उजड़ जाता।

'तुम बुद्ध नहीं हो... और सुनो मैं तुमको 'बुद्ध' तो बनने भी नहीं दूँगी।' अकस्मात् वह संजीदा हो जाती। फिर इसके आगे कुछ बोलती नहीं। सिर्फ़ सोचती रह जाती। बुद्ध के बारे में, जो अँधेरे में एक रात भाग गया था। यशोधरा को सोता छोड़कर।

'देखो, तुम तीन की सुबह को जाने के बजाय चार की रात को नहीं जा सकते?' लड़की सहसा सोचना स्थगित करके पूछती । स्वर का आग्रह पतला होकर, ऊपर हवा में उठता और टूट कर लौटते हुए, अर्ज़ बनकर लड़के के आसपास सिमट आता। एक डबडबाते आग्रह-सा।

'क्यों, चार को बुद्ध पूर्णिमा है, क्या?' लड़का कहता। लड़की खिलखिलाकर हँस पड़ती। पर हँसी में रुलाई का भीगा रंग भी जा मिलता । लड़की की हँसी से लड़के को लगता आसमान का चाँद कुछ ज़्यादा पास आ गया है तारों को देखकर लगता ग़ालिबन, वे बस बिखर कर उन दोनों पर फूलों की तरह गिरने वाले हैं। पर वे गिरते नहीं , जैसे वे वहीं हैं और उनके इशारे का इन्तज़ार कर रहे हैं कि बस इशारा हो और वे झर-झर कर गिरने लगें। एक-एक कर के। या सब के सब एक साथ। या ये भी हो कि वे किसी ख़ास क्षण की प्रतीक्षा कर रहे हों। मसलन, लड़की लड़के की देह को छुए। या लड़का, लड़की की देह के किसी ख़ास हिस्से को छुये या एकाएक दोनों अपना-अपना आपा खो कर, एक दूसरे से लिपट जाएँ तो जल्दी से वे झरने लगें।

वे इस समय आपा खोकर नहीं, आपा खोल कर एक दूसरे से बोलना चाह रहे थे। ताकि, दोनों के भीतर का सबकुछ शीतल हो उठे, जो अलग होने के अहसास की आँच में बहुत देर से आहिस्ता-आहिस्ता तपता चला आ रहा था।

लड़के ने गरदन मोड़ कर लड़की को देखा। सफ़ेद साड़ी पर गिरती सुनहली किरणों के कारण वह ऐसी लग रही थी, जैसे ठंडी हवा में, घिरते अँधेरे के बीच बहुत

सारी धूप लपेटकर कोई उसके एकदम क़रीब आ गया है वही तमाम धूप, जो अभी भी वहाँ थी, थोड़ी सी बची हुई, मल्टी स्टोरी बिल्डिंग्स के बीच। पश्चिम के आकाश में देखी गई थी। उसकी बाँह सिंकने लगी। फिर ज़िस्म। उसने बाँह उठा ली, जो अभी तक लड़की की पीठ के गिर्द लिपटी हुई थी । लड़की ने आँखें खोली या नहीं। उसने नहीं देखा। चूँकि अँधेरा उतरता हुआ, उसके आगे फैल गया था। लड़के के आसपास। आसमान से बादलों की सुनहली चिन्दियाँ ग़ायब हो गई थीं।

वहाँ अब गहरा-भूरा-काला रंग फैल गया था।

'हमें नीचे चलना चाहिए। काफ़ी देर हो गई और बहुत कुछ पैक करना बाकी है' लड़के ने कहा। पर, यह प्रस्ताव था और कुछ प्रस्ताव, यह जानते हुए रख दिए जाते हैं कि उन पर अमल नहीं किया जाना है शब्द बोल दिए जाने के बाद अँधेरे में कहीं बिला गए थे।

लड़की ने उसके इस प्रस्ताव के प्रति कोई उत्सुकता ज़ाहिर नहीं की। उसे मालूम था कि ट्रेन आख़िरी है रात ग्यारह बजे की। वर्ना, लड़की का स्वभाव था वह छोटे-छोटे लम्हों और उनके कामों को बड़े-से-बड़े त्योहारों के उत्साह से जीती थी। नहाने धोने खाने पीने के छोटे-- छोटे रोज़मर्रा के अदने सुख भी, उसके लिए किसी अतीन्द्रिय सुखों-सी अहमियत रखते। जबकि, लड़का इस मानी में एकदम विचित्र था। सुखों के बारे में उसकी मान्यताएँ, लड़की से केवल भिन्न ही नहीं, विपरीत भी थीं। उसको हमेशा तलाश रहती थी। किसी तवील सुख की। तवील और अज़ीज़। शायद, इसी का कारण था कि वह ज़रूरतों से ऊपर और आकांक्षाओं के नीचे जीते रहने की मजबूरी ढोते हुए, छोटे-छोटे सुखों को इग्नोर करके आगे बढ़ जाता था। लड़की के सन्दर्भ में ऐसा रत्ती भर भी नहीं था। चलो चाट खाएँ, कनाट प्लेस जाकर कविता की किताब खरीदें या कुतुब पर चलें, ऐसी तमाम योजनाएँ सुखों की एक ही फ़ेहरिस्त में शामिल होती थीं। और सभी अकस्मात् भी। उसके व्यवहार में अकस्मात् की भूमिका बड़ी थी। यक-ब-यक और एकाएक जैसे शब्द, उसके लिए ही बने थे। उसकी हँसियाँ और नाराज़गियाँ अकस्मात् होतीं। बिन बारिश के ओले की तरह।

एक दिन उसने कहा था और जैसा कि वह कहने के पहले माँ के मुहावरों का पुल क़ायम करती थी उसने पुल तैयार किया और तैयार करने के बाद उस पर अकस्मात् आगे बढ़ी, 'माँ कहती है, आदमी के सपने आकाश में होते हैं और औरत के घर में। यदि माँ की बात सच्ची है तो चलो कुतुब पर चल कर मुहावरे का सच खँगालती हूँ, तुम्हारे साथ।' तुम्हारे साथ को उसने अपने स्वराघात से कुछ अतिरिक्त बना दिया था। बाद इसके लड़के का हाथ खींच कर लड़की ने उसे रिक्शे में बिठा लिया था।

कुतुब पहुँच कर रिक्शे से उतरते ही शीतल पेय की छोटी-छोटी ट्रालियों की तरफ़ देखकर लड़की ने पूछा था–'कुछ पीना है?'

लड़के ने प्रश्नाकुल बने लड़की के चेहरे की तरफ़ देखा। देखा और इतनी देर में

उसने पी लिया। वह, जिसकी प्यास लड़के में रह-रह कर उठ आती थी, लड़की के साथ रिक्शे में बैठे हुए। उसकी धड़कनें बढ़ गई थीं। वह लड़खड़ा गया था। वह लड़खड़ाहट भी उसी की वजह से थी, जो उसने अभी-अभी पीया था। लड़की में उसे प्यास दिख रही थी। लड़के ने लड़की के द्वारा रखे गए पीने के प्रस्ताव को अस्वीकारा और फिर लड़की की आँखों में आँखें डालकर पूछा–'डू यू फील लाइक टेकिंग सम सॉफ्ट ड्रिंक्स...?'

लड़के को पहले लगा कि लड़की की आँखों में सूचना है कि वह मुसकराने वाली है बाद में चुप और उदास हो गई। आँखों में बरामद हुई पूर्व सूचना अफ़वाह में बदल गई। उसके द्वारा किए गए प्रस्ताव के अस्वीकार ने उसे अकस्मात् उदास कर दिया है वह लड़की के चेहरे पर हँसी लाने की किसी अप्रत्याशित-सी युक्ति के बारे में सोचने लगा, लेकिन तुरन्त कुछ मिला नहीं तो उसने कहा–'डॉक्टर ने ही मना किया कि ट्राय टू अवॉइड ड्रिंक्स...और आरेंज ज्यूस में तो वैसे ही पोटेशियम ज़्यादा होता है माय क्रिएटनन इज टु वर्ड्स हायर साइड...!'

'तुम्हें पसन्द नहीं तो, मैं फोर्स नहीं करूँगी।' लड़की ने कहा। बाद इसके उसने त्याग की भावना प्रकट करते हुए आगे जोड़ा 'अब मैं भी कुछ नहीं पीऊँगी। ...चलो, टिकट लेकर कुतुब की सीढ़ियाँ नापते हैं।' लड़की टिकट लेने के लिए दौड़ती-सी आगे निकल गई तो लड़के ने पूरी ताक़त से हिदायत दी–'रुको। रुक जाओ!'

लड़के ने लड़की को ऐसी ऊँची और कमांडिंग आवाज़ में कभी पुकारा नहीं था। जैसे वह पुकार नहीं, किसी बेलिहाज़ और सख़्त सुरक्षा अधिकारी का कोई वर्चस्व के दम्भ से भरा कर्कश कॉशन हो। नतीज़तन लड़की एकदम-से सकते में आ गई। उसका चेहरा विवर्ण हो आया । लड़की को लगा शायद लड़का उसके द्वारा रखे गए सॉफ्ट-ड्रिंक के प्रस्ताव को ठुकरा दिए जाने की प्रतिक्रिया में तिक्त हो उठा है वह मारे भय के थरथराने लगी। उसके गले से मोहभंग की एक चीख-सी उठी, लेकिन गले से बाहर नहीं निकल पायी।

तभी लड़के ने रेडियो नाटकों के अभिनेताओं की-सी आवाज़ में कहा–'ऐ कमसिन-ओ-कमज़र्फ ख़वातीन...। ज़िल्हेसुभानी जहाँपनाह शहंशाह क़ुतुबुद्दीन ऐबक की इज़ाज़त के बगैर तुम कहाँ जा रही हो?' तो यक-ब-यक लड़की की जान में जान आई।

'बैल-बॉटम की पैंट पहनकर, शहंशाहों के डायलॉग नहीं बोले जा सकते ज़नाब।' लड़की ने कहा और लगे हाथ खिलखिला कर इतनी ज़ोरों से हँस पड़ी कि आसपास के लोग चौंक पड़े। लड़के को लगा, लड़की की हँसी क़ुतुब से ऊँची और ऊपर निकल गई हैं। उसकी खनकती हँसी के नीचे क़ुतुब भी दब गई है

लड़की को इतना और ऐसा हँसता हुआ देखकर लड़के को तसल्ली हुई कि कुछ क्षण पहले की उदासी, जो उसके पूरे चेहरे पर एक पर्त की तरह चिपक गई थी–वह काँच की तरह दरक कर छार-छार हो गई है लड़के ने गौर किया, लड़की देह से कुछ

भरी-भरी है और इसी वज़ह से जब हँसती है, तो हँसी से भरी लगती है और जब नाराज़ होती है तो गुस्से से भरी, जब प्रसन्न होती है तो प्रेम से भरी और अकेली होती है तो चुप्पी से भरी लगती है और जब योजना बनाती है तो उत्साह से भरी।

कल ही जब लड़के को किचन में से देर रात गए क्रॉकरी की आवाज़ सुनायी देने लगी तो उसने ऊँचे स्वर में पुकारते हुए पूछ था–'अरे वहाँ कौन है?' तो लड़की ने कहा था 'मैं हूँ- खाली।' और जब लड़का उठकर किचन में गया तो पाया कि वह, वहाँ तो है, पर 'खाली' नहीं है भरी हुई है गले-गले तक नहीं, आँखों-आँखों तक भी। अलबत्ता, आँखों से वह छलक भी रहा था, जिससे वह भरी हुई है पहली बार रात के अँधेरे में लड़की को देखकर लड़के के होंठों में एक अजीब-सी जुम्बिश होने लगी थी, जो धीरे-धीरे देह के चप्पे-चप्पे में फैलने लगी थी। लड़का समझ नहीं पाया कि ऐसा किचन के अँधेरे की वजह से था या कि देह के ही अँधेरे में बने रहनेवाले किसी ऐसे तत्त्व की वजह से, जिससे वह अभी तक नावाक़िफ था।

'तुम यहाँ क्या कर रही थी? अँधेरे में? अकेली?' जुम्बिश जो होंठों की थी, अब लड़के की आवाज़ में उतर आयी थी। वहाँ लड़खड़ाहट थी।

'धीरे बोलो, ये रात का समय है' लड़की ने फुसफुसाते हुए कहा था। कहा ऐसे था, जैसे उस 'समय' को छूना और उसमें कुछ भी करने का किसी को कोई हक़ नहीं है रात के अलावा। लड़के ने भी धीमे से लगभग फुसफुसा कर ही पूछ था-' 'क्या रात का कब्ज़ा हो गया है, 'समय' पर?'

लड़की ने अपने होंठों के आगे अँगुली रखकर उसे चुप रहने को कहा। जैसे उनके बोलने या बात करने ही नहीं, बल्कि फुसफुसाने पर भी रात कोई उज्र उठा सकती है कोई गुनाह क़ायम हो सकता है, बोलने वाले पर। जबकि, हक़ीकतन समय, तो उम्र और अँधेरे के चलते, कोई ख़ूबसूरत गुनाह कर बैठने का था। निश्चय ही इसमें शह उन कपड़ों की भी थी जो लड़की ने पहन रखे थे। उनमें बटन्स नहीं, बस दो-तीन लेसें भर थीं, जिनमें ढीली-सी ऐसी गाँठें थीं, जो थोड़ी-सी भी असावधानी पर खुल सकती थीं। लड़के ने गौर किया वे कपड़े नहीं जैसे तन के आगे कोई झीनी-सी एक पर्त है, रंग की, जिसके पार से रह-रह कर किसी पुरानी दबी हुई टीस की तरह चमक उठती थी, मन्दिर की मूर्तियों की-सी लड़की की भूरे रंग की काया। ऐसे कपड़ों में लड़का उसे पहली बार देख रहा था। नतीज़तन, लड़के ने लड़की की ओर किंचित् विस्मय से देखा।

'ये कपड़े?' लड़के की आवाज़ और शक़्ल दोनों ही सवालिया हो उठे थे।

'हाँ, ये रात के कपड़े हैं, मैं यही तो पहन कर सोती हूँ।' लड़की, जो अपने ही में डूबी हुई थी, ने उसी तरह डूबे रहते हुए अपना सिर हिला कर कहा। लड़की के लम्बे और खुले बालों में एक लहर उठी। लहर बालों में नहीं उसके भीतर उठी थी। लड़के ने लड़की की आँखों में कुछ गौर से देखा। वे उस झीने अँधेरे में एकाएक चमकने लगी थीं। एक बनैली चमक के साथ।

लड़के ने इस पर आगे कुछ कहने की मुद्रा बनाई तो सहसा लड़की ने हाथ बढ़ा कर अपनी अँगुली लड़के के होंठों पर रख दी और कहा–'श!!!!!! कुछ बोलो मत।'

लड़के ने बावजूद लड़की की मनाही के दबी ज़बान से फुसफुसाते हुए कहा–'जब तुमने रात के कपड़े पहन लिए हैं तो बताओ कि अब रात, 'रात-भर' क्या पहन के रहेगी?'

लड़की ने लड़के की भाषा के भीतर छुपी शरारत को ताड़ लिया और रहस्यमय ढंग से मुस्करायी। नीले अँधेरे में उसकी मुसकान ने लड़के में कुछ और आगे कूच करने का साहस भर दिया। वह उसी तरह फुसफुसाते हुए बोला–'सुनो मैं डर रहा हूँ–अगर कहीं 'रात' ने बीच-रात में अपने कपड़े माँग लिए तो?'

'धत्त'। लड़की ने कहा और दोनों हाथों से अपना चेहरा ढक लिया।

वह अचकचा गई थी जैसे उसने वहाँ लड़के की आँखों को नहीं बल्कि नहाते वक़्त घर के स्नानागार का आदमक़द आईना देख लिया हो। लड़के ने मार्क किया कि वहाँ उसके चेहरे पर शर्म इतनी अधिक है, जैसी उसकी देह की त्वचा की कोशिका-कोशिका उससे ढकी हुई है और एक दिन, जब कोई और रात होगी और जब लड़की से रात माँग लेगी अपने कपड़े और वह विवशता में उतार देगी अपने सारे वस्त्र तो भी वह ढँकी रहेगी। शर्म से। सिर से पैर तक।

लड़की किचन के दरवाज़े से निकलकर अँधेरे में अन्तर्धान हो गई थी। रात के कपड़ों और अपनी शर्म के साथ।

लड़का दबे पाँव धीरे-धीरे किचन से बाहर निकलकर अपने पलंग की तरफ़ आ गया था, जहाँ वह कुछ देर पहले सो रहा था। लेकिन बावजूद इसके उसे लगता रहा कि उसकी इच्छाएँ दबे पाँव, निषेधों की अभी तक खिंची हुई तमाम रेखाओं को फलाँग कर लड़की की देह के अदेखे और अँधेरे एकान्त की तरफ़ चली गई हैं, भागने के उस क्षण के साथ ही ।

पलंग पर अपने बिस्तर में लेटकर चादर को खींच कर, ओढ़ने के बाद एकाएक उसे लगा था कि रात ने बिना किसी मुरव्वत के लड़की से अपने कपड़े माँग लिए हैं। इस बार शरमाने की बारी लड़के की थी। लड़के ने तेज़ी से करवट बदल ली थी।

लड़की दौड़ते हुए क़ुतुब की काफ़ी सारी सीढ़ियाँ एक ही साँस में चढ़ गई और वहाँ से उसने साड़ी का पल्ला लहराते हुए अपनी विजय का उद्घोष किया।

लड़का भी कुछ पल बाद लड़की के पास पहुँच गया। पहुँचने के बाद उसने हिसाब लगाया कि विधाता द्वारा आवंटित साँसों के एक कोटे का एक बड़ा हिस्सा तो उसने इसी में खर्च कर दिया है वह सोच रहा था, काश उसे पता होता कि उसके पास कितनी साँसें हैं।

लड़का दीवार से पीठ टिकाकर वहाँ एक सीढ़ी पर जाकर खड़ा रह गया। फिर दीवार को उसने ऐसे छुआ जैसे वहाँ कोई अदृश्य लिपि-सी उत्कीर्ण है, जिसकी कूटभाषा में लिखे हुए को वह धीरे-धीरे, हर्फ़-दर-हर्फ़ पढ़ रहा है लड़के के चेहरे से लग रहा था, जैसे वह अपने अतीत के साथ ही साथ क़ुतुब के अतीत में पहुँच गया है लड़के ने आँखें मूँद ली थीं। लड़के की मुँदी हुई आँखों के नीचे लड़की शहज़ादी की तरह थी। सीढ़ियों पर खड़ी हुई हाथों में दो सफ़ेद कबूतरों को पकड़े हुए। लड़की ने उन्हें दबोचे रखने के लिए अपने सीने से लगा रखा था।

'थक गए हो?' लड़की ने चिन्ता से भरकर लड़के के क़रीब आकर पूछा–इतने क़रीब कि लड़की के साँसों की गर्मी को उसकी त्वचा ने पकड़ लिया। लड़के ने आँखें खोलीं और लड़की की तरफ़ देखा। उसकी गरदन के नीचे सफ़ेद कबूतर नहीं, पसीने की बूँदें थीं। बूँदें ढुलक कर गरदन से नीचे जा रही थीं, जहाँ तेज़ी से सीढ़ियाँ चढ़ती हुई उम्र थी, कैशोर्य को फलाँग चुकने वाली। वहीं देह के ज्वालामुखी थे, जो साँस के साथ ऊपर-नीचे हो रहे थे। लड़के ने सोचा--बूँदें ज्वालामुखी पर गिर कर कहाँ जाती होंगी? लेकिन लड़की को इस बात का पता ही नहीं था कि लड़का ज्वालामुखी के दहकते मुहाने के ऐन सामने है झुलसता हुआ। उन पर गिरने वाली पसीने की बूँदों की ईर्ष्या पैदा करनेवाली सुखद नियति पर सोच रहा है लड़के ने फिर से आँखें मूँद ली। आँख मूँदकर सोचने लगा कि लड़की के पास उसके सपनों के सैरगाह में उपद्रव मचाने का भरपूर सामान और सामर्थ्य है

'घबराहट हो रही है?' लड़की के स्वर में अकस्मात् ही चिन्ता भर आयी। लेकिन, लड़का कह नहीं पा रहा था, घबराहट बढ़ाने वाली चीज़ों में क़ुतुब के अलावा और क्या-क्या हैं। धीरे से उसने आँखें खोलीं और बोला--'मुझे ऊँचाइयों से डर लगता है ऊँचाइयों पर पहुँचते हुए लगने लगता है, मेरा सब कुछ तो नीचे ही छूट गया है ज़मीन पर।' फिर अपनी आवाज़ में दार्शनिक संजीदगी भर कर बोला--'ज़मीन से कटकर, आकाश में मेरा तो कुछ भी नहीं हो सकता। सपने तो कतई नहीं।'

लड़की, लड़के की इस टिप्पणी से आहत और उदास हो गई। सपनों और घर के बीच अभी तक उसने ऐसा फ़र्क़ नहीं किया था। सपने ही उसके घर थे। और उसने लड़के के सपनों से अलग सपने देखने और बनाए जाने की बात भी फ़िलहाल नहीं सोची थी। इसलिए, सपना, घर या जो कुछ भी उसका हो सकता था, उसके साथ था। इसलिए, ऐसा सुनते ही लड़की को लगा, उसके और लड़के के बीच अचानक एक अलंघ्य सी दूरी उतर आयी है वह किसी बहुत दूरस्थ छोर पर जाकर खड़ा हो गया है जहाँ तक उसकी आवाज़ भी नहीं पहुँच पाएगी।

'मुझे तो जीवन ही क़ुतुब लगती है, जिस पर चढ़ने के पहले ही उतरने को मन करता है' लड़का इतना कह कर ही ठिठक गया। ठिठक गया, शब्द नहीं, - संकोच के आगे।

लड़की, लड़के के चेहरे की मुद्रा देखकर चिन्ता से भर गई। फिर एक अपरिभाषेय-सी बेचैनी में भरी और अनियन्त्रित-सी आगे बढ़ी और लड़के से लगभग सट गई। उसने धीमे से लड़के की बाँह पकड़ी और बोली–'सुनो, मेरा सिर चकरा रहा है चलो यहीं से नीचे उतर चलते हैं। यों भी शायद ठेठ ऊपर तक अब जाने नहीं दिया जाता। एक एक्सी डेंट हो गया था। एक लड़का वहाँ से नीचे कूद गया था। उसके बाद से।'

'मृत्यु का सीधा रास्ता है, एक्सीडेंट। बीमार होने का अर्थ है, रास्ता भटक जाना।' लड़के ने बेसाख़्ता कहा। लड़की से नहीं। जैसे ख़ुद से ही। लड़की ने अपनी आशंका में ढेर सारे डब-डब करते भय को भर लिया। सोचने लगी अच्छा ही हुआ कि उसने ऊपर जाए बग़ैर बीच चढ़ाई के नीचे लौटने का फैसला ले लिया। लड़की ने कहीं पढ़ा था कि कुछेक लोगों में ऊँचाइयों का फोबिया होता है और अगर लड़के में ऐसा कुछ है तो किसी दिन वह ऊँचाइयों से नीचे कूद भी सकता है छलाँग मृत्यु का सीधा रास्ता है।

लड़की की लड़के की बाँह पर पकड़ सहसा कुछ मज़बूत हो गई।

लड़की उसकी बाँह पकड़कर धीरे-धीरे उतर रही थी। फिर बीच सीढ़ियों के अकस्मात् रुक गई। लड़का, लड़की के इस व्यवहार से अकबकाया नहीं। शायद, इतने दिनों में उसे लड़की के व्यवहार में ऐसे अप्रत्याशित और अकस्मात् का सामना करने की रफ़्त हो गई थी। उसने अपना चेहरा लड़की की तरफ़ किया और उसकी आँखों में झाँका। लड़की की सफ़ेद अखरोटी आँखों में सुर्ख डोरे थे। थरथराते हुए। होंठों में ऐसी हरक़त, जैसे लफ़्ज़ भीतर से उठकर ठीक उसके होंठों की गुलाबी तहों के पीछे खड़े बाहर आने के लिए धक्का-मुक्की कर रहे हैं। होंठों से ज़्यादा जल्दी आँखों में थी, कुछ कहने की। लेकिन कहा जानेवाला वहाँ पानी की इबारत में बदल रहा था। लड़के के मन में लड़की का ऐसा चेहरा देखकर इच्छा हुई कि वह लड़की का कच्चा गोल और मासूम चेहरा अपनी दोनों हथेलियों के बीच ले ले, ठीक ऐसे ले ले, जैसे मिथकीय-चित्रों में दोनों हाथों में उठाए रहते हैं देवता, सोमपान के लिए, ताम्रवर्णी पात्र। लड़की का चेहरा उसे यक-ब-यक ताम्बई लगने लगा।

'कभी-कभी तुम्हें पुकारना, मुझे ख़ुद को ही पुकारने-सा जान पड़ता है' लड़की ने एक मर्मस्पर्शी कशिश में भरे हुए गले के साथ कहा तो लड़के ने लड़की के चेहरे की ओर तका। उसे लगा जैसे ईश्वर द्वारा स्त्री-देह की किन्हीं अचीन्ही पर्तों के भीतर जतन से छुपा दिया गया कोई तरल-सा द्रवभरा रहता है, जिसने अभी अचानक वहाँ से आकर लड़की की अखरोटी आँखों की कोरों को भर दिया है

लड़का सहसा रुक गया। और फिर उसने धीमे से लड़की के दोनों गोल कन्धों को पकड़ कर उसकी आँखों में आँखें डाल दीं। लड़की ने निढाल-सी होकर दीवार से अपनी देह सटा दी। लड़के ने अपने दोनों हाथ उसके कन्धे से ज्यों ही हटाए, लड़की ने शरमा कर अपना मुँह दीवार की तरफ़ कर लिया। लड़के ने अपने दोनों हाथ क़ुतुब

की दीवार पर रख दिए। अब लड़के की देह लड़की की पीठ से पूरी तरह सट गई थी।। लड़के ने देखा लड़की के बड़े सेब की तरह गोल वक्ष दीवार से छू गए हैं लड़के को जाने कैसे तो भी लगने लगा, जैसे धीरे-धीरे क़ुतुब की दीवार थरथरा रही है और थरथराते हुए, ढह रही है ढहते हुए जमीन में धँसती जा रही है और उसके साथ ही साथ वे दोनों भी धँसते जा रहे हैं। क़ुतुब के भरभरा कर धँसकने से गिरते जा रहे मलबे में।

लड़का धूल झाड़कर जल्द ही मलबे से बाहर निकल आया।

मलबे से निकलकर लड़के ने लड़की की तरफ़ देखा। लड़की का चेहरा लड़के के बिलकुल सामने था। वहाँ उसके चेहरे पर कोई धूल नहीं थी। उसकी आँखें मुँदी हुई थीं। जैसे उस पर भीतर से उठकर आयी हुई कोई बेहोशी तारी हो। किसी अपरिभाषित आनन्द के अतिरेक की वजह से उपजी।

कुछ क्षणों बाद जब लड़का लड़की के साथ आख़िरी सीढ़ियाँ उतर रहा था, तो लड़के ने अपने होंठों पर आदतन जीभ फेरी। उसने पाया कि अखरोटों में भरे उस द्रव का स्वाद अभी भी वहाँ है लड़के को सहसा लगा, उसके ख़ून में अर्से से नमक की कोई कमी चली आ रही थी, जिसकी पूर्ति आज और अभी हो गई है

अब आसमान ने अँधेरे में जैसे अपनी मुट्ठी खोल ली थी, जिसमें चमकीले छोटे-छोटे मोती दिखाई देने लगे थे। लड़का धीरे-से खड़ा हुआ और टेरेस की मुण्डेर से नीचे और दूर देखने लगा।

वहाँ शहर की बत्तियाँ जगमगा उठी थीं। भूरे-काले अँधेरे में ऊँची-ऊँची इमारतों के नियोन साइन्स आकाश में रोशनी की क़लम से लिखी इबारत से जान पड़ रहे थे, जिनमें कई रंग थे। जो भक्-से जल उठते और फिर दूसरे ही क्षण अँधेरे में बिला जाते थे।

'सुनो।' यह लड़की की धीमी और उदास आवाज़ थी, जो व्यथा के वलय में लिपटी हुई थी। शायद इसीलिए सम्बोधन के बाद एक ज़रूरी उम्मीद में वह ठिठक गई थी कि शायद लड़का अपनी ही ओर से कुछ बोलेगा। लेकिन लड़के की तरफ़ से कोई प्रतिक्रिया नहीं हुई।

'कहीं किसी दिन तुम मुझ से टूट कर अलग तो नहीं हो जाओगे?' लड़की ने ख़ामोशी के बीच ख़ाली जगह देखकर काँपती आवाज़ में कहा नहीं, बल्कि भय प्रकट किया, जो भीतर कहीं छुपा हुआ था। वह प्रश्न था। दरअस्ल, यह प्रश्न भी नहीं था। कदाचित् कोई किरिच थी, जो प्रश्न बन गई थी। दग्ध और बिना किसी लपट का प्रश्न।

लड़के के पास लड़की के द्वारा अकस्मात् पूछ लिए गए ऐसे प्रश्नों के अमूमन कोई रेडीमेड जवाब नहीं होते थे—नतीज़तन, वह वक़्त लेता। फिर शाइस्तगी से बोलता। लफ़्ज़-दर-लफ़्ज़। जैसे वह उन्हें कहीं से ढूँढ़कर लाता है फिर उन्हें धो-पोंछकर बीच

वाक्य के एहतियातन रख देता है

'टूटना होगा तो अकस्मात् नहीं टूटूँगा, काँच की तरह।...मैं टूटूँगा, पत्ते की तरह, जो टूटने के पहले दमकता है कुछ समय। अपने पीलेपन में।...और फिर टूटकर बनाता है, किसी आनेवाले नए पत्ते के लिए मुक़म्मल जगह।' लड़के ने छोटे-छोटे वाक्यों से एक स्थापत्य खड़ा किया, जो अपने स्तर पर काफी सुनियोजित जान पड़ता था। उसे यक़ीन था, लड़की उसे नहीं ढहा सकेगी।

'एक गहरे और सच्चे प्रेम का विकल्प दूसरा प्रेम नहीं। और अगर है तो वह न तो प्रेम था और न ही सच।' लड़की ने कहा, जैसे उसके पास संकटकालीन समय के लिए पहले से तैयार कर ली गई कोई व्यवस्था थी। अचूक और असरदार, जिसका लड़की ने साहस के साथ यथासम्भव सही समय पर इस्तेमाल कर लिया है दरअस्ल, लड़का दोनों के दरमियान अभी तक चले आ रहे सम्बन्ध की लड़की द्वारा की गई इस नितान्त अप्रत्याशित मीमाँसा से अवाक् रह गया था। उसे लगा उसकी बात ने अपने और उसके बीच के, कहीं भीतर गहरे में साँस लेते सम्वेदनशील सम्बन्ध को ठीक उस जगह से निर्मम ठेस पहुँचा दी है, जहाँ से वह अभी तक अँकुराता रहा था। लड़के ने सोचा, लड़की उसके कथन से स्वयं को आहत और साथ ही साथ अपमानित अनुभव करने लगी है लड़की को लगने लगा था, लड़के की टिप्पणी की तिक्तता ने उसके द्वारा इतने अर्से से धीरे-धीरे संचित किए जा रहे के भीतर सूराख कर दिया है टेरेस के झाँकते-झीने एकान्त में घिर आए अँधेरे में लड़का, लड़की के चेहरे पर फैलते भावों का आकलन नहीं कर पा रहा था। लेकिन, उसे लगा, गाढ़ी दूधिया हँसी और गुड़ियाओं सी गदगद देह वाली लड़की अकस्मात् बड़ी हो गई है अ परफैक्ट वुमन।

तभी नीचे से लड़की के छोटे भाई की पुकार सुनायी दी। उन्हें नीचे बुलाया जा रहा था।

उसने लड़की तरफ़ वैसे ही पीठ किए रखी। कानों ने अनुभव किया, कलफ़ लगी साड़ी की सरसराहट उठती हुई धीरे-धीरे दूर जा रही है लड़की तेज़ी से सीढ़ियाँ उतरकर नीचे जा रही थी। लड़के ने पहली बार इस चीज़ का शदीद अहसास किया कि रिश्तों के दरमियान, जब तक कोई टीस-सी न उठे, उस रिश्ते का मन के बारीक और भीतरी रेशों से जुड़े होने का बोध ही नहीं हो पाता। साड़ी की सरसराहट में एक ऐसी ध्वनिलिपि थी, जो लड़की के मन के भीतर उठ आए तह-ओ-बाल को बता सकती थी, उन लोगों को, जो उसे पढ़ने के हुनर में पारंगत हों।

लड़की के छोटे भाई ने आकर बताया कि वह टैक्सी ले आया है

वह चुपचाप अपना बिखरा हुआ, एक-एक करके समेट कर अटैची में डालता रहा, हालाँकि, बावजूद इसके उसे इस बात का अहसास था कि कुछ और भी अदृश्य-

सा बिखरा हुआ है, जो यहीं छूटा हुआ रह जाना है वह उस छूटे हुए को बार-बार लौट कर बटोरने आता रहेगा, जैसे भरतपुर के पोखर पर आते रहते हैं, लौट-लौट कर वे परिन्दे, जो साइबेरिया के होते हैं। निश्चय ही उसके शहर की दूरी साइबेरिया इतनी तो नहीं ही थी।

लड़की किचन से निकलकर छोटा-सा पैकेट लेकर बाहर आयी। वह पेपर-नेपकिन में लिपटा हुआ खाने का कुछ सामान था, सफ़र में रास्ते के लिए। कमरे में विदा होने के पहले के वे बोझिल क्षण थे, जिन पर दीवार घड़ी की टिक-टिक एक अखंड जाप की-सी जान पड़ती थी। मसलन कहीं कोई अशुभ का अनुष्ठान चल रहा है लड़के के चेहरे पर ढेरों रंग इस क़दर तेज़ी से आ जा रहे थे कि उस पर ख़ुद का नियन्त्रण नहीं रह गया था।

लड़की के पिता अपने पैराप्लेजिक-लिम्ब के साथ आराम से कुर्सी पर बैठे हुए, ख़ुर्दबीन से सुबह के बासी अख़बार में मुँह गड़ाकर, कुछ ऐसी तन्मयता के साथ पढ़ रहे थे, जैसे वहाँ उस पृष्ठ पर किसी कूट-भाषा में विदाई की इन घड़ियों में छुपे शुभाशुभ का सूक्ष्म भविष्य-कथन दर्ज है और उनको उसका उद्घाटन करना है जबकि, यह बहुत साफ़ लग रहा था, कि वे लड़के के विदा होने की घड़ी में घिरनेवाली व्यथा के वृत्त से बाहर होने का जतन कर रहे हैं। वे ख़ुर्दबीन की खिड़की से बहुत दूर और दूसरे दृश्य में अपनी आँख उलझाने में लगे थे।

'डॉक्टर्स के सारे प्रेस्क्रिप्शन्स और रिपोर्ट्स रख लीं?' लड़की ने एहतियातन पूछा तो लड़के ने सूटकेस का सामान जमाते हुए कुछ बोले बग़ैर हामी में सिर हिला दिया।

लड़की, बाद इसके अन्दर के कमरे में गई और बड़ा-सा पैकेट ले आयी और फ़र्श पर बैठकर उसके एयर-बैग में हाथ के उस पैकेट के लिए जगह बनाने में लग गई ।

'ये वे दवाइयाँ हैं, जो मुमकिन है, तुम्हारे शहर में ना मिले। रेयर ड्रग्स हैं, इसलिए सोचा, तुम्हें मैं ही यहाँ से लाकर दे दूँ। इनकी एक्सपायरी डेट्स बहुत आगे की है' जगह बनाने की कोशिश के दौरान उसने कहा।

लड़के को लड़की की बात का आख़िरी छोर थामते हुए, भीतर से कहने की इच्छा हुई कि 'तुम जो दवाइयाँ दे रही हो, उसकी तो एक्सपायरी डेट्स हैं, लेकिन इतने दिनों में तुमने जो दिया, उसकी कोई एक्सपायरी डेट्स नहीं। इट विल गो अनटू द एण्ड ऑफ टाइम।' लेकिन, लड़के ने ख़ुद को ज़ब्त कर लिया। और चुपचाप सूटकेस को बन्द करने लगा।

सूटकेस बन्द करते हुए असावधानीवश वहाँ अँगुली की उस पुरानी चोट पर फिर से चोट लग गई। उसने झटके से हाथ खींच लिया। लड़की ने तत्परता से बढ़कर उसकी अँगुली को अपने हाथ में ले लिया। और ऐसे सहलाने लगी जैसे दर्द को झाड़ रही हो। लड़के ने कृतज्ञता के साथ उसकी तरफ़ देखा, लेकिन उसमें केवल कृतज्ञता भर नहीं

थी–इतना सारा और ऐसा सारा और सब कुछ था, जो सीने से लग कर कहने से बचा रह गया था। लड़के को लड़की अचानक इतनी और ऐसी लगी, जैसे उसके कन्धे पर सिर रखकर भीतर से रह-रह कर उठती रुलाई से मुक्त हुआ जा सकता है शायद साड़ी के छोर के नीचे छुपे लड़की के कन्धों में भी ऐसे किसी क्षण की कहीं कोई अधूरी-सी प्रतीक्षा थरथरा रही थी।

'प्रॉपर डॉयग्नोसिस और ट्रीटमेंट के अभाव में तुम्हारा सोचना ऐसा हो गया कि अब तुम कभी ठीक नहीं हो सकते। लेकिन, ईश्वर ने चाहा तो दवाइयाँ नियमित रूप से लेने से सब ठीक हो जाएगा'–लड़की ने भाषा को औषधि की तरह इस्तेमाल करते हुए कहा। साथ ही अपनी आवाज़ का शहद, वह अपेक्षित अनुपात में मिलाना नहीं भूली थी।

'ईश्वर ऐसा कभी भी नहीं चाहेगा, सिन्स आय हेड नेव्हर बीन इन गुड टर्म्स विथ गॉड एंड डिटीज़।' लड़के ने अपनी अनास्था को ईश्वर से चली आ रही किसी ऐसी पुरानी और पुश्तैनी रंजिश की तरह रखा, जिसके चलते ईश्वर कभी भी उसे बिना प्रतिशोध लिए नहीं छोड़ेगा। तब तक लड़की के छोटे भाई ने सूटकेस बन्द करने का काम निबटा दिया था और अब अपने दाएँ हाथ में वह उसके सूटकेस और बाएँ कन्धे पर बैग उठाकर खड़ा हो गया था।

रुलाई को रोक लेने की कोशिश में लड़की की आँखें कुछ विचित्र-सी हो आयी थीं। जैसे उसने चाट, क़ुतुब और किताबों की बातों पर अकस्मात् खिलखिला उठने की आदत को हमेशा के लिए खारिज़ कर दिया है वहाँ अब धूसर रंगों के बादलों से भर जाने वाला आषाढ़ का-सा आकाश था, जिसमें टूट कर सूखे और पीले पत्ते उड़ते हुए दिखाई दे रहे थे। उनके साथ रेत और धूल का बवंडर था, जो अमूमन आषाढ़ के आने के बस कुछ समय पहले उठा करता है। उसे लगा, वह भी वहीं कहीं है–बवंडर के बीच, उसी धूसर आकाश में। टूट कर हवा और धूल के साथ उड़ता हुआ। कोई पीला पत्ता।

लड़के ने लड़की के पिता के पैर छुए। छोटे भाई के कन्धे से बैग लेना चाहा तो उसने मना कर दिया। उसने महसूस किया कि कमरे में वोल्टेज अचानक गिरने से दीवार की बत्तियों का चेहरा पीला पड़ गया थे, जैसे उन्होंने कोई अशुभ ख़बर सुन ली हो।

वे तीनों सीढ़ियाँ उतरकर नीचे आ गए।

उन्हें आता देखकर टैक्सी का दरवाज़ा खोलकर ड्राइवर बाहर आ गया। ड्राइवर सूटकेस और बैग को डिक्की खोलकर अन्दर जमाने में जा लगा। लड़की का भाई वहीं दरवाज़े के पास रह गया था। लड़की कुछ क़दम आगे आ गई। लड़के को लड़की हल्के-से अँधेरे में किसी प्राचीन मूर्ति की तरह लग रही थी। मूर्ति, जिसके होंठ पत्थर के होते हैं और उनके पीछे शताब्दियों से अवश-सी ठिठकी और ठहरी रहती है, कोई

आदिम और अज्ञात भाषा।

टैक्सी स्टार्ट हुई तो उसने खींचकर दरवाज़ा बन्द किया और खिड़की का काँच नीचे करके अपना हाथ बाहर निकाल कर लहराया। आधे बन्द काँच के किनारे से लड़के की अँगुली असावधानी में अचानक टकरा गई। टकराते ही अँगुली के ज़ख़्मी पोर से एक तीखी टीस उठी और पूरी तेज़ी के साथ शरीर के चप्पे-चप्पे में फैल गई। उसे लगा, टीस अँगुली से नहीं रिश्ते के बीच से उठी थी। और उसके नीचे दब गया है, पूरा शरीर, शहर और ढह कर दब गई है शहर की वह क़ुतुब भी, जिसकी सीढ़ियों पर लड़की चढ़ना चाहती थी, अपनी माँ के मुहावरे का सच खँगालने के लिए। उसके साथ।

शहर को पता ही नहीं था, इतनी बड़ी क़ुतुब के ढह और दब जाने का। एक टीस के नीचे दब जाने का। हाथ थोड़ी देर लहराया और झूल कर नीचे आ गया। टैक्सी कुछ देर ऐसे चलती रही जैसे किसी इमारत के जहाँ-तहाँ, बिखरे मलबे के बीच से रास्ता निकाल कर आगे बढ़ रही है

फिर सूनी और चौड़ी सड़क पर आते ही उसने तेज़ रफ़्तार पकड़ ली। सिर उठा कर उसने सामने देखा। वहाँ विंडस्क्रीन के आगे। अचानक धीमी-धीमी बारिश शुरू हो रही है उसे लगा आषाढ़ शायद शहर में आ गया है

(रचनाकाल 1977)

मोड़ पर

अपने घर की खिड़की के परदे की सतरंगी किनोर को अँगुलियों द्वारा बहुत हौले-से सरका कर, मैंने बाहर की ओर झाँका। रूपायन बाबू के घर के सामने लोग जमा होने लगे थे। जमा लोगों में ज़्यादातर बुशर्ट छाप व ढीली पतलून के अधेड़-से थके हुए लोग थे, जिनकी बातों के विषय अमूमन सुबह उठने के बाद पेट पूरी तरह साफ़ न होने पर रात को गर्म पानी के साथ ईसबगोल भूसी का सेवन, त्रिफला के पानी से आँख धोने या बाल उड़ने से रोकने के लिए खोपरे के तेल में कपूर डालने जैसे कई नुस्खों और चूर्णों पर केन्द्रित होते हैं।

स्पष्ट था, उनमें से अधिकांश लोग उनके दफ़्तरी सहकर्मी दोस्त थे, जो रूपायन बाबू की मौत की ख़बर सुनते ही, कुचे-मवड़े कपड़ों में ही बिस्तरों में से उठकर सीधे यहाँ चले आए थे। बेतरतीब-सी पोशाकों और उलझे व रूखे बालों में उनके चेहरे, अपने वर्ग के प्रामाणिक प्रतिनिधि लग रहे थे। उन में कुछेक चेहरे यक़ीनन ऐसे भी थे, जिन्हें मैं नाम से तो नहीं जानता था, लेकिन, निश्चय ही वे इसी मोहल्ले के ही पुराने रहवासी थे। कुछेक ने अपनी कलम घसीटू अँगुलियों को भींच कर बनाई कमज़ोर मुट्ठियाँ अपनी बग़लों में दबा रखी थीं, ख़ुद को गर्म व चुस्त रखने की कोशिश में। चूँकि पिछली रात को अचानक ओलों के साथ हुई बेमौसम बारिश ने हवा की सरसराहट में ठण्डी-हिसार का-सा ऐसा तीख़ापन पैदा कर दिया था, जो ज़िस्म में कँपकँपी पैदा कर रहा था। फिर, ऐसी अधेड़ उम्र सर्दियों की चपेट में यों ही बड़ी जल्दी आ भी जाती है हो सकता हो रूपायन बाबू भी किसी ऐसी ही हिसार के हपट्टे में आ गए हों। वैसे भी, वे इकहरी कायावाले थे। शायद ब्रह्मा के भंडार में केल्शियम की किल्लत रही होगी। उनको गढ़ते वक़्त।

मैं कल रात ही एक प्राइवेट कम्पनी की नौकरी का इंटरव्यू दे कर दिल्ली से ढाई बजे की एक्सप्रेस ट्रेन से शहर लौटा था। पूरे चार दिनों पश्चात् और सोते समय मन में पूरी तरह से यह तय कर लिया गया था कि सुबह नौ-साढ़े नौ के पहले तो नहीं ही उठूँगा। मगर, माँ ने सुबह छह बजे ही ओढ़ा गया कम्बल झटके से खींचा और एकदम झकझोर कर उठाते हुए, दबे स्वर में मुझे सूचना दी कि 'ऐ छोरा उठ रे, म्हारे तो दिखे कि अपणा सामने वाळा उई रूपायन बाबू मरी गया। जरा तू देख तो सई। मुलक सारा

लोग होण भेळा हुई गया है, उणका घर का सामणे।'

मैं सुनते ही कम्बल फेंक कर खड़ा हो गया।

दरअस्ल, रात भर की सतायी हुई नींद के शिकार बने मेरे सारे शरीर में, अचानक ऐसा होने लगा, जैसे उसमें अप्रत्याशित रूप से किसी ऐसे ऊर्जादायक रसायन का संचार ऐसे आवेग के साथ होना आरम्भ हो गया है, जिससे आलस्य और हरारत क्षण भर में काफ़ूर हो जाती है विज्ञान का विद्यार्थी होने के कारण मुझे यह पता था कि ऐसा शरीर में हिस्टामिन के अतिरिक्त उत्पादन के कारण होता है बहरहाल, मैंने क्षणिक-सा भी विलम्ब किए बिना ताबड़तोड़ यह निर्णय ले लिया कि मुझे उनके दाह-संस्कार में शामिल होना ही है इसका एक अहम कारण ये भी था कि मौत किसी और की नहीं बल्कि रूपायन बाबू जैसे मुहल्ले के महत्त्वपूर्ण आदमी की हुई थी और रूपायन बाबू मोहल्ले की सबसे ख़ूबसूरत और ज़वान लड़की के पिता थे, जिसका नाम इस मोहल्ले में उनके आते ही पता चल गया था कि पूनम है दो-एक प्रेम के कंगलेपन से ऊबे हुए लड़कों ने तो कहा भी था कि प्यारे ये गली तो गुलज़ार हो गई है दूसरे ने कहा था कि अब इस गली में पूनम पर्मानेंट रहेगी। गली की तो चाँदनी- चाँदनी हो गई। नगर पालिका को लैम्प-पोस्ट ही बन्द रखने पड़ेंगे। वगैरह-वगैरह।

पूनम, गली की पहली ऐसी और एकमात्र नवागता लड़की थी, जिसके तीख़े नाक-नक़्श व प्रामाणिक शरीर-रचना के आकर्षण की सुइयों ने चुभ-चुभ कर मेरी कई रातों की नींदें हराम कर रखी थीं। मेरी ही नहीं, मुहल्ले के उन तमाम लड़कों की भी कर रखी होगी, जिनमें उम्र के दबाव से इस ख़्वाहिश की बारीक़ बनावट और बुनावट शुरू हो जाती है कि हाय अब तो कहीं कोई हो, ऐसी हो, जिसकी बाँहों में घिरकर या गिरकर अपने होश खो सकें। 'नथुनों में उसके घने बालों और कुँवारी देह के पसीने की बेहिसाब और बेइज़हार गंध भर जाए।' मैंने भी तय कर रखा था, एक-न-एक दिन इस अलभ्या कुँवारी कन्या को तो प्रभावित कर के ही रहूँगा। नतीज़तन, हरदम उसे प्रभावित करने की नई-नई युक्तियों की अनवरत खोज में ही मेरा दिमाग़ लगा रहता था।

मैं, दूसरे ही क्षण खिड़की का परदा ठीक करके, तेज़ी से बाथरूम में घुस गया।

बाथरूम में घुस कर, मग्गे से चुल्लू में पानी ले कर ज्यों ही मैंने हाथ अपने मुँह पर घुमाया, क्षण भर के लिए रुक-सा गया। गालों पर हाथ घुमाते समय हथेलियों पर महसूस हुए खुरदुरेपन से ज़ाहिर था कि शेव किए पूरे दो दिन हो गए हैं। यों भी लम्बी दूरी की रेल के ऊबाऊ से सफ़र में शेव करने का कोई ख़ास मतलब भी नहीं था। फिर जिस कम्पार्टमेंट में, मैं सफ़र कर रहा था, उसके अधिकांश यात्री क़स्बों के बुढ़ाते खाँसते-खँखारते उम्रदराज़ लोग थे, जिनके पास ज़माने की हवा के ख़राब हो जाने की रौतेली बातों के अलावा कुछ होता ही नहीं।

कहने की ज़रूरत नहीं कि ऐसे हमसफ़रों के सामने तो वैसे ही चुस्त या आकर्षक दिखने की नैसर्गिक ललक ही ख़त्म हो जाती है अलबत्ता, ये लगने लगता है कि बस

चादर ओढ़कर ही सोए रहो। और यदि रूई हो तो कान में पूमड़े बना कर डाल लो। बहरहाल, मैंने सीधे होकर चेहरा बाथरूम के बड़े काँच में कई-कई कोणों से देखा परखा। मुझे ख़ुद ही अपना चेहरा जाने कैसा तो भी खजुआया-सा व अनाकर्षक लग रहा था। मुझे अच्छी तरह से याद है कि मैं रूपायन बाबू के यहाँ होली-दिवाली का सांस्कृतिक शार्ट-कट निकाल कर अपने को भले घर के सुशील लड़के होने का प्रमाण देने के लिए तीन-चार बार गया भी था। मगर कभी भी उनके यहाँ जाते समय मैंने भूल कर भी अपना चेहरा अनाकर्षक नहीं रहने दिया था, क्योंकि इस मामले में मेरी एक अलग धारणा है कि ऐसे लीचड़ चेहरे से किसी ख़ूबसूरत लड़की के बाप के यहाँ जाना एक अव्वल दर्ज़े की निहायत ही चुनी हुई बेवकूफ़ी होती है अलबत्ता, यह कहना उचित होगा कि अपने पाँव पर ख़ुद रहकर ऐसा पत्थर पटक लेना कि आगे से आप उधर जाने की सोचते ही अपने को लँगड़ाते हुए पाएँ।

स्वयं को भले घर का लड़का सिद्ध करने के लिए हमेशा मैंने झुक कर रूपायन बाबू के बाक़ायदा चरण स्पर्श भी कर लिये थे। इस कार्रवाई को मैंने चापलूसी के खाने में से निकाल कर, भविष्य के श्वसुर के सम्मान में डाल लिया था। यह मेरी समझ की सांस्कृतिक दूर-दृष्टि थी।

मैंने तत्काल अपने हाल ही के यात्रा वाले एयर-बैग से अपना शेविंग बॉक्स निकाला। जल्दी-से शेविंग सोप पर ब्रश घिस कर साबुन दाढ़ी पर लगाया। मगर, जब ब्लेड देखी, तो जी बेतरह कुढ़ उठा। स्साली एकदम से भोथरी ब्लेड थी। पैकेट में भी बस यही एक बची थी। भारत ब्लेड । मैंने माँ को लगभग चीखते से स्वर में आवाज़ दी। माँ अपनी आदत के मुताबिक चिन्ता में भरकर पूछने लगी—'क्यों रे दाढ़ी बणई के सबेरे-सबेरे कां जायगा?'

मैंने लगे हाथ घोड़े जैसा मुँह लटकाया और फिर आवाज़ को काफ़ी गम्भीर बना कर उत्तर दिया—'रूपायन बाबू के दाह-संस्कार में।' जबकि यह सरासर और सफ़ेद झूठ था। दाह-संस्कार में शामिल होने की अपेक्षा मुझे रूपायन बाबू की लड़की, जिसका नाम पूनम था और जिसने दुर्भाग्यवश पिता को खो दिया था, के सामने ख़ुद को उसका इस संसार का सबसे बड़ा हितचिंतक व गहन चिन्तातुर शख़्स साबित करने का मंसूबा ज़्यादा था। क्योंकि, ऐसी घड़ियाँ, जीवन की ऐतिहासिक स्वर्णिम घड़ियाँ होती हैं और कभी-कभी ही सौभाग्य से हाथ लगती हैं। इस पर चूक जाना, यानी भविष्य के सुनहरे अध्याय पर ख़ुद रह कर स्याही उड़ेलना होता है और मैं ऐसे आत्मघात के लिए ख़ुद को झोंकने की रिस्क नहीं लेना चाहता था।

मेरा उत्तर सुन कर माँ बोली—'तू मत जा। नवमी-नोरता का नवा दिन। और असा दिन में मसाण में जाणो अच्छो नी होवे।'

मुझे माँ की गाँवदी आस्था से भरी यह पिछड़ी हुई राय एकदम अवैज्ञानिक और फूहड़ लगी, जिसको मान लेने का अर्थ वज्र मूर्खता ही कही जाएगी। मुझे माँ की

मानसिकता की ग्रामीण दीनता पर हँसी कम और क्रोध ज्यादा आया। भीतर से झुँझलाहट भी सिर उठाने को हुई कि क्या कहें और क्या करें कि मेरे जैसे बहुत मॉडर्न युवक की माँ शहर आ कर अब भी अपने मार तमाम ऐसे गँवई पूर्वाग्रहों से ख़ुद को मुक्त नहीं कर पायी है वैसे यह मेरी भी असफलता है कि मैं भी उसकी कूढ़मग़ज़ी को समय के अनुसार दुरुस्त नहीं कर पाया हूँ।

मैंने माँ को पिन्नाटे में भरकर लगभग डाँटते हुए कहा–'क्या बेवकूफ़ों जैसी बातें करती हो माँ तुम भी! तुम ही ज़रा ध्यान से सोचो, बताव अपने पड़ोस में किसी की मौत हो जाए और अपन सम्वेदनहीन व्यक्तियों की तरह अपने घर में बैठे हँसते-बतियाते रहें? गपाष्टक करते रहें? और बावजूद इसके, हम ख़ुद को भलेमानुस की गिनती में शामिल भी करवाना चाहे–यह पड़ोसी धर्म का मानवीय पक्ष नहीं बल्कि यह तो ख़ालिस धूर्तता ही होगी।' मैंने नैतिकता से लदी-फँदी भारी-भरकम डॉयलागबाज़ी कर दी, जिसे माँ समझ नहीं पाई और मैं उसे समझाना भी नहीं चाहता था। मैंने सन्दर्भ बदलते हुए कहा–'तू एक काम कर बस ज़रा पड़ोस वाले लल्लू के हाथ मगनूमल की किराने की दुकान से भारत ब्लेड का एक पैकेट तो मँगवा दे।'

माँ लल्लू को बुला लायी।

लल्लू पड़ोसी का बच्चा था और वह एकदम से हनुमानी कुव्वत का लघु-संस्करण था और एक चाकलेट की चाहत में कोई भी काम करने को फटाकदनी से तैयार हो जाता था। उसके हाथ में पैसे दे कर मैंने उसे ये हिदायत ख़ासतौर पर दी कि वह 'यों जाए और यों लौटकर आए।' बिलकुल पवन वेग से। तनिक भी देर न करे। यह भी समझाया कि अगर ख़ुदा-न-ख़ास्ता उसकी दुकान बन्द हो तो दौड़कर थोड़ा आगे, हेमू राजानी के किराना स्टोर्स तक चला जाए।

पैसे देकर मैं बेचैनी से उसके ब्लेड ले आने का इन्तज़ार करने लगा ताकि शेव कर के जल्दी से जल्दी रूपायन बाबू के घर पहुँच सकूँ। पहुँचने में विलम्ब मानवीयता के तकाज़े के विरुद्ध होगा।

इस बीच एक बार फिर मैंने खिड़की का परदा हटा कर जायज़ा लेने के लिए बाहर देखा।

अब इकट्ठा लोगों की संख्या पहले की अपेक्षा कुछ बढ़ गई थी। और लोगों ने एक-दो कंडों को रखकर आगी की तैयारी शुरू कर दी थी जिसके कारण धुएँ की एक झीनी-सी पर्त, हवा में मौजूद ठंडक के कारण बन गई थी। मेरे मन में यक-ब-यक दहशत भरना शुरू हो गई कि 'कहीं ऐसा न हो कि जब तक मैं ठीक से तैयार होऊँ, तब तलक रूपायन बाबू की कमबख़्त अरथी ही न उठ जाए!' क्योंकि यह देखा गया है कि कई दफ़ा मृतकों के यहाँ संवेदना प्रकट करनेवालों की जमात में कुछ ऐसे अहमक़ और उतावले लोग भी आ धमकते हैं जो अपनी तरफ़ से सतैवड़े पड़ जाते हैं, और कहने लगते हैं कि मैयत देर तक घर में नहीं पड़ी रहनी चाहिए। चलिए जल्दी करिए।

वर्ना जब तक पँच-लकड़ी का समय आएगा, तब तक पंचक लग जाएगा आदि आदि।

ख़ुशक़िस्मती से लल्लू ने अपनी कुव्वत और करामात सिद्ध कर दी और वह क़रीब पाँच मिनट के भीतर ही ब्लेड लेकर लौट आया। बावजूद इसके मुझे भीतर से उस पर गुस्सा तो इतना आ रहा था कि कमबख़्त को लगे हाथ डाँटूँ... कि अबे ओ ढिलंगे ज़रा-सी दूरी में इतनी देर? मगर ख़ुद को रोक गया, क्योंकि इससे व्यर्थ ही मेरा क़ीमती वक़्त बरबाद होना था। मैंने बाथरूम में घुस कर जल्दी-जल्दी शेव किया। शेव करने के बाद काँच में देखते हुए मार्क किया कि शेविंग के बाद मेरा चेहरा वाकई कितना खिल उठता है एकदम फ़िल्म डिवीजन की भेंट के पहले टाकीज़ में चलती विज्ञापन फ़िल्मों की रील में दिखाई देने वाले मॉडलों की तरह।

शेव कर के मैंने फिनाइल से गन्धाते बाथरूम से बाहर निकल दाढ़ी पर इत्मीनान से ऑफ्टर शेव लोशन लगाया। ऑफ्टर शेव लोशन लगाने के बाद नथुनों ने बताया कि गन्ध तीखी है, इसलिए अफगान स्नोक्रीम की नीली शीशी ढूँढ़कर क्रीम को न केवल गालों पर मला, बल्कि हाथों पर भी लगा लिया। तसल्ली हुई कि अब मेरी इंट्री खोपरे या सरसों के तेलों में गन्धाते और ऊबे हुए उन अधबूढ़े बाबुओं के बीच भीनी खुशबू के झोंके की तरह होगी। एक दमदार प्रविष्टि।

ट्रंक खोला, तो चौंक गया। हत्तेरे की। गेवरडीन की मेरी वह सफेद पैंट तो उसमें से ग़ायब थी। पिछले हफ़्ते शायद उसे मैं लांड्री पर दे आया था। केवल एकमात्र नीली ही पैंट थी। जींस की। मगर यह पैंट मुझे ज़्यादा पसन्द नहीं थी। सफ़ेद की फिटिंग इससे बहुत ज़्यादा ठीक है उसे पहनने के बाद, मैं एकदम से काफी चुस्त व गठा हुआ लगता हूँ। मेरी रानों पर की एक-एक मछलियाँ उसमें एकदम स्पष्ट दीखती हैं। जैसे नियमित रूप से दौलतराव उस्ताद के अखाड़े जाता होऊँ। वैसे उसके कारण मैं 'ही-मेन' लगने लगता हूँ। और अब ये बात हमें भी अच्छी तरह से पता चल गई है कि इन दिनों लड़कियाँ गोरे और ज़हीन-से लगनेवाले लड़कों की तरफ़ कतई आकर्षित नहीं होतीं। उन्हें वे 'बब्लू' कहती हैं। कविता-कहानियों में ऐसे छरहरों छोकरों का भले ही बढ़-चढ़कर बखान होता हो। कहानी की लड़कियाँ उन पर लुट जाती हों लेकिन हक़ीक़त में ऐसा है नहीं। अब लड़कियों को बहुत रफ-टफ लड़के पसन्द आते हैं। देवानन्द के बजाय धर्मेन्द्र ज़्यादा पसन्द किया जाने लगा है

खैर, जैसे-तैसे मजबूरी में इस नीली पैंट को पहनने के अलावा मेरे पास कोई अन्य विकल्प भी शेष नहीं था। पैंट पहन कर जब मैं काँच के सामने खड़ा हुआ, तो मैंने पाया कि इसकी फिटिंग भी कोई इतनी तो बुरी नहीं थी, जितनी मैं समझता चला आ रहा था। आख़िर ये भी तो मॉडर्न टेलर्स के यहाँ की ही सिली हुई है, जो शहर में कपड़ों की सिर्फ़ फिटिंग देने के लिए ही जाना जाता है

कपड़े पहन कर मैंने एक बार फिर से खिड़की में से बाहर रूपायन बाबू के घर की ओर झाँका।

वहाँ एक क्लर्कनुमा अधेड़ आदमी बाँसों की लम्बी किमचियों को काट कर उन्हें तरलियों पर मूँज की रस्सी से कस रहा था। मैंने अनुमान लगाया, अरथी उठने में कम-से-कम एक घंटा बाक़ी है इतने समय में एक-छोटा-सा काम निबटाया जा सकता था-हलके-से नाश्ते का। मैं चाह रहा था कि डबल रोटियों के चार-छः स्लाइस दूध के साथ निगल लिए जाएँ। इससे थोड़ी ज़रूरी चुस्ती रहेगी। ब्रेड न हुई तो रात की बासी चपातियाँ भी ली जा सकती हैं। चूँकि मेरे साथ साली एक अजीब ट्रेजेडी है कि भूखे पेट मेरा चेहरा बड़ा मायूस व अनाकर्षक हो जाता है एकदम हाइपोकांडिक होने लगता हूँ। चेहरा तो एकदम लमतोतला ही लगने लगता है जैसे हफ़्तों से रोटी नसीब नहीं हुई हो। माँ कहती है, 'चेहरे पे खाया-पीया एकदम से दिखना भी चाहिए।' और माँ की बात सच भी है क्योंकि यों भी ऐसे लमतोतले चेहरे से लड़कियों के सामने जाना तो मुझे बड़ा ही ऑक्वर्ड लगता है और ख़ूबसूरत लड़कियों के सामने जाना तो एक क़िस्म से अपने ख़िलाफ अपराध ही माना जाना चाहिए।

सो मैंने बिना किसी विलम्ब के पूरी एक छोटी डबल रोटी दूध के साथ ले ली और पिछ्ले दरवाज़े से निकलकर घंटाघर का चक्कर लगाता हुआ रूपायन बाबू के घर के सामने ऐसे जा ठहरा जैसे घर से न आ कर सीधा रेलवे स्टेशन से आ रहा होऊँ।

बहुत होशियारी से मैंने अपना चेहरा चौंका हुआ व स्वर घबराया-सा बना कर रूपायन बाबू के घर के सामने खड़े लोगों के एक छोटे-से झुंड से तपतीश की शैली में पूछा-'क्यों, भाई साहब, क्या बात हो गई, यहाँ?'

एक ने जितना मुँह लटकाया जा सकता था लटका कर बताया- 'कल रात रूपायन बाबू की तबीयत अचानक बिगड़ी, उनकी बच्चियों ने दौड़-धूप की, ये लोग अस्पताल भी ले गए, लेकिन वे रास्ते में ही शान्त हो गए।' मैंने 'च्चाच' करके चेहरे की मुद्रा भावनात्मक ठेस पहुँचे व्यक्ति की तरह ऐसी बना ली जैसे, रूपायन बाबू मेरे पड़ोसी नहीं, बल्कि उनसे मेरा कोई सात पुश्तों का नाता था। फिर चुपचाप धीमे लेकिन सधे क़दमों से रूपायन बाबू के दरवाज़े के सामने जाकर ठहर गया। एक बूढ़े से व्यक्ति ने, जो दाह-संस्कार की तैयारियों में शायद कुछ अतिरिक्त ही निपुण था कहा- 'बेटा, ज़रा भीतर जाकर घी और सतरंगी नाड़ा तो ले आओ। और हाँ सुनो, तुलसीदल और ताँबे के लोटे में गंगाजल भी लगेगा, अरथी की तैयारी शुरू करनी है'

उसका प्रस्ताव सुनते ही मैं ख़ुश हो उठा जैसे बिना कुछ माँगे ही मन की मुराद पूरी होने का सुखद संयोग आ गया हो। मैं पूरी तत्परता के साथ आगे बढ़ा और एक ख़ास अदा के साथ रूपायन बाबू के घर में दाख़िल हो गया।

दाख़िल होने के बाद मेरी आँखें बेचैनी से रूपायन बाबू की लड़की को पा लेने की टोह में जुट गई। लड़की तो नहीं दिखी पर सहसा मैंने देखा कि, रूपायन बाबू की अत्यन्त गौरवर्णी पत्नी फूट-फूटकर रो रही हैं। उन्हें एक बुढ़िया क़िस्म की औरत दिलासा देती हुई बड़बड़ा-सी रही थी और वह थीं कि उन सांत्वनाओं से विलग बेसुध-सी विलाप

किए जा रही थी। तभी तेज़ी से मुआयना करती मेरी आँखों ने कनखियों से देख ही लिया कि वहाँ, दूर कोने में वही अनछुआ ज़िस्म खड़ा था। मेरी रातों की नींद हराम करने वाला...। कहूँ कि तन्वंगी। वाह! क्या रंग है अन्दाज़ लगाने की ज़रूरत नहीं रह गई कि मैदे का-सा यह रंग उसने पिता के बजाय अपनी माँ से पाया था, जिसमें आज रुलाई की वजह से एक सुरमयी और सुर्ख आभा उतर आयी थी। मैं सतर्क हो गया। मैंने अपने चेहरे को बिना किसी क़िस्म की लेतलाली के हलका-सा तिरछा झटका दे कर थाम लिया। एक ऐसे कोण पर, जहाँ से मेरा साइड पोज़ दिख सके। मैंने उस बुढ़िया से बाहर मँगवाए जा रहे सामान के विषय में काफ़ी भरे गले से पूछा। हालाँकि, मेरा गला दुःख नहीं थूक से भर आया था। इसलिए मेरी आवाज़ में नैसर्गिक गाढ़ापन आ गया था।

बुढ़िया ने कहा–'बेटा पूनम बेबी से पूछ लेओ, हम का जाने–हम तो इन्के खाली पड़ोसी भर हैं। ये ही बता पाएँगी कि गंगाजल कहाँ है'

क्या बताऊँ, मेरे लिए यह अभिनय की परीक्षा का बस बहुत ही कठिन और चुनौतीपूर्ण क्षण था। मैंने उसके पिता की मृत्यु से उपजे दर्द के सहभोक्ता की तरह चेहरा गहरा उदास व आँखें तरस भाव से उफनती कर लीं। उफनती पीड़ा प्रकट करने के लिए कहीं कोई द्रव होता तो स्थिति बहुत कारगर हो जाती। कहा जाता है कि फिल्मों में हीरो-हीरोइन की आँखों में आँसू लाने के लिए ग्लिसरीन का उपयोग किया जाता है

बहरहाल, मैंने एक ख़ास अन्दाज़ में दाएँ पैर पर वज़न डालकर पूरा शरीर कोई साठ के कोण से घुमा लिया, लड़की की ओर। इस सारी प्रक्रिया के बीच मैंने पाया कि यह सब बहुत अनपेक्षित ढंग से सधा-सधाया व ख़ूबसूरत अन्दाज़ में हो गया है मैं चकदक था, चूँकि मैं लड़की को इतने क़रीब से भरपूर निगाहों से पहली बार देख रहा था। आटे की पींड का-सा जानलेवा गौरवर्णी चपटा चेहरा और देह? उफ् देह को देखकर लगा, लपकती उम्र ने उसे अपने तरीक़े से ऐसा और इतना तराश दिया है कि जिसके चलते वह हर कोने से पूरी और पुख़्ता हो गई है, जहाँ से कहा जा सकता था कि वह प्यार करने के लिए एकदम निर्विघ्न और बिलकुल निरापद है

थमी-थमी पुतलियों के ऊपर चढ़ी रहनेवाली रेशमी पलकें रोने के कारण सिर्फ़ थोड़ी मोटी हो गई थीं, लेकिन आँखें पनीली होने से और प्यारी और पारदर्शी हो गई थीं। ऐसी आँखों और देह की मालकिन लड़कियाँ मुहल्ले के ज़वान होते लड़कों की ही नहीं, बल्कि बापों की भी नींदें उड़ाए रहती हैं, वे नींद के मुगालते में लेटे हुए रात भर यही सोचते रहते हैं कि अब, भगवान की कृपा से जितना जल्दी हो सके, उनके हाथ पीले कर दिए जाएँ। जबकि, लड़कों की नींद इसलिए उड़ी रहती हैं कि जल्दी से जल्दी उनका हाथ नहीं तो कम-ज-कम कुछ देर के लिए केवल उनका साथ ही मिल जाए तो समझो लाइफ़ बन गई। हाथ मिलने में ढेरों दीगर दिक़्कतें आती हैं, मसलन जात-पाँत, घर-परिवार, ज़मीन-जायदाद, नौकरी-चाकरी और घर की हैसियत आदि-आदि। लेकिन हाथ के बजाय साथ की कामना करने में कोई किल्लत नहीं होती।

मैं ख़ुद को रोक नहीं पा रहा था, अतः उधर देखा उसके रूखे बाल हलके-से फैल कर चेहरे पर छितरा आए थे। मैंने पहली बार मार्क किया, सचमुच ही ख़ूबसूरत लोगों की रोती मुद्राएँ भी बहुत ख़ूबसूरत होती हैं। बस सब कुछ लुटने-लुटाने के लिए तबीयत मचलने पर उतारू होने लगती है

मैंने अत्यन्त आत्मीय स्वर में बाहर मँगवाए जा रहे सामान के विषय में कहा– 'सुनिए, बाहर शवयात्रा की तैयारी कर रहे लोग घी की माँग कर रहे हैं।' कहने के तुरन्त बाद ही लगा कि वाक्य के आगे 'पूनमजी' लगाया जा सकता था। अलबत्ता 'पूनमजी' शब्द को पुकार में बदलते हुए, एक पुरअसर प्रभाव भी पैदा किया जा सकता था, जो भविष्य की किसी कार्रवाई में मदद ही कर सकती थी। मैंने आगे जोड़ा–'पूनम जी, वे लोग गंगाजल और तुलसी पत्ती भी माँग रहे हैं।' 'पूनमजी' शब्द में तो मैंने आवाज़ का सारा अमृत भी मिक्स कर दिया। उसकी गीली आँखों में तो मैंने पूनम कहने के साथ लगभग गोता ही लगा दिया।

वह बेसुध तन को बेसुध लिबास में लिपटाए लड़खड़ाती हुई खड़ी हो गई। उसकी डबडबाती आँखों को देखकर तो, मुझे लगा उसे लड़की नहीं कहना चाहिए इस संसार की वह कोई रुआँसी रौनक है अफसोस हुआ, मैं चूक गया। क़रीब होता, तो उसे सँभालने का नायाब मौक़ा मिल सकता था। वह अन्दर के कमरे में गई और उसने वहाँ से लौट कर वांछित सामान लाकर मुझे थमा दिया। मैं सामान लेकर अपने एक ख़ास क़िस्म के अन्दाज़ में डग भरता हुआ बाहर आ गया। मेरा चलना ठीक उतना ही सम्भला हुआ था, जैसे मैं मंच पर नाटक के किसी दृश्य से 'एक्ज़िट' ले रहा हूँ।

बाहर कुछ अनुभवी लोग अरथी बनाने के लिए तरलियों पर मूँज की रस्सियों से हरे बाँस की किमचियाँ कस रहे थे और बाक़ी लोग घास के पूलों की गाँठें खोल कर तहें तैयार करने में व्यस्त थे। मुझे इस सारी फ़िजूल कार्रवाई और क़वायद में ज़रा भी रुचि नहीं थी। मेरे आसपास खड़े लोग, जिन से मैं लगभग घिर सा गया था, वे रूपायन बाबू की भलमानसहत के साथ-साथ उनकी कच्ची गृहस्थी को लेकर चिन्ता भी व्यक्त कर रहे थे। एक ने यह भी कहा कि 'बताव, अभी तो वे अपनी बड़ी लड़की की शादी के लिए कोई रिश्ता तक भी तय नहीं कर पाए थे।' मेरे भीतर उसकी ऐसी चिन्ताओं पर गुस्सा भी हो आया कि इन अधेड़ों को ऐसी फ़िजूल बातों के अलावा कुछ सूझता ही नहीं। स्साले लड़की को तो निरात से जवान भी नहीं होने देते हैं और उसका ब्याह करने के गुनताड़े में लग जाते हैं।

अब मुझे मातमी माहौल में खड़े-खड़े बीस मिनट हो चले थे।

मुझे बेतरह खीझ होने लगी कि शवयात्रा निकाले जाने में व्यर्थ का विलम्ब हो रहा है धीरे-धीरे फैलते इस विलम्ब ने मेरी धधकती बेताबी को लीलना शुरू कर दिया था। लगने लगा, मैं ख़ुद को बहुत बड़ा चतुर समझ रहा था, लेकिन चतुराई के चक्कर में

व्यर्थ ही यहाँ इनके बीच फँस मरा। लड़की की निकटता हथियाने के कई दीगर रास्ते भी हो सकते थे। भविष्य अभी काफ़ी लम्बा है लेकिन, दूसरे ही क्षण मेरी हताशा दूर हो गई। यह सोच कर कि संवेदना के समय और सहारे से सींची हुई बेल अधिक ऊपर चढ़ती है, और एक दिन अमरबेल की तरह चप्पे-चप्पे पर छा जाती है इस दौरान मेरे भीतर लड़की के चेहरे को देखने की व ख़ुद को दिखाने की दोहरी ललक बेक़ाबू ढंग से सिर पटकने लगी थी, मगर साला कोई भी ऐसा माकूल और मुक़म्मल काम ही नहीं निकल रहा था, जिसके बहाने मैं घर के अन्दर जा सकूँ।

घर के भीतर भरपूर मातम भरा हुआ था और जब घर की स्त्रियों का रुदन और चीखें उठतीं तो बाहर खड़े सभी बूढ़े और बुढ़ाते हुए लोग एक झुलस का अहसास करते। मुझे तो घर के आँगन के पेड़-पौधे तक, उस समय में ख़ासकर मातम के हिस्सेदार लगने लगते, जब कभी-कभी बीच में अचानक लड़की के रोने की आवाज़ें बराम्दे को लाँघ कर बाहर आ जातीं।

तभी एक व्यक्ति ने लड़की को बाहर बुलवाया। मुझे कोफ़्त हुई कि यह काम मुझे क्यों न सौंपा गया।

लड़की एक अधेड़ के पास आकर खड़ी कर दी गई। उसके ख़ूबसूरत चेहरे पर मुझ जैसे भावुक युवक के लिए तो लगभग मार डालने वाली उदासी थी। उसकी तरफ़ देखकर लगा कि कौमार्य के कटघरे को तोड़ कर बाहर आती उसकी उम्र ने उसके शरीर के चप्पे-चप्पे पर कब्ज़ा जमा लिया है अधेड़ ने उसके कन्धे को अपने हाथ से सहारा दे रखा था। मुझे उस अधेड़ को देखकर कोफ़्त हो रही थी। कोफ़्त और कुढ़कुढ़ाहट के बीच मैंने सोचा, इन अधेड़ों में युवाओं की तरह प्रेम नहीं होता, कमबख़्तों के पास केवल इस उम्र की एक अशाम्य-सी यौन क्षुधा होती है स्साले ने लड़की को सहानुभूति की आड़ में छूने का बन्दोबस्त कर लिया है एकदम हरामी दिख रहा है, सूरत से ही। मेरा ख़ून खौले जा रहा था। वह युवाओं के अधिकार क्षेत्र में अनधिकृत रूप से हस्तक्षेप कर रहा था।

मैंने तत्काल ख़ुद का चेहरा दूसरी तरफ़ मोड़ लिया। यह मेरे चेहरे का ख़ास पोज़ है मेरे एक आर्टिस्ट दोस्त का कहना भी है कि इसी साइड से मेरा चेहरा बहुत ख़ूबसूरत लगता है इसीलिए मेरे तमाम फोटोग्राफ्स भी इसी साइड के ही उतारे गए हैं। सो मैं चेहरे के उस पोज़ को स्थिर किए दूसरी तरफ़ देख रहा था, हालाँकि, उधर वहाँ ऐसा कुछ भी नहीं था, जिसे रुचिपूर्वक देखा जा सकता हो। पर मुझे पता है, लड़की मेरी ओर देख रही होगी।

लड़की वापस भीतर चली गई या कहूँ कि कमबख़्तों ने भीतर भेज दिया। मुझे वे अपने दुश्मन जान पड़े।

उसके जाने से मैं फिर अपनी शिथिल और ऊबी हुई मनःस्थिति में लौट आया था। मुझे विक्की की बात याद हो आयी। वह ठीक कहता हैं, 'जब लड़कियाँ प्यार करती हैं तो आप उनके दिल में होते हैं और नफ़रत करती हैं तो उनके दिमाग़ में। परन्तु

मैं तो चाहता हूँ कि मैं उसके दिल और दिमाग़ दोनों पर ही छाया रहूँ।

अरथी आधी-अधूरी तैयार हो चुकी थी। घास की मोटी तहों पर एक सफ़ेद झिरझिरा-सा मलमल का कपड़ा कस लिया गया था। कंडों पर रखी चिनगारी ने उन्हें अब तक पूरी तरह सुलगा दिया था। भीतर कमरों में रिश्तेदारों के रोने की आवाज़ें तेज़ हो उठी थीं। मेरे भीतर बेचैनी बल खा कर मेरी चेतना को तोड़ती चली जा रही थी। मैं चाह रहा था कि अब किसी भी बहाने अविलम्ब कमरे के भीतर जाया जाए, तभी पण्डितनुमा एक धोतीधारी बूढ़े आदमी ने मेरी ओर इशारा करते हुए मुझे ही आवाज़ दी। मैंने अपनी क़िस्मत को धन्यवाद दिया कि कभी-कभी बढ़ती हताशा के बीच वह कैसे माकूल वक़्त पर क़ामयाबी का सरंजाम जुटा देती है वह मुझे कमरे के भीतर ले गया। मेरे सारे शरीर में सहसा चुस्ती आ गई थी। मगर जिस काम के लिए मुझे बुलाया गया था, वह काम कुछ दूसरी ही क़िस्म का था। रूपायन बाबू के शव को उठवाकर बाहर लाने का, जिसमें कपड़ों की क्रीज वगैरह ख़त्म होने का ख़तरा था। मगर मजबूरी में तैयार होना पड़ा।

शव को उठाने की घड़ी नज़दीक आती देख रूपायन बाबू की लड़की ने भी ज़ोरों से रोना शुरू कर दिया था। शव को जब उठाया जा रहा था, मेरे दिमाग में एक बढ़िया-सा नुस्खा तैर आया, जिसमें ख़ुद के व्यक्तित्व की छवि लड़की के सामने और अधिक गहरी उभरने की संभावनाएँ पूरी तरह छुपी थीं... मैंने उन लोगों से, जो कि शव के पैरों के पास खड़े थे, लगभग कॉशन देने के से स्वर में कहा–'देखिए मेरी आप सब लोगों से गुज़ारिश है कि वहाँ से आप एकदम से हट जाइए। हाँ, मैं यही कह रहा हूँ, प्लीज़, आप सब लोग एकदम से हट जाइए।'

वे हट गए।

मैंने पहले एक ख़ास पोज़ीशन ली फिर झुक कर रूपायन बाबू के मुर्दा शरीर के नीचे दोनों हाथ डाले और अकेले ही उठा लिया। चेहरा तनावहीन कर लिया, जैसे शव में कुछ वज़न ही नहीं है और मैंने खेल-खेल में ही उसे यों ही उठा लिया है एक दक्ष वेटलिफ्टर की तरह। शव के उठाते ही पूनम बिजली की गति से उठी और मुझ से लिपट गई और बेतरह कातर-स्वर में गिड़गिड़ाने लगी–मेरे पापा को मत ले जाइए–प्लीज़–मत ले जाइए प्लीज़। इतनी कातरता देखकर एकबारगी तो मन में आया कि लाश को जमीन पर फेंक कर लड़की को अपने सीने से लिपटा लूँ। लेकिन, यह सम्भव नहीं था। नतीज़तन लाश को मैं धीरे-धीरे एहतियात के साथ डग भरते हुए बाहर लाया और ला कर ससम्मान अरथी पर रख दिया।

इस दौरान मैंने महसूस किया कि रूपायन बाबू की देह काफ़ी कुछ कड़क हो चुकी है मेरे पीछे-पीछे विलाप करती रूपायन बाबू की पत्नी व लड़की बाहर आ गई थीं। लोगों ने शव को कफ़न में लिपटाया और अरथी पर रख दिया। लोगों ने क्रमवार क़तार में आ कर अरथी पर अपने हाथों में रखे फूल और सस्ती-सी गेंदों के फूलों की पीली मालाएँ अर्पित करना शुरू कर दीं। मेरे पास कोई माला या फूल नहीं थे, नतीज़तन थोड़ी-सी

झेंप भी अनुभव हुई। शव पर फूलों के चढ़ाने का क्रम शुरू होते ही लड़की और उसकी माँ अब ज़ोरों से विलाप करने लगी थीं। ख़ासतौर पर मुझे तो लड़की की चीख से कलेजे में छेद होने जैसा लगने लगता। अरथी उठवाने के लिए लोग उनके हटने की प्रतीक्षा कर रहे थे। लड़की वैसी ही विलाप करती रही।

तभी घर से बाहर निकलकर आयी स्त्रियों ने रूपायन बाबू की पत्नी को हटा लिया और उसके हाथों की चूड़ियाँ तोड़ने की रस्म पूरी की, तो लड़की जो सुबक रही थी अचानक हृदय-विदारक चीखों के साथ करुण विलाप करने लगी। शायद चूड़ियों के तोड़े जाने के दृश्य ने उसे विचलित कर दिया था। वह लड़खड़ा उठी तभी मैंने बहुत हौले-से अपने हाथों से लड़की के कन्धों को घेर लिया और उसे खड़ा कर दिया। अब उसके बेसुध तन का सारा बोझ मेरे झनझनाते शरीर पर था। उसे सँभालते हुए मेरी अँगुलियाँ उसकी काया के उस हिस्से को छू गईं, जहाँ स्पर्श के अलभ्य सुख के सनसनाते शिखर थे। क्षण भर के लिए तो लगा, सुख से मेरी देह फट पड़ेगी।

मैंने देखा कि विलाप में उसकी साड़ी का पल्ला अस्त- व्यस्त हो गया है मेरा ध्यान एकाएक उसके शरीर के उस अर्द्ध-अनावृत्त हिस्से की तरफ़ चला गया, जिसकी तरफ़ देखते ही पुरुष के शरीर के वन-प्रान्तरों में अचानक दावानल उठ खड़ा होता है मैंने कनखियों से देखते हुए ही मार्क कर लिया कि गरदन के ठीक थोड़ा नीचे, विधाता द्वारा आबंटित सुन्दरता का कोटा, उसके पास इफ़रात में है मेरे भीतर कहीं गहरे में आपाधापी और उत्पात मच गया। पहली बार ये बात शिद्दत से महसूस हुई कि लँगोट ही एकमात्र ऐसा अन्तर-वस्त्र होता है, जो कामांगों पर ठीक से कर्फ्यू लगाए रख सकता है

क्या बताऊँ, तभी कुछ कमज़र्फ क़िस्म के उतावले लोगों ने ऊँची आवाज़ में 'राम नाम सत्य' कह कर फटाक से अरथी ही उठा ली।

लड़की फिलहाल मेरे बाएँ हाथ के घेरे में थी। मेरे लिए यह दोहरी यन्त्रणा का क्षण था। भीतर से स्पर्श के अपरिभाषित आनन्द के अतिरेक का सुख, मगर बाहरी परिवेश की माँग थी कि मेरा चेहरा ज़ाहिरा तौर पर करुण उदास और पीड़ाग्रस्त होना चाहिए। लड़की बेसुध मन से पागलों की तरह विलाप किए जा रही थी। मैंने गम्भीर स्वर में उसे हितचिन्तकों की तरह दिलासा दिलाया–'पूनमजी, आपको हिम्मत नहीं हारनी चाहिए। आख़िर जो होना था, वह तो हो ही गया है घबराइए कतई मत, देखिए पूनमजी, हम लोग भी तो हैं।' वगैरह-वगैरह। पहली बार याद आया कि वह असली और भरपूर पूनम है और पूनम के कारण मेरे शरीर के समन्दर में किनारा तोड़ ज्वार-भाटा उठ रहा है

तभी एक दूसरा धोतीछाप पंडितनुमा बूढ़ा मेरे पास आया और लड़की को ख़ुद सँभालते हुए बोला–'भई आप इस बिटिया को छोड़िए। मैं सँभालता हूँ और जरा आगे जाकर अरथी का अगला सिरा उठवा रखिए।' उसकी इस बदसलूक़ी से मेरे चेहरे की मुद्रा इतनी तमतमायी हो उठी जैसे सुख की माँद में बैठे शेर के सामने से किसी ने उसका भोज्य ही छीन लिया हो। मुझे भीतर से एक झटका-सा अनुभव हुआ। बूढ़े पर ऐसी खीझ

उठी कि उसकी खोपड़ी और खाल दोनों ही खींच लूँ। क्योंकि उसने मेरे सुख को छीन लिया था। मन ही मन मुझे उस विघ्न सन्तोषी डोकरे पर जम कर गुस्सा भी आया। मैंने कुढ़ते हुए अरथी के अगले सिरे को कन्धे पर रख लिया। बूढ़ा लड़की को थाम कर आगे ले आया और लड़की के हाथों में आगी की हाण्डी थमा दी। मैं आश्वस्त हो गया। मैं अरथी के अगले सिरे को थामने वाला व्यक्ति था तथा ठीक मेरे आगे अग्नि की हाण्डी लेकर लड़की चलनेवाली थी। मैंने सोचा, सुन्दर-सुन्दर देह-सम्पदा वाली लड़कियों को पीछे से देखना भी अपने आप में अपार सुख के साथ होना है मुझे तसल्ली हुई कि क़िस्मत कभी-कभी आपसे कुछ छीनती है तो आप खो देने के दुःख से भर जाते हैं, जबकि वह छीन नहीं रही होती है, केवल आपसे आपके हाथ खाली करवा रही होती है ताकि कुछ नई चीज़ दे सके। उसने मेरे हाथ से ज़रूर कुछ छीन लिया था, लेकिन आँखों के लिए दे दिया। यों भी वह अपनी बैक से वीनस की तरह लगती थी।

मेरे भीतर जाने कितनी-कितनी ही पाषाण प्रतिमाएँ घूम गईं।

तभी एक बूढ़ा रूपायन बाबू की पत्नी को लेकर आ गया। रूपायन बाबू की पत्नी से पता नहीं कौन सी और बक़ाया रस्म पूरी करवाई जाना थी। वह जाने क्या मन्त्रनुमा कुछ बड़बड़ा रहा था, जो रूपायन बाबू की बीवी के विलाप के बीच सुनायी ही नहीं दिया। फिर उसने आख़िरी बार शव के कफ़न से बाहर निकले पैरों को छुवाया और उसे हटा लिया। बाद इसके जो हुआ, उसे देखकर मैं सन्न रह गया। जाने क्या हुआ, जानी दुश्मन से लगने वाले उस हरामी बूढ़े ने लड़की को हटा कर आगी की हांडी एक दूसरे व्यक्ति के हाथ में थमा दी थी। शायद लड़की से हांडी थामने की केवल रस्म अदा करवाई गई थी। क्योंकि रूपायन बाबू को कोई बेटा नहीं था।

'राम नाम सत्य है' लोगों की मरी हुई आवाज़ों के साथ अरथी चल दी।

मैं कन्धे पर अरथी को उठाए बेमन से घिसटता चला जा रहा था। लड़की रोती हुई पीछे रह गई थी। मुझे वही शव, जिसे कुछ समय पहले मैंने वेट-लिफ्टर की अदा से चुटकी भर में उठा लिया था, इन क्षणों में काफ़ी भारी लगने लगा था। लगने लगा था जैसे भी और जितनी जल्दी हो सके कन्धे से उतार फेंकूँ। बहरहाल, कुछ क़दम अरथी को कन्धे पर उठा कर चलते रहने के बाद मैंने धीरे-से अगला सिरा मेरे समानान्तर चलने वाले व्यक्ति को थमा दिया और अलसायी-सी चाल चलता हुआ शवयात्रा की उस भीड़ के किनारे हो गया।

मैंने पीछे देखा, लड़की तथा उसकी माँ वहीं बैठी रो रही थीं। कुछ ही मिनटों में अरथी चलती हुई गली के मोड़ पर मुड़ गई। मुझे मालूम था, वहाँ एक सार्वजनिक मूत्रालय है मैं शवयात्रा के किनारे चलते-चलते बहाने से उस मूत्रालय में घुस गया और तब तक घुसा रहा, जब तक कि अरथी दूसरे मोड़ पर मुड़कर ओझल न हो गई।

(रचनाकाल 1973)

उखड़ता हुआ बरगद

धूप कोमल और कत्थई पत्तों पर तेज़ और तिरछी गिर रही थी। और, धूप के इस तरह गिरने की वजह से पत्तों की छाती चमक रही थी। ऐसी जने कि खेत में काम करते आदमी के पसीने की झलक। उन्हों के मन के माँय झन-झन होने लगी–'बताव, बिचारी पत्तियाँ इस तरहे की तलख धूप में, किसके पेट के वास्ते इत्ता-इत्ता पसीना बहा रही हैं...?'

उन्होंने एक कावा पेड़ की तरफ बड़ी काळजी कर के फिर से देखा।

तना खूब मोटा और ऊँचा था, जिसकी गरदन से गलमुच्छों की तरह रेशे फूटकर हवा में हिल रहे थे। दूर की दो-तीन मोटी-मोटी शाखों से जड़ें, उतरकर ज़मीन से टिक रही थीं। कुछ तो ज़मीन के माँय धँस ही गई थीं। उन्हें लगा, 'ये पेड़ यदि उनके गाँव निपान्या हुर-हुर में होता तो तरेह-तरेह की जात-बिरादरी के पँखेरूओं की चें-चें से गूँजता रहता और बिछात की तरेह फैली छाँव में 'नँई-नँई करते हुए भी कोई दो कौड़ी ढोर-डंगर तो सुस्ताते ही रहे होते। पर, ये एक इन्दौर शहर है कि यहाँ इस साँगणी शाखाओं वाले पेड़ के नीचे से, कोई मिनख तक नहीं गुज़रता। बूढ़े और बीमार दाढ़ीज़ार आदमी की मुजब बिचारा बिलकुल इकल्ला पड़ा हुआ है जने कि नेठूई जात बाहर ही कर रखा हो।...लो बताव... ! चहकने के लिए यहाँ की चिड़ियों तक ने भी नँई चुना...हत्तेरे की... ! इसे ही कहते हैं, बिटमणा।'

उन्होंने एक बार बड़ी बारीक-बीनी सी निगाह डाल कर बरगद के उस जराड़ी जंगी पेड़ की तमाम शाखों का मुआयना किया। वहाँ पँखेरुओं की बीट के मार-तमाम निशान थे। पर, घोंसला एक भी नहीं था। अलबत्ता, एक कव्वा ज़रूर, एक डगाळ पर बैठा हुआ अपनी चोंच ज़ोर-ज़ोर से रगड़ रहा था।

उन्हें चिढ़ हुई, 'दुष्ट ने जाने किस गन्दगी से भरी अपनी चोंच साफ़ करने के लिए ऐसे देववृक्ष को अपना पँछा समझ रखा है?' मन में आया कि एक काँकरा उठाएं और दे मारें उसकी ओर। पर, उन्होंने दूसरे ही पल, इस इरादे को ठपकार दिया। वे अध्यात्म में चले गए और कव्वा उन्हें 'काक-भुशुंडी' लगने लगा। 'तपस्वी' ऋषि-मुनि की मुजब। ऐसे बड़े बरगद पर ऐसों का ही सत्संग होता है–एकदम से ऋषि वृक्ष। कव्वे में भी हमारी पौराणिकता ने देवत्व समाविष्ट कर दिया है गिद्ध तक पुण्यात्मा है–जटायु

के रूप में। वह रावण को सीतामाता का अपहरण करते देख, उस महापातकी से भिड़ गया, खाली एक चोंच के बळ्बूते पर। अरे, उसके संघर्ष में उसके पंख नहीं, बल्कि पापकर्म कटे। सूअर भी वराह कहलाकर अवतारी और पूजनीय हो जाता है उन्होंने इतना सोचने के बाद मन ही मन निश्चय किया कि कल, जब फिर से सुबह घूमने निकलेंगे तो दीन्या के बेटे बबलू को अपने साथ लाएँगे और दिखाएँगे 'देखो वृक्षों को भी कैसी दाढ़ी रहती है जंगी और झबरीली। पेड़ ऐसे लगते हैं जैसे किसी ऋषि ने पृथ्वी के कल्याण हेतु वानस्पतिक अवतार ले लिया हो।'

पेड़ को देखने और देखते रहने का मोह छोड़कर, वे घर के रास्ते की चिन्ता में पड़ कर मुड़ने को तैयार हुए तो उन्हें सहसा अपने कान में कुल्हाड़ी चलने की आवाज़ सुनाई दी तो ठिठक गए। लगा कहीं कोई वटवृक्ष पर ही कुल्हाड़ी चला रहा है वे अपनी ठेठ और ठाठदार आवाज़ में गरज–'कौन दुष्ट है, जो वहाँ कुल्हाड़ी चला रहा है...?' उनकी आवाज़ का ही कोई करिश्मा रहा कि कुल्हाड़ी की आवाज़ रुक गई। फिर किसी के भागने की आवाज़ आई। वे ख़ुद से बोले–'शहरी लोग में कहाँ है, संस्कार... कि उन्हें इस बात का ज्ञान भी हो कि देववृक्षों पर धार नहीं चलाते। यह अनिष्ट का आगे रहकर आमन्त्रण है'

वे फिर अपने बेटे दीनू के घर के रास्ते की चिन्ता में पड़ गए।

'हत्तेरे की...! बताव अब ये ही समझ में नहीं आ रहा है कि वे इस समय शहर के कौन से मुहल्ले में आ निकले हैं। वापसी के रास्ते की ही सम्पट नँईं पड़ पा रही है' वे फिर से कोई दसेक बीघा खेत की एक मेड़ से दूसरी मेड़ तक गते-गत पहुँचो, इतनी ही दूर चले और फिर ठिठक गए। उन्हें लगा, हो न हो, ये कावा वे गफ़लत में पड़ गड़ गए हैं और अलसट्टे में, घर का असली रास्ता भूल-भालकर, भगवान जाने कहाँ भटक गए हैं। जबकि, क्या बताएँ ? उन्हें शहर में अपने लड़के दीनू के पास आए, कोई चार दिन हुए हैं, जिसमें कोई चौबीसियों बार, घर से निकलकर बाहर घूमने गए हैं। पर, हर दफ़े लगता है कि सगळी गलियों और चौरास्तों में तनिक-सा भी भेद नहीं है–एकदम एक सरीखे। जाएँ तो किधर जाएँ? और पूछें तो भी आख़िर किससे? पता नहीं, अब शहर के कौन हिस्से में जाकर निकलें। और, तब तक होगा ये कि दीनू भी दफ़्तर जा चुका होगा। और नहीं तो क्या?

हल्की-सी घबराहट के बीच, उन्होंने रास्ते की तसदीक़ के वास्ते शिनाख़्त टटोलने के वास्ते भारी-सी सफ़ेद पगड़ी के नीचे छिपा, घोटमोट बड़ा-सा सिर घुमाकर पहले बाईं बग़ल में देखा। फिर, दाईं बग़ल में। और, ऐसी अवस्था में आ गए, जैसे ब्रह्मांड में चढ़े प्राणों को धीरप से उतारकर यथास्थान लौटा लाए हों। दिपदिपाकर डोलती बूढ़ी आँखें अस्थिरता तज कर ठिकान पर आ गईं।

'हत्तेरे की! येल्लो व्वो देखो न, व्वो, वहाँ, असमानी पंचमंजिली हवेली की दूसरी मंजिल के आख़िरी कोने पर। लोहे की जंगी सरियों के ज़रिए वो ही कमबख़्त बड़ा-सा

बोर्ड हवा में हिलग रहा है, जिस पर एक अध-उघाड़ी और अपनी करम-खोड़ली देह को लोक-लजऊ लहजे में दिखाती, एक जवान-मान लड़की का फ़ोटू बना है, उसे देख, उन्हें जुगुप्सा से अधिक क्रोध आया-'हुँह! सब कुछ कळजुग का परताप है, कळजुग का। चौके की चीज़ चौराहे पर आ गई है... आयी भी नहीं भैया, नादानी में नागड़ी हो हुवा के हवा में हिंडोले-सी हिलग रही है... राम! राम! श्री राम! श्री राम!' उन्होंने आख़िरी अवशेषों के बतौर बचे, गिनती के सात-आठ दाँतों के कब्ज़े में फँसी, ठंडी जीभ को भीतर-ही-भीतर हिलाकर 'राम' और 'श्रीराम' शब्द के ज़ोरदार जाप से गटागट गर्म किया। फिर गर्म करने की इस ऐन आध्यात्मिक घड़ी में, चलते-चलते उन्होंने अपनी आँखें भी मूँद लीं।

'उधर देखता है ही कौन? अर्द्धनग्न स्त्री को देखकर पाप कमा के कोई रौरव नर्क में पड़ना है? पर क्या करो। दीनू के घर को ले जानेवाली सड़क की 'सेनाणी' तो वही है, दूर से दिखाई दे जाती है, धजा के माफक। बताव क्या नी तो हद्द ही है नी, नागड़ी लुगाई, लोगों को रास्ता बता रही है... पहले नागा बाबा होते थे... अब नागी बॉबी... श्रीराम! श्रीराम! राम! राम!!'

दो एक बार, बोर्ड की निशानी को देखने के बजाय, एक भले मानस को हेला पाड़ के पूछने का परपंच किया भी था, मगर यहाँ कोई सुने तब न! सबके सब सटकनाथ हैं, और सटासट सड़ीकं-से सटक जाते हैं। पूछने की जुगत ही नँई लगती यहाँ। एक अदना-सा भी, उनके रजीक-से सवाल का ज़वाब देने को तैयार नहीं। तब उनका मन हल्के-से सामाजिक विस्मय की भारी पर्त के नीचे बेआवाज़ दबने लगता है कहाँ आ गए हैं वे? 'मिनख के माँय कि जलजलाते जंगल में?'

एक दफ़ा एक आदमी उनकी हिंजरती-हाँक पर रुक गया था, तो वे लपककर, उसके कने दौड़ गए थे कि वाह...! चल्लो मेरे राम, अब तो बाट मिल गई घर की। पर, नजीक पोंहचने पर उसकी आँख देखकर लगा था कि जैसे ये तो स्साला चिढ़ल्लू है और बाट बताने नहीं, अलबत्ता, अर्रा के मारने के लिए रुका है किससे कहें कि कमबखत से घर का रास्ता पूछ रहे थे, उससे उसकी कोई वल्दियत थोड़े ही। पर, उसकी सूरत ऐसी तमतमाई हुई हो गई, जैसे किसी बखड़ैली औलाद से बमक कर उसके बाप की बिरादरी पूछ ली हो... भला वे किसी कमजरफ़ अने कटखणे का गाँव-गोत्र क्यों पूछने लगें? वे तो मुँह देख के तुख़म की तासीर भाँप लेते हैं। धार लें, तो घड़ी भर में साले के बाप-दादों की जनमपत्री बना दें...सूरत ही से वो राशि में कन्या और गण से राक्षस लग रहा था। ज्योतिष में यही तो कमाल है...पट से बता देता है किस वर्ण और जाति का है, और उसकी वृत्ति-मनोवृत्ति क्या है...?

पींऽऽ पींऽऽ–चिर्रऽऽ...घिर्रऽऽ...? दो-तीन तेज़ हार्न और कई चीज़ों के एक साथ घिसट कर रुकने की रिघराती आवाज़ आयी। उन्होंने अचकचा कर आँख खोली। गर्दन फेरी फटफटीवाला था, जो उनसे कोई गोपटे भर की छेटी से रुक गया था। चलानेवाले

की आँखों में अँगारी थी। जैसे जला डालेगा। पीछे की सीट पर सटी बैठी थी, छोटी-सी झटकेदार झमझमाती एक नवादी औरत। उसकी आँख में ऐसी कालूंडी दिख रही थी कि आँख से, थूकने की जुगत होती तो वो उनका पूरा का पूरा मुंडा ही लीप देती।

'क्यों मौत माँग रहा है, बाबा... मरना हो तो सीधी तरह मर न।' उस फटफटी के 'चालक' और साथ-ही-साथ पीछे बैठी, उस गमनी औरत के 'मालक' ने छूटते ही छटपटा के कहा। फिर, फटफटी को फटाता हुआ, फटफट करता हुआ, ये ज्जा...अने वो... ज्जा। बताव साला, एक तो ख़ुद ग़लती कर रहा है और एक सयाणे मिनख से तू-तुकार पर उतर आया।

वे सड़क को छोड़कर उसके बाएँ किनारे आ गए।

किनारे आते ही मन ही मन उन्होंने खिन्नता अनुभव की। चालक की अपमानजनक भाषा के संवाद और स्वर पर नहीं, बल्कि, उसके पीछे बैठी स्त्री पर। 'वाह, वाह री औलाद! तार दिया तूने... देखो, कितने दुष्ट तरीक़े से अपने खाविंद से लिपट के बैठी थी। राम, राम! श्री राम, श्री राम!... मैं तो कहूँ लिपटने के लिए सारा घर पड़ा होगा...तो जाओ और भीतर के दरवाज़े की साँकल में अलीगढ़िया ताला डालो और फिर लिपटो जमके। हम तो ये कहें कि भैया तुम तो खाना बाद में खाओ, पहले लिपटो... लपक के लिपटो... हमारे खानदान की कौन उघाड़ी होनी है...पर, बाहर तो लाज रखो, लजऊ-ठीकरा कहीं की। राम, राम! श्री राम, श्रीराम...!'

जाप करते-करते दाँतों के दरमियान भीतर-ही-भीतर जीभ कहीं लड़खड़ायी और रुक गई। 'अरे तो फिर दीनू की बहू भी, जब उसके संग सौदा-सुलफ के वास्ते फटफटी पर जाती होगी...तो क्या वो भी ऐसे ही दीन्या से लिपट कर बेशर्मी से बैठती होगी?' फिर अपने सुभीते से समाधान खोज लिया, 'नहीं, ऐसा भला कैसे कर सकती है भारद्वाज गोत्र की है कुल संस्कारित है.. ऐसे थोड़ेई निकलेगी। फिर, दीनू के 'लग्न' छानते समय, ख़ुद उन्होंने देखा था। वर्ण विप्र और देव गण था। यों भी उसका गुरु भारी है ऐसे गुण मर्यादा धारकों ही में मिलते हैं। पाप ग्रह तो उस कुंडली में दुबके और दबे पड़े थे। मारे गुरु के।'

वे आगे आ गए।

फिर रुके और दूर तक एक निगाह फेंकी। उन्होंने सोचा कि वे आगे चल धरें उसके पहले ये देख लें कि अब किधर मुड़ना है, यहाँ से। समझ में ही नहीं आता। अट्टालिकाएँ-ही-अट्टालिकाएँ। भवन-पर-भवन। भवन माँय भवन। वे प्रफुल्ल और विस्मित होकर सोचने लगे। पूरा नगर कितना मायावी लगता है! इन्दौर नहीं नेठूई इन्द्रपुरी ही है अब किसके आगे अपना ये रोना रोएँ कि भैया जिस दिन से यहाँ आए हैं, बस उसी दिन से वे यही करते हैं। प्रतिदिन ऐन 'परोड़े' उठकर भाव-भजन, पूजा-पाठ से निवृत्त होने के बाद इस चौराहे तक आते हैं। और बस यहाँ से पकड़ लेते हैं, कोई एक ऐसी दिशा, जिधर सब हों, पर 'दिशाशूल' न हो–और, बस चलते ही चले जाते हैं,

जहाँ तक जाया जा सकता हो। तब नगर का वह नया हिस्सा, अपने अपरिचय में रहस्यमय कोने की मानिन्द शनै-शनै उनके सम्मुख उजागर होता हुआ, बहुत दिव्य हो उठता है उन्होंने गाँव की बरसों की ज़िन्दगी के बाद, पहली दफ़ा जब परसों, यह शहर देखा था तो एकाएक गुँसाई जी की रामचरितमानस में वर्णित जनकपुरी का वैभव स्मरण हो आया था। एक-से-एक भवन। भवनों में भवनों का भ्रम। एक में अनेक। और, अनेक एक-से। अब जिस जगह के मकान में दीनू रहता है, उसी को लो न। सबके सब, एक सरीखे। एक दिन तो मुगालते में वे दूसरे ही घर में घुस गए थे। देखा तो पहले ही कमरे में धणी-लुगाई में जूतमफाँक मची हुई थी। जैसे असाड़ी चेत गई हो। वे भड़भड़ा के भाग कर सीढ़ियाँ उतरे तो उतरती बखत धोती की लाँग में पाँव फँस गया था तो गिरते-गिरते बचे और बमुश्किल बाहर सड़क पर आ पाए थे। तब लगा था, कमबखत इस शहर में एक ही साथ जनकपुरी, अयोध्या और लंका भी है वाह रे मिनख! वाह रे तेरे करतब! उन्होंने फिर ठिठककर चारों तरफ़ अपनी नज़र फिरा कर देखा। तेज़-तेज़ कारें। मोटरें। ठेले। लारियाँ। वे भीतर से हल्के-हल्के सिहर उठे। यहाँ सड़क पर चलने का मतलब ये कि बस एकदम, मोल लेकर मौत माँगना है फिर, आँख मूँद कर उन्हीं राम तथा श्रीराम शब्दों के दानों को जीभ पर डालकर घुमाने में व्यस्त हो गए। उनके गुरु कहा करते थे 'राम-श्रीराम तो मुखशुद्धि का पवित्र प्रयोजन है उससे मुख के अन्दर व्याप्त मलिनता मिट जाती है राम स्मरण करते मुँह की श्वाँस से ऐसी सुगन्ध निकलती है कि देवदूत उस व्यक्ति के चतुर्दिक मँडराते रहते हैं।

आँख खोली तो देखा, फुटपाथ के सहारे दो-एक गाएँ इधर-उधर मुँह मारती कान-पूँछ फटकारती चल रही थीं।

वे गद्‌गद हो उठे।

'येल्लो भई... वाह कपिला, गऊ माता के दर्शन। और यहाँ...? बस कम्माल है... बबूलों की बिरादरी में आम्रवृक्ष। खाली राम कहो कि सँजोग है' उनका मन हुआ दौड़कर गौ-वंशवर्द्धिनी को छू लें। गाँव में छोड़कर आयी गौरा गाय और उसकी बछिया याद आ गए। बिल्लू को बोल आए हैं, ठीक-ठाक से निराव-पूला करना भैया और देखना कहीं भूखी-भड़ंग ही डोलती न फिरे। वर्ना, गऊ माता के श्राप से मुक्त होना, इस योनि में तो सम्भव नहीं होगा। तैंतीस करोड़ देवता वास करते हैं, गऊ माता की पवित्र काया में। अब वो तो उमर के मारे दूध कम, गोबर अधिक देती है पर गोबर तो दूध से भी मूल्यवान होता है उसमें क़ुव्वत ये होती है कि गेहूँ के एक दाने पर गिर जाए, तो दो सौ दाने बाहर ले के निकलता है ये तुम्हारे इंग्रेजी के 'यूरिया-फूरिया' खाद को खदेड़ के धर देता है गोबर के सामने कहाँ लगे ये...? और हिमाद्रि स्नान तो कुँवारी गाय के गोबर के बिना किसी पंडित के परदादे भी नहीं करवा सकते। हिमाद्री-स्नान से ही गऊ या ब्रह्महत्या का पाप धुलता है'

उन्होंने फिर गाय पर निगाह डाली। निगाह डाली और ऐसे चौंककर दौड़े जैसे, सोने

की लंका में अचानक लूट मच गई हो। गाय ने चलते-चलते गोबर कर दिया था। बरसों से गोबर के 'पोटे' को खेती का प्राण माननेवाला मन, रुक नहीं पाया। वे दौड़े और उन्होंने हाथ में गोबर उठा लिया।

उठा तो लिया, पर दूसरे ही क्षण उन्हें लगा, वे उसे लेकर के कहाँ जाएँगे? खेत-खलिहान यहाँ कहाँ है, जो डाल दें। फिर, सोचा, दीनू के पिछवाड़े इसकी एक 'कंडी' ही थाप देंगे। पर, वे असहज हो उठे। पता नहीं, दीनू क्या कहे? इतने से चार दिन में ही तो उन्हें इस बात का चुभता अहसास हो चुका था कि ये उनका वो दीनू नहीं है, जो उनके कन्धों पर चढ़कर खेतों की हरियाली देख-देख फूल जाया करता था। कहता था, 'काकू मैं खूब ज्वार-मक्का बोऊँगा और मचान पे सोऊँगा..?' फिर, कण्डी थाप भी दी, तो इसको कौन काम आनी है बिजली का चूल्हा और कोठी की गैस से रोटी बनाते हैं। भगवान जाने पुरखों को धूप-दीप लगाता है भी कि नँई। और उस दिन दीनू का वो टोर्या रास्ते में गोबर देखके बोला था गैया की टट्टी। उन्होंने झिड़कते हुए पूछा था कि क्या कहा तूने, तो वो इंग्रेजी में बोला 'काऊ डंग!' वे अनिर्णय के बीच 'पस' में पोटा भरे भौंचक खड़े रहे।

गाएँ चलती हुई दूर निकल गई थीं।

वे तय नहीं कर पा रहे थे कि आख़िर पौधों के लिए 'घी' का काम करने वाली, इस अचूक औषध के साथ क्या बर्ताव करें। तभी उनको याद आया कि बहू ने गच्ची पर गमले रख छोड़े हैं...उसमें कुछ पौधे लगा रखे हैं, दीनू ने। बस, उन पौधों की ही जड़ों में डाल देंगे। गमलों की याद आते ही वे उदास हो गए। खुले और खड़े खेत का ख्वाब देखने वाला दीन्या, गमले की गोलाइयों में गरक हो गया। हत्तेरे किरसाण की औलाद। वे अफ़सोस में राम-राम श्रीराम कहते, उसके पहले ही उनके दिमाग़ में, गमलों की छत पर रखी वो छोटी सी क़तार याद हो आयी। गमलों की क़तार के ख़याल से वे उत्तेजित हो गए। अरे उनमें है, क्या? थूवर थोर, नागफनी, नकपट्टी...ये तो काँटों का कुनबा है और काँटों की जड़ों में आदमी की जात ने छाछ डालना चाहिए कि खाद...? वाह रे वाह! उन्होंने फटाकदनी से हाथ का पोटा पटक दिया। वे क्या करेंगे वहाँ, गोबर ले जाकर।

खड़े-खड़े उन्होंने बड़ी विकट समस्या अनुभव की कि 'येल्लो अब हाथ कहाँ धोएं..?' एक आदमी से पूछने के लिए वे उसके सामने गए, तो वह बच के बग़ल में से ऐसा सटका, जैसे वे कोई उसके लत्तों से अपने हाथ पोंछने गए थे। बड़ी अजीब-सी मुद्रा में वे गोबराँधे हाथों को हवा में हिलाते सड़क पर चल रहे लोगों की आँखों के लिए नेठूई देखके मज़ा लेने की चीज़ बन गए थे। उन्हें पूरी सड़क व सड़क के लोगों पर गुस्सा आया कि आख़िर वे लोग उनकी ओर इतने उजबक ढंग से क्यों देखते जा रहे हैं, उनके हाथ कोई ख़ून से थोड़ई सने हैं? क्या वे हत्या कर के आ रहे हैं..? गोबर के सने हाथ हैं, हाँ भई गोबर के! और गाँव-गली, खेत-खलिहान से गोबर को निकाल

दो, तो बचेगा क्या? कीकोड़े के बीज? उन्हें अपने गोबर सने हाथों को देखकर अपने दायजी की बात याद आयी। कहा करते थे, 'सीताराम सुन !... गाँव माँगे दो बात, उजळा तो मन, पे मैला हाथ।...देख चिकणो चुपड़ियो रहणों हो तो धौळा लतरा पेन्ही के बैठी जा, जई के जैन मन्दर में' और उसी दिन से उन्होंने गोबर और मिट्टी को हाथ का हिस्सा समझा, तो अभी तक नहीं भूले।

बिलकुल सामने से एक लटपट और बूढ़ा आदमी आता दिखा, तो वे उसके सामने डट गए। बोले, 'राम, राम भैयाजी राम राम, ज़रा ये तो बताओ कि हाथ किधर धो सकते हैं?'

पहले तो वह चौंका। फिर, उनको ऊपर से नीचे तक भरपूर घूरने के बाद बमक के बोला, 'मेरे से क्या पूछते हो? किसी भी गली में घुस जाओ, सरकारी नल मिल जाएगा। धो लेना हाथ।' चिढ़ तो ऐसी आयी थी कि कहें 'भई हाथ धोना है, पाप नँईं। पापी तो तू दिख रहा है तेरे सामने के एक काले दाँत से ही लग रहा है, तूने पूर्व जन्म में टिटहरी के अंडे फोड़े हैं। उसे धोने की ज़रूरत तो तेरे को लग रही है सूरत से ही मांसभक्षी लग रहा था। ना जाने कित्ते काबर-कबूतर , मोर-मुर्गी मारे और खाए होंगे। खऊकड़ा कहीं का।' पर, कहा कुछ नहीं।

वे अड़ासूट चलते-चलते, जो भी गली सामने पड़ गई उसी में घुस लिए।

गली में बस यही कोई पच्चास क़दम ही दूर गए थे कि देखा, एक जगह बगड़ में ही 'धळळ-धळळ' पानी बह रहा है एक ने बताया कि पानी की पाइप फूट गई है उन्होंने हाथ धोए और उस 'धळळ-धळळ' बहते पानी की पाइप को बन्द करने की कोशिश की, तो पता चला, साला वहाँ तो बहते पानी को बन्द करने का कोई बन्दोबस्त ही नँईं। उन्हें अफ़सोस हुआ, 'बताव राम, कित्ता-कित्ता पानी फालतू बहे जा रहा है मैं तो कहूँ कि जो ये पाइप को खेत में उतार दी, तो इत्ती देर में कोई बीघे भर का खेत भरपेट पानी पी लेता।'

वे गली में से तेज़ी से बाहर निकल आये। चिन्ता लगी कि कहीं उनका दीन्या दफ़्तर न निकल जाए। वे उसी से कहेंगे कि एक जगह खूब सारा पानी, पाइप से बहकर बाहर जा रहा है और हरामज़ादे किसी को कोई परवाह नहीं है तू ही कोई बन्दोबस्त करवा दे। आख़िर तू औफिसर है...।

वे झटपट पाँव उठाते हुए घर पहुँचने की दिशा में बढ़ लिए।

घर पहुँचे तो देखा, बैठक में दीनू के कोई यार-गोंई बैठे बात कर रहे हैं। उनकी आवक से बैठक व्यवस्था में कुछ ऐसा उथलधड़ा मच गया, जैसे खलिहान के खँडार पर कोई उजाडू बैल घुस आया हो। उन्होंने आते ही फूलती साँस में संवाद फेंका, 'दीनू, तूने देखी है न, वो लालवाली बड़ी-सी इमारत, अरे... वो, बारवट्टी बईराँ के बोर्ड वाले चौराहे से थोड़ीक आगे, बस वहाँ से कोई इत्ती दूर चलो जित्ती कि अपने घर से बाला-बा बागरी का कुआँ समझो। बस, इत्ती दूर। वहाँ से धर लो बाएँ बाजू की एक गली।

बस गली के छेवटे पे ही पानी की एक पाइप फूटी है क्या कहूँ तेरे को...बस वहाँ पे तो गजब का पानी बह रहा है अँगुली इत्ती मोटी धार धळळ-धळळ चल रही है देख के पिन्नाटा चढ़ आयगा, हाँ भई तेरे जैसे मिनख को। आख़िर किरसाण का सपूत है, तू। मैं तो कहूँ कि अपने काँकड़वाले खेत में, वो वाली पाइप का थूँथन कर दो, तो आधी घंटे में सारा खेत ही अँगुल-अँगुल पी जाए। और, वो लहसुन बोयी थी न, जिस टुकड़ी में, वो भी भरपेट पी ले। राम, राम! श्री राम, श्री राम।'

'मिस्टर जाधव ये हैं मेरे पिताजी।' दीनू ने अपने पिता द्वारा उत्तेजक ढंग से बयान किए जा रहे हादसे से बिलकुल प्रतिक्रियाहीन होकर अपने साथ बैठे व्यक्ति से परिचय करवाया तो ही उनको लगा कि दीन्या से कहीं न कहीं पुश्तैनी संस्कार झड़ रहे हैं। कमबखत, पिता शब्द के आगे पूज्य लगाना ही भूल गया है बताव इसको तो ये श्लोक मुखाग्र था 'पितरिःप्रीतिमापन्ने प्रीयन्ते सर्व देवताः' यहाँ पे आ के लगता है, इस गेल्ये ने गपड़तान में कोई भूळण-जड़ी खा ली है

'राम-राम...।' उन्होंने उनके बेटे के मित्र की तरफ देखा और कहा। फिर, पास की कुर्सी पर बैठते हुए, सिर के पसीने से भीगी अपनी पगड़ी उतारकर सामने की छोटी-सी चाय की टेबुल पर रखी और पालथी की मुद्रा में आते हुए बोले, 'अच्छा तो श्रीमन् आप यादव हैं, यदुवंशी... भगवान श्रीकृष्ण के गोत्र के...। भई वाह..। आप बड़े भाग्यशाली हैं, किम् अधिकम्...क्या कहने!' फिर पगड़ी के पल्ले को सुदर्शन चक्र की माफिक घुमाते हुए अपने लिए हवा पैदा की, जो दूसरों के लिए भी बँट गई। फिर साँस खेंचकर आगे बोले, 'तो ऐसा है, यादव भाई।' 'मैं यादव नहीं हूँ, जाधव हूँ... जाधव...। मराठा...।' उनके साँस खेंचकर फेंच दिए जा रहे संवाद को एक ओर करते हुए दीनू के मित्र ने लगभग तिलमिला कर अपनी जाति के बारे में संशोधन पेश किया। पर, उन्होंने उस संशोधन को तनिक भी ध्यान देने के योग्य नहीं समझा। अलबत्ता, उसे पूर्णतः निरस्त करते हुए अपनी बात ज़ारी रखी। 'भैया अब आप को क्या बताएँ, ये तो बस पढ़े-लिखे लोगों की बनाई शब्दों की हेराफेरी है व्याकरण के तो अब हाथ-पैर तोड़ दिए गए हैं। बेचारे पाणिनि ऋषि देवलोक में बैठे-बैठे कुढ़ते होंगे कि उनकी व्याकरण की तो कभी की अन्त्येष्टि ही हो गई। ...परिणामस्वरूप लोगों को भाषा के अज्ञान ने घेर लिया है...जबकि वास्तविकता ये है कि, जाधव का भी मतलब वोई यादव से है अर्थात् यदुवंश। जैसे कि यजमान शब्द का लोक में जाकर जजमान हो गया..। छोड़िए ये तो तत्सम का तद्भव में बदल जाना है...हाँ, तो मैं कुल मिलाकर आपसे यही कहना और आपको बताना यही चाहता हूँ कि भई एक ज़माना था, तब आपके वंशजों के यहाँ सैकड़ों अक्षौणी गाएँ हुआ करती थीं। नन्द परिवार में ही ग्यारह अक्षौणी गाएँ थीं। आपको क्या कहूँ, मुझे यहाँ पाँव धरे को पाँच दिन होने आए हैं, पर बड़ी मुश्किल से कहीं जा के, वो आज एक गऊ माता के दर्शन हुए और वो भी इत्ती कृशकाय, जैसे काँजीहौस से आज छूटी हो। और तो और चलते मिनख-मवेखी को पानी पीने की तो एक भी

ढंग-ढांग की ठिकान नहीं दिखी। एक प्याऊ नँई। येल्लो, जने कि पानी सिरफ घर के भीतर के ही मिनख को लगता है मैं तो कहूँ, ताप से तिलमिला के मट्टी भी माँगती है, पानी। दरक के मूँ खोल देती है, अकास की ओर जबकि वो लालवाली इमारत के पास पानी फोकट-फटीके में धळ्ळ-धळ्ळ बह रहा है वहाँ कोई पलट के देखनेवाला नहीं है मैं तो अब आपसे ही निवेदन करता हूँ कि आप ही बन्द कराने का बन्दोबस्त करवा दीजिए। हमारा ये दीनू तो बहुत भुलक्कड़ है कमबखत, जब कुर-कुर मान उमर में था, तो बीसियों बार अपना बस्ता-पट्टी पाठशाला में ही भूल-भाल कर दूसरों की पचीसियों किताब-कापियाँ घर पे उठा लाता था। एक बार की बात बताऊँ कि ये भला मानुस बालू काका के कुँएँ पर नहाने गया, तो चड्डी नहाने को उतारी और बिसरे-भूले में वहीं छोड़ी और नंगा का नंगा ही घर आ गया था। हमें तो लगा भी था कि पूर्वजन्म में यह नागा बाबा तो नँई रहा था।'

दीनू उनके मुँह से अपने बचपन का यह भद्दा संस्मरण सुनते हुए, स्वयं को अन्दर से काफी असहज और अस्वाभाविक स्थिति के क्रूर कब्ज़े में फँसा पाने लगा था। वह सड़क पर फूटी पाइप लाइन के जलधार से संवादों को रोकने की व्यवस्था का जुगाड़ जमाने की सोचने लगा। पर, तब तक वे अपने उसी मुद्दे पर आ गए थे, 'तो यादव साहब, क्या बताएँ, बग़ैर भगीरथ के गळी में ही गंगा उतरी पड़ी है,...वहाँ। न हुआ, तो आपको याद दिलाने के वास्ते दीनू के छोकरे से आपको, वो क्या कहते हैं, जी, हाँ फून करवा दूँगा। आप अपना नम्बर दे दो।'

तब तक दीन्या का बबलू बस्ता उठाए बैठक में आ गया। उन्होंने पितामहों वाली गम्भीर ऊँचाई पर लटूम कर पोते को पुकारा, 'ऐ छोरे, अपनी अम्मा के कने से हमारी वो पेटी में से, हमारा ऐनक लाओ तो ज़रा ये बाबू का फून नंबर लिख लें।'

बबलू ने उनके इतने बड़प्पन में बताए गए, महत्त्वपूर्ण काम से सम्बन्धित सवाल का जवाब न देकर, चुपचाप अपना बस्ता पास की टेबुल पर खोल कर फैलाना शुरू कर दिया। वे बबलू की अनसुनी से भीतर तक पिराणी की आर अनुभव करने लगे। 'येल्लो, उन्हें कोई सुनने तक तैयार नहीं, अजब फजीती है... एकदम अव्वल दर्ज़े की आड़ागोड़ी। अब्भी ज़मीन में से इनकी मुँई फूटी नँई हैं और अँकड़ अक्कासी की हो गई है..।... गाँव में एक हलकार के हेला पाड़ दें फिर देखो कि कित्तई जने दौड़ के आएँ और इकट्ठे हो के गोड़े पड़ जाएँ। 'पाँय लगी बा, कंई आदेश है' यहाँ हालत ये है कि बालिश्त भर का, बेटे का बेटा उनकी रत्ती-सी बात सुनने तक को तैयार नहीं। ज़रा-सा टेंडपा।'

'ऐ बबल्या सुणेनी रे।' उन्होंने आवाज़ को लगभग ललकार का लहज़ा देते हुए पुकारा।

'मुझे मेथ्स करना है, टीचर आ रहे हैं। आप ख़ुद अन्दर जा के ले आइए।' बबलू ऐसी असभ्यता से बोला कि उनके मन में आया कि एक झटके में उसका लघुत्तम-

समावर्तन कर के दिखा दें। इस वार्तालाप के बीच यदुवंश के यादव से जाधव में परिवर्तित दीन्या के दोस्त भी उठ लिए। दीनू भीतर चला गया। वे वहीं हिलगे रह गए। उन्हें लगा, वे गोबर की हेल हैं, जिसे सब समचे मेल रहे हैं। उन्हें खुले खेत में खाद की तरह बिखर जाना अच्छा लगा, बजाय घर के ग्वाड़े में पड़ी हेल के।

'गुड मार्निंग सर।' बबलू की आवाज़ में अंग्रेज़ी उभरी, तो उन्होंने बैठक के दरवाज़े की तरफ तका। सफेद सूटबूट में एक आदमी आ रहा था। उसने उनकी तरफ़ तनिक भी तके बग़ैर उनके पास कुर्सी खींची और धम्मदनी से अपना चौड़ा पैंदा टिका कर बैठ गया। उन्हें लगा,यह तो कमबखत एक तरह से शान में गुस्ताख़ी ही हो रही है वहाँ निपान्या में गाँव के सारे मास्टर देखते ही पाँयलागी पंडित जी... ! करने के बाद ही आगे बढ़ते हैं। खैर मास्टरों की तो छोड़ो और तो और ज़ोर का झाड़ा लगा आदमी भी लोटा उठाए-उठाए भागते हुए ज़ोर से बोलेगा 'पाँयलागी बा !' गणित के कठिन सवाल में, जब भी टाँके उधड़ने लगते हैं, तो लोग उन्हीं की शरण में आते हैं और वे अँगुली पर ही हल कर डालते हैं। तब वो उनके बाएँ पाँव को पूजा के लिए पूछने लगते हैं।

मास्टर ने अंग्रेज़ी में बबलू से पूछा, 'हू इज़ दैट ओल्ड फैलो...?'

'माय ग्रांड पा सर...।' बबलू बोला। फिर दोनों पढ़ने-पढ़ाने में मशग़ूल हो गए।

वे कुड़कुड़ाते हुए, कभी मेज़ पर रखी अपनी पगड़ी के पेंच निगाह से गिनते, तो कभी अपने हाथ की रेखाओं को देखने लगते। तभी ट्रिन-ट्रिन करती फून की घंटी बजी। जब से यहाँ आए हैं, फून की घंटी सुनकर उन्हें लगता है वे घर में नहीं मन्दिर में हैं और कोई अदृश्य भक्त है, जो भीतर प्रविष्ट कर गया है खैर, ये घड़ी में फूनघंटी बजी तो उन्हें लगा जैसे अप्रत्याशित रूप से कोई काम का मौक़ा मिल गया। वे उठे और फून के पास पहुँच कर डमरू के मुजब, उस काले उपकरण को उठाया, तो अजीब-सी पुलक अँगुलियों से उठकर ऊपर ब्रह्मांड तक जा पहुँची। कहो ना कहो, इसमें कोई रहस्यमयी ऊर्जा है ज़रूर।

ख़याल आया, भोले भंडारी, महाकाल का डमरू भी कुछ ऐसी ही करामात का रहा होगा कि जब भी बजता था तो तीनों लोकों में एक साथ पता चल जाता था कि कहीं कुछ घटनेवाला है

'हाँ... हल्लू... अट्ठाइस कम तीन सौ नंबर से, मैं बोल रहा हूँ। हाँ... मैं बोल रहा हूँ। काव्य कोविद पंडित सीताराम ज्योतिषाचार्य। मुकाम निपान्या हुर-हुर।' वे काफ़ी बुलन्दी से बोले। ये वे नहीं बोल रहे थे। यह उनके ज्ञान की सत्ता की गर्जना थी। पता नहीं उधर के आदमी को क्या लगा कि उसने फोन रख दिया। वे वापस अपनी जगह लौटकर आ गए। और मास्टर पर अपने नाम के साथ बोले गए विशेषण ज्योतिषाचार्य के प्रभाव का सूक्ष्मातिसूक्ष्म मूल्यांकन करने की नीयत से बड़ी चतुर एकाग्रता के साथ तकने लगे। वहाँ कुछ नहीं था। वह कमबखत तो उसी निठल्लई से निसरघट की तरह पढ़ा रहा था। वे आपादमस्तक तिलमिला उठे। जैसे, तिलंगी भी तेल में डूब रही हो।

उन्होंने वहीं से उस सूमड़े से ऊँची आवाज़ में पूछा–'मास्टरजी, बबलू को आप क्या पढ़ा रहे हो?'

'हाँ जी, कहिए।' मास्टर ने बेमन से, व्यवधान पैदा करने वाले व्यक्ति के विरुद्ध उपजने वाली बेक़ाबू चिढ़ को, संतुलित करते स्वर और लहज़े में उत्तर के बदले प्रत्युत्तर फेंका- 'गणित पढ़ा रहा हूँ।'

'भई ज़रा हमारा भी तो गणित का एक अदना-सा सवाल छुड़ा दीजिए। अपढ़ आदमी हैं, भाई। आपकी समकक्षता तो क्या करेंगे। आप तो विश्वविद्यालय के स्नातक होंगे... पर पूछ तो लें..।' उन्होंने अपने तईं काफ़ी रोचक ढंग से क्रीड़ा प्रवृत्ति को अपनाते हुए, मिथ्या विनम्रता के साथ कहा और मास्टर जी से मुख़ातिब्र होते हुए बोले–'सवाल कुछ यों है ज्ञानेश्वरजी कि सौ मानी का एक लक्कड़, उस पर बैठा एक मक्कड़ और वो रत्ती-रत्ती रोज़ खाए, तो बताव कितने दिन में खा जाएगा।'

सवाल बड़ा औघड़ था। मास्टर ने सुना और शक्ल बड़ी उलझी हुई हो आई।

'लक्कड़ क्या होता है...?' मास्टर ने पूछा तो मन ही मन गुस्साए। सोचा कि कहें कि अब्बे ओ लाल-भुजक्कड़ तेरे को लक्कड़ के मायने नहीं आता, अरे अखीर में प्राण छूटने पर तू लेटेगा और तेरी मुक्ति करेगा, यही लक्कड़। लक्कड़ शब्द सुन के तो तेरी शकल तो ऐसी हो रही है कि जैसे, तेरे को किसी ने बड़ी बेरहमी के साथ बहुत उबड़-खाबड़ इलाके में खींच के ला फेंका हो। उन्हें अपने सवाल के हल खोज पाने की दुश्वारी के बारे में पुख़्ता पता था। अतः अनावश्यक विलम्ब करने के बजाय वे तुरन्त बोले–'हम जानते हैं, ज्ञानेश्वर मास्साब! नई पढ़ाई कितनी उपरछुल्ली हैं ये तो भैया ज्ञान के अथाह में मात्र चंचु-प्रवेश है, समझे। आपके बस की बात नहीं है हाथ डालोगे, तो पंजा भुन जाएगा...ये तो मैंने मज़ाक के लिए एक चणिक सा नमूना भर पेश किया था, असली कसौटी पर चढ़ानेवाले सवाल तो पूछने की नौबत ही नहीं लाया, आप के सामने। पूछ बैठूँगा तो समझ लो आपका मुँह लफूट-लंगूर-सा लटक जाएगा और डालें तकने लगेंगे...किधर कूदफाँद के भागें। फिर हम डाल पे आएँगे, तो आप पात-पात दिखेंगे और अन्त में आप इमली के पत्ते पर बैठे मिलेंगे...बताइए, पौना, अद्धा, सवाया, आता है आपको...? अब पराँच तो पाप हो गई है, लिवाता ही कौन है अरे भई आपको आवै तो लिवाएँ भी। सब वन टू थ्री हो गया है... मैं तो कहूँ कि...अब आप हमारा मुंडा खुलवाणे...की अड़ मती करो...आप अपने हाथ रह के अपने माजने के काँकरे करवाने पे आ गए हो तो फिर ठीक है'

'पिताजी आप अन्दर चलिए, भोजन तैयार है...चलिए भोजन कर लीजिए..।' उनकी बात बीच में ही रुक गई। पीछे दीनू आ के खड़ा था। उन्होंने चाहा कि दीनू से कहें कि किस लफड़े में लगे हो लल्लू। हम तो कहें इस साले मास्टर को लपक के दो लात लगाव इसके पृष्ठ भाग पे और बमका के बाहर करो स्साले को। आता-जाता कुछ भी नहीं। हमने सवाया, अद्धा पूछा तो पौनों की तरह लटक गया। पर वे चुपचाप उठ

गए। दीनू ने दीनता के साथ सर से कहा-'सॉरी सर, प्लीज़ डोंट माइंड।'

वे अन्दर आ गए। दीनू ने बड़ी झिझक के साथ कहा, 'काकू, आपको उसे इस तरह हड़काना नहीं चाहिए। यहाँ ट्यूटर मिलते ही नहीं हैं। चला गया तो मेरी आफ़त हो जाएगी। दीनू का रिज़ल्ट बिगड़ जाएगा।'

वे तुनक पड़े, 'वाह तू भी गज़ब है, भई। मेरे को ये बता तू कि उसको हड़काएँ क्यों नँई? मुझे तो वो पूरा गक्खड़ लगता है मैं तो कहूँ इस तने से बबलू की नींव एकदम कच्ची रह जाएगी। मैं कह रहा हूँ कि दीन्ये, बबलू का तो पूरा भविष्य ही बदल जाएगा। अगर तू समै निकालकर पराँच रटा दिया करे... बता, तेरा गणित क्यों पक्का है? बस्स वो ही कि मैं तुझे रोज़ रात सोने के पहले पराँच लिवाया करता था। पराँच वो कुँजी है कि अँगुलियों के पोर पर हज़ारों का हिसाब घड़ी में घीस दो।'

खाना लग गया, दीनू ने उनके अक्षय व्याख्यान को संक्षिप्त करने की मंशा से उनको ठेपरा, वे चुप्पा गए। पहले कुर्ता उतारा। फिर धोती और बंडी। फिर इन सबके स्थान पर लपेट ली रेशमी शाल, जो ब्राह्मण नज़र से गोबर मिट्टी में ख़राब होने के बाद भी पूर्ण पवित्र कहलाती थी। वे इस समय कंडाफोड़ खाना खानेवाले कर्मकांडी ब्राह्मण की भोजन पूर्व की महत्त्वपूर्ण मुद्रा में आ गए कि बस व्यंजन परसते ही जाव और थाली साफ़।

दीनू ने पहले टालने की कोशिश की पर, अन्त में बाप के लिहाज़ के दबाव में, अपने बदन पर से भी कमीज़ उतार दी। क्योंकि, भोजन के समय शरीर के ऊपरी भाग पर बाहर के वस्त्र धारण करना निषिद्ध था। वह चुपचाप खाना खाने बैठ गया। खाना खाते-खाते अचानक उन्होंने दीनू के नंगे बदन की ओर देखा और अकबका कर उचक पड़े। 'अरे दीन्या तेरी यज्ञोपवीत कहाँ गई...ऐं...?'

उनके इस प्रश्न से दीनू को लगा कि कमीज़ उतार कर, लिहाज़ के चक्कर में, वह एक नई और अधिक उलटी उलझन में फँस पड़ा है

लगभग लड़खड़ाता-सा बोला, 'टूट गई।'

'बता कब टूटी थी..?' उन्होंने अतिरिक्त चिन्ता के साथ, लगे हाथ दूसरा सवाल कर डाला। दीनू को तत्काल कोई निश्चित तिथि नहीं सूझ पा रही थी, फिर जनेऊ तो उसने शहर में आकर रहने के कुछ दिनों बाद ही आधुनिक होने की हड़बड़ी में तोड़कर फेंक-फाँक दी थी। समझ में नहीं आया कि अब पिता को क्या बताए..? फिर भी कहने को कह दिया–'इसी जुलाई में।'

'जुलाई याने आषाढ़ माह की प्रथम तिथि तदनुसार' उन्होंने मन-ही-मन गुनगुनाया, जैसे कोई गुनताड़ा लगा रहे हों, 'हाँ अब तो ये गृहस्थ धर्म में है यानी त्रिकाल संध्या के हिसाब से एक सौ आठ...अँ दूना...दो...तिया पैताला...चुक्का साठ।'

इस तरह उन्होंने कुछ बार ड्योढ़ा, सवैया, अद्धा, पौना और भी न जाने कितने पहाड़े मन-ही-मन घोटे और सब गुणा-जोड़ करने के बाद बोले, 'राम, राम, श्रीराम

श्रीराम...हे भगवान! तुम पर तो बहुत कर्ज़ चढ़ गया। तिरयासी लाख, गुन्यासी हज़ार चार सौ इक्कीस–हाँ दीनू, इतने का कर्ज़ चढ़ चुका है तुझको अभी तक इतने गायत्री मन्त्रों का जाप कर चुकना चाहिए था। ओफ्फोह राम! राम!! दीनू सुनो, एक काम करना, आज दफ़्तर से लौटो, तो कच्चा सूत ख़रीदते लाना। मैं कल जनेऊ गाँठ कर हिमाद्रि स्नान करवा दूँगा, वर्ना, फिर तुझे अकेले को जाना पड़ेगा। रामघाट उज्जैन... और आजकल पंडे तो! लूटते हैं, लूटते...समझे! उन्हें तो यज्ञोपवीत में ब्रह्मगाँठ लगाने की शास्त्रोक्त विधि तक का ज्ञान नहीं है रे..। फिर, तू तो अभी भी उत्ता ही गेलचोदा है तेरे को सम्पट ही नहीं बैठेगी।'

दीनू ने कुछ नहीं कहा, चुपचाप खाना खाना शुरू कर दिया।

उन्होंने आचमनोपरान्त भोजन आरम्भ तो किया, पर बेटे के कन्धे पर जनेऊ की अनुपस्थिति से ऐसा लग रहा था, जैसे भोजन में मिर्च अधिक हो गई है उन्हें, उनका वो दीनू याद आया, जो उनके साथ श्लोक रटता; विवाह, कर्मकांडों और 'लगन' छानने में भागीदारी करता था। उन्हें लग रहा था, उनके दीनू को किसी ने छीन लिया है वे तय नहीं कर पा रहे थे; उम्र ने या कि शहर ने। दीनू की बहू, जब रोटी मेलने आयी, तो बोले, 'बहू तुम्हारा ये जो दूल्हा है न, तब देवी का बड़ा आशीष था, इसे। तीनों समय की संध्या करता था। और, कर्मकांड भी ऐसा सीख गया था कि क्या बताऊँ। एक दफ़ा बिरादरी के 'विवाह कर्म' में ऐन लग्न के पहले मेरी तबीयत ख़राब हो गई थी, तो मंडप के नीचे तक का सारा पंडिताई का काम इसी ने निबटाया था। तब इसकी उमर यही कोई पन्द्रह साल की थी, कस्बे में मिट्रिक का इम्तहान देनेवाला था। तुम्हें क्या बताएँ? इसके तो इत्ती लम्बी शिखा थी कि जब गाय के साथ उसे नहलाने को तळाव में उतरता था तो पीछे पानी में नागिन की मुजब तैरती थी।'

'तुम्हें क्या बताएँ' इस छोटे से वाक्य से शुरू होनेवाले इन तमाम संस्मरणों की अविरल श्रृंखला से दीनू के लिए खाना असहनीय होता जा रहा था। उसे खासी खीझ उठने लगी थी कि वे उसकी आधुनिका पत्नी के सामने व्यर्थ में उसके अनर्गल और पोंगेपन से भरे व्यक्तित्व को उघाड़ कर ज़लील कर रहे हैं।

वह जल्दी ही हाथ-मुँह धोकर उठ गया।

दीनू दफ़्तर जा चुका था और बबलू 'बाल विनय मंदिर'।

उन्होंने बैठक के नरम पलंग पर भोजनोपरान्त सोने की कोशिश की। लेकिन, लगता रहा जैसे बालदार भेड़ की भारी पीठ पर लदे पड़े हों। अधनींदी अवस्था में 'ट्रिन-ट्रिन' सुनायी दिया, तो लगा, वह भेड़ भड़भड़ा के भागे जा रही है और उसके गले में बँधी घंटी घनघना रही है अध-निंदियायी उस अवस्था में, उन्हें डर लगा कि वे उसकी पीठ पर से गिर ना पड़ें। इसलिए भेड़ की पीठ से उचककर ज़मीन पर कूद पड़े। आँख खुली तो पाया कि पलंग से नीचे फर्श पर आ गए हैं। आम-इमली तोड़ने में गाँव के पेड़ों की तिलंगियों पर से कई बार गिरे हैं। पलंग का क्या। वे हँस दिए। पर, घंटी भी

लगातार बजती चली जा रही थी।

'ट्रिन-ट्रिन' से उन्हें बड़ा गुस्सा आया।

अभी तक कोई पच्चीसों बार घंटी घनघनाई। हर आदमी एक ही बात पूछता है, 'दिनेश शुक्लजी से बात कराओ,' बताव, साली ये भी कोई बात हुई कि उसके बाप से बोल रहे हैं, और ऐसी बदतमीज़ी से, जैसे नौकर पर फ़रमान जारी कर रहे हों। ये नँई कि एक उमरदराज़ आदमी की आवाज़ आ रही है तो ज़रा अदब से बोलें। कहें कि प्रणाम...।

वे गुस्से में उठे। झटके से काला फून उठाया। बमक कर बोले, 'हल्लू! हाँ हल्लू!! मैं बोल रहा हूँ... श्री सीताराम जोतिषाचार्य, मौजा निपान्या हुर-हुरवाले। हाँ कौन? दिनेश शुक्ल? यहाँ कोई दिनेश शुक्ल-वुक्ल नहीं रहता...मैं रहता हूँ...श्री सीताराम जोतिषाचार्य, समझे?' और फून को भड़ाकदनी से रख दिया। एक छोटी-सी तुष्टि भी मिली। फिर, उस तुष्टि को बड़ा करने का गुर हाथ लग गया। उन्होंने फून उठाया, और जिस छेद में अँगुली चली गई, वही घुमा-घुमाकर, जहाँ लगा, वहीं लगा दिया। और बोले–'हाँ, मैं बोल रहा हूँ, पंडित श्री सीताराम जोतिषाचार्य, मौजा निपान्या हुर-हुरवाला...हाँ, मैं बोल रहा हूँ, पंडित... हाँ, मैं। हाँ, मैं। हाँ, मैं। हाँ, मैं।' मैं...फोन न हुआ, महाकाल का डमरू। पूरे मर्त्यलोक में हड़कम्प कर दिया। जब अँगुली थक गई, तो फून रखकर वापस पलंग पर आ गए। उन्हें इस समय लग रहा था, वे शहर के किसी मुहल्ले के किसी एक कमरे में, उपेक्षित और अपरिचित नहीं हैं। यहीं होकर पूरे संसार में होने का सुख, उन्होंने अनुभव किया। वैसा ही, जैसा एक बार गाँव के जादूलाल जमींदार को जूते मारकर, आसपास के पचीसों गाँवों में एक साथ होने का सुख बटोर लिया था। हर आदमी की जिभान पर नाम हो गया था कि कौन... अरे भई, वो सीताराम जी ज्योतिषाचार्य जी, जिन्होंने जादूलाल जमींदार को जम-जम के जूते जमा दिए थे।

पलंग पर आए ही थे कि फिर घंटी बजी। पर, ये दरवाज़े की थी। वे तन्नाटी में उठे। झन्नाटी से खोला। और गन्नाटी से गुर्राये, 'क्या है?'

'ज़रा शुक्लजी को बुलाइये,' आगन्तुक ने कहा।

'कौन शुक्ल?' उन्होंने प्रति प्रश्न पटका।

'डी.एस. शुक्ल,' उसने ज़वाब दिया।

'यहाँ कोई डीयस शुक्ल नहीं रहता।'

'पर, ये नेम प्लेट तो उनकी ही लगी हुई है' आगन्तुक ने दीवार की उस ओर इशारा किया, जहाँ पर नाम पट्टी लगी थी। उन्होंने देखा, और सोचा कि तो स्साले इस नमूने ने दीन्या की नाम-पट्टिका पढ़ ली। और कुछ कहें, तब तक अन्दर से बहू आ गई।

'किससे मिलना है? मिस्टर शुक्ल से? जी वे अभी नहीं हैं... वे ऑफिस गए हैं, शाम में मिल लीजियेगा।' बहू ने फर्राटे-से जवाब दे दिया। फिर उनकी ओर मुख़ातिब होकर बोली, 'पिताजी मैं ज़रा बाज़ार जा रही हूँ, आप यहीं रहिएगा, मैं कुछ देर से

आऊँगी,' और हाथ में बैग लेकर नीचे सड़क पर उतर गई।

उन्होंने पलट कर पट्टी को देखा। बताव स्साले ने पढ़ के पहचान लिया। यहाँ तो हर चीज़ का साइन बोर्ड। आदमी-औरत। साहब-बाबू। घर-मकान। यहाँ तक कि टट्टी और पेशाब की जगह का भी। एक जगह नहीं लिखा देखा था, उन्होंने- 'पेशाब-घर'। बताव मलमूत्र और विष्ठा का भी घर।

उन्होंने वापस नज़र हटा के दूर देखा, छज्जे में से दूर देखते हुए बड़ा तअज्जुब हुआ। कित्ते लोग वहाँ दूर सड़क पे चल रहे हैं। पर यहाँ कित्ता अकेलापन लगता है उन्हें बहू की हिदायत याद आयी। 'यहीं रहिएगा'। बताव इत्ते भऊँ-भऊँ करते भकास में, मिनख की जात से तो रुकना सेज बात नहीं है अब गाँव के खेत पे के मचान की ही बात लो नी। फसल और पौधों के बीच में से उठती जिन-जिनावरों की आवाज़ भी कित्ती अपणापे की लगती है, और ये एक ये कालूनी है, 'साकेत नगर'...धत्तेरे की! चुड़ैल सूँघ गई हो। छज्जे में हल्का-सा हवा का झोंका झूलता आया, तो उन्होंने आँखें मूँद लीं। पलकों के नीचे गेहूँ का लहलहाता खेत उतर गया। सोचा, बस पच्छम की हवा छूटी है, तो गेहूँ की कटनी में, अब दस दिन से ज़्यादा की देर नहीं लगनी है गाँव में बिल्लू को कह आए थे कि खेत कटनी पे आई जाए, तो चिट्ठी लखवा देना। पता दे आए थे। पंडित सीताराम जोतिषाचार्य, साकेत नगर, इन्दौर। पल-भर के लिए उन्हें लगा, यहाँ बिना नाम पट्टी के कोई किसी को पहचाने ही नहीं और पोस्टमैन तो बिलकुल नहीं। गाँव थोड़ई है, जहाँ पन्नालाल पोस्टमैन पूछ-पूछ के पत्री-चिट्ठी पायेबंद पते प्र पहुँचा देता है

वे नाम पट्टी की नितान्त ज़रूरत के बीच दबे-दबे अन्दर आ गए।

पहले सोचा, बबलू के खडू चाक से बाहर भीत पर अपना नाम गोद देंगे। पर, वह उसके बस्ते में थी। और बबलू स्कूल में। वे पैंसिल की तलाश में बहू के कमरे तक पहुँच गए, तो पाया कि उसकी शृंगार करने के सामान की पेटी के पास पचीसों रंगों की मोटी-मोटी खडू पैंसिल पड़ी हैं। उन्हें देखकर बड़ा आश्चर्य हुआ, हत्तेरे की! कित्ते सारे रंग की पैंसिलें। पता नहीं काहे की हैं। पर, उन्होंने सभी को उठाया और एक गत्ता लेकर अपना नाम लिखना शुरू कर दिया। कुल मिलाकर थोड़ी देर बाद लिपिस्टिक के कई रंगों में, गत्ते की एक प्लेट डी.एस. शुक्ल के ऊपर कील से ठुकी हुई शोभा दे रही थी। उस पर लिखा था–'काव्यकोविद पंडित्त श्री सीताराम जी जोतिषाचार्य मौजा निपान्या हुरहुरवाले'।

इस सारे ज़रूरी काम के कर लिए जा चुकने के बाद भी जब बहू नहीं लौटी, तो वे बेचैनी अनुभव करने लगे थे। संध्या के बखत थोड़ा-भोत हिरो-फिरो नहीं तो साली अकड़ान आने लगती है बरसों से किरसाणी के काम में गोड़े-गोड़े गड़े रहे। गाँव में रहते हैं, तो एकाध चक्कर खेत की मेड़ का मार के न आएँ, तो मन मरा-मरा और पेट फूला-फूला लगता रहता है फिर, किरसाण के तो पाँव का भी, खेत में खाद लगता है, इसलिए

हो आते हैं।

उन्होंने पगड़ी-कुर्ता पहना और प्रतीक्षा करने लगे कि बहू आ जाए, तो घूम-घामकर थोड़े पैर हल्के कर लें।

काफी देर तक तैयार होकर छज्जे में बाहर आ के खड़े रहे पर बहू आयी नहीं। और, न ही जल्दी आती नज़र आ रही थी। वे चिन्तित हो उठे। अपने घूमने-घामने की इच्छा से अधिक वे बहू के न लौटने की बेचैनी से भरने लगे। दिमाग़ में यक-ब-यक तेज़-तेज़ दौड़ती काल-सी कारें। मौत-सी मोटरें। लम्बी-लम्बी लारियाँ। ठसाठस-ठेले दौड़ गए। हे राम! इन सबके बीच बचने की कोशिश करती बहू। राम, राम, श्रीराम, श्रीराम। ये दीन्या भी कित्ता औन्धाड़ी अकल का है बहू को बाहर बाज़ार में ऐकली जाने को कैसे कहे देता है? कल ही करम का कोई काला कौतुक हो-हुआ जाएगा तो माथा पकड़ के रोने की भी जगह ना मिलेगी। माना कि वह भणी-लिखी है, लेकिन है तो आख़िरकार बईराँ-मानुस ही न। फिर मिथुन राशि की है यानि शनि का ढैया चल रहा है कमर से नीचे के भाग का अतिरिक्त ध्यान रखने की ज़रूरत है पैरों में चोट आ सकती है

वे छज्जे से बाहर भीतर होते रहे। फिर उतरकर बाहर बरामदे में आ गए।

उन्होंने चिन्ता में भरकर चारों तरफ़, दूर-दूर तक नज़र फेरी। बहू की 'सेनाण' का पता तक नहीं चल रहा था। फिर वो गई भी, तो इस दिशा की सड़क पर, जिधर दिशाशूल है अरे भई मुझसे ही होंठ फोड़ के पूछ लेती कि धरऊ दिशा में जा रही हूँ तो क्या अबड़ा जाती? राम-राम... श्रीराम! श्रीराम!!

उन्होंने चिन्ता में भर कर तत्काल ताला लगाया, और बहू को ढूँढ़ने के गुनताड़े में गरियाते हुए सड़क पर ठिठककर क्षण भर के लिए आँख मूँदी। जैसे कूच करने के पहले प्रथम पूज्य गजानन का स्मरण कर रहे हों, फिर आँख उघाड़ कर धर ली वही सड़क। सीधी-सट्ट सड़क। जिधर बहू गई थी।

काफ़ी देर और दूर तक चलते रहने के बाद एक जगह रुक गए। यह इलाक़ा शायद बाज़ार का है एक-से मकान। एक-सी दुकान। एक-से दर। एक-से द्वार। वे फिर गफ़लत में थे। उन्होंने गर्दन घुमाकर जहाँ तक देखा जा सकता था- देखा, बहू ने हरी साड़ी पहनी है बुध का रंग है भटका देता है यवनों का यही रंग है आज तक भटक रहे हैं। परन्तु, वह दिख नहीं रही थी। अलबत्ता, सूआपंख रंग की कई औरतों ने पोशाकें पहन ज़रूर रखी हैं। पर बहू नहीं है उन्हें फिर दीनू पर गुस्सा आया। कमबख़त, अब घर आया तो हड़काए बग़ैर रहेंगे नहीं। भला ये भी कोई बात है

उन्होंने सड़क की ओर देखा और जीव उड़ गया। सड़क के ऐन माँय किसी ठेले से किसी की टक्कर हो गई है, शायद। राम-राम! श्री राम-श्री राम! कहीं बहू तो नहीं है वे तेज़ चलते हुए वहाँ पहुँच गए, वहाँ दो-चार लोग टक्कर खाए मनक को उठाने में लगे थे। देखा, बहू नहीं कोई बच्चा था, जिसे स्कूटर ने लिथड़ा के गिरा दिया था।

पल भर के लिए लगा कहीं, बबलू तो नहीं? वे लपके, तो एक ने बीच में रोक दिया, 'कहाँ घुस रहे हो बाबा?'

'भैया, वो बच्चे को देखने।' वे बोले।

'तो तुम क्या डॉक्टर हो...? चलो हटो यहाँ से।' दूसरे आदमी ने कहा और बच्चे को एक मोटर में डाल के ये ज्जा वो ज्जा। वे आश्वस्त हो गए। बबलू ने तो नीली पोशाक पहनी है पर, भीतर से चिन्तित ही थे। बहू को लेकर और बबलू को लेकर। वह जाने कहाँ के स्कूल में होगा। और ऐसी ही सड़क उधर भी होगी। कारें मोटरें...

परेशानी में लथपथ होकर वे फिर सड़क पर आ गए। कुछ देर चलते रहने के बाद चारों तरफ़ देखा, 'अरे यह? ये तो वोई सड़क है जहाँ आकर कमबखत कल ही तो गपड़तान हो गई थी। दूर बरगद का वही विशाल वृक्ष और उसकी बड़ी-बड़ी लम्बी दाढ़ियों की तरबें।'

सामने से कई लड़के चले आ रहे थे। शायद कोई पाठशाला अथवा स्कूल छूटा था। हल्ला-गुल्ला करते मुलक सारे छोकरे। भारी भीड़। इनमें पूछे भी तो किससे? और कैसे पूछे कि उनकी बहू और बबलू कहाँ है? फिर भी हिम्मत करने से ही काम बनता है कि साधारण मन में धरे-धरे 'ऊबे-मुंडे' चल दिए, भरचक भीड़ के सामने।

'अबे ओ बुड्ढे..! रास्ते से हट बे...। कहाँ चढ़ा चला आ रहा है...?'

साइकिल पर सवार एक लफूट लौंडे ने बदज़बानी की। वे तिलमिला उठे और लपक कर सामने चढ़ी आती साइकिल का चक्का पकड़ लिया। फिर बमकाकर बोले, 'तेरे बाप के भी बाप की उमर का हूँ, समझे? चमड़े की जिभान लपलपाते समै, ज़रा आँख उघाड़ कर सामने भी देख लिया कर। आव-आदर सीख जाएगा। समझी बरजबट्टू की औलाद...? तेरे को आँख भी है कि खाली कोचर..?'

चक्का पकड़ लेने से छोकरे का बाईसिकल पर तौल नी जमा तो वह सीट से उछल कर सड़क पर कूदा और ज़मीन पर सीधा खड़ा हो गया। और, दूसरे पल सनसनाती साँस समेट कर, बिदकते हुए बोला, 'ले...! सीखता हूँ, तेरे से आव-आदर।' और उसने ऊँची कूद की करामात से उचक कर उनकी पचासों पेंच वाली पगड़ी पर हाथ मार दिया।

पगड़ी हवा में उछल गई।

छोकरों की भीड़ में से किसी ने गेंद की तरह सँभालकर उसे और ऊँची उछाल दी। वे राम-राम, श्रीराम करते हुए पगड़ी पकड़ने दौड़े तो किसी ने शरारत में पीछे से उनकी धोती की काँछ खींच दी।

राम-राम, श्रीराम-श्रीराम करते हुए, वे कभी धोती तो कभी पगड़ी को सँभालने के लिए दौड़ रहे थे। समझ में नहीं आ पा रहा था कि वे इस घड़ी में कहाँ हैं...? जनकपुरी, अयोध्या या कि लंका... में ? आख़िर, जब पगड़ी हाथ में आ गई तो वे उसे 'राम-राम' बड़बड़ाते हुए सिर पर लपेटकर, चल धरने की सोचते-सोचते यक-ब-यक रुक

गए। राम-राम की बड़बड़ाहट रोककर, उन्होंने मन में तय किया कि अब इष्ट बदलना ज़रूरी हो गया है लगा पगड़ी को सिर पर बाँधने के बजाय वे उसे खोंस लें। कमर में। पूँछ के माफिक और, 'हुप्प' कर के उछल जावें हवा में। फिर फेर दें, पूँछ- हो...अपनी जलती पूँछ। पूरी नगरी पर।

लौंडों की भीड़ हल्लाबेदा करती हुई आगे निकल गई थी। चाह रहे थे, घर जाने के बजाय सीधे यहीं से मोटर-स्टैंड पहुँच कर गाँव छोड़ने वाली गाड़ी पकड़ लें। उन्हें बार-बार एक ही बात लग रही थी कि उनके सरीखे मिनख के लिए यहाँ कहीं कोई घर नहीं है वे, ये घड़ी में निरबंक इकल्ले लग रहे थे। इकल्ले और असहाय। भीतर से वे बुरी तरह थक गए थे।

'हे भगवान!' कह कर लम्बी साँस लेते हुए, उन्होंने आसमान की ओर तका। आसमान में एक भोली और अकेली चिड़िया, चोंच में तिनका दबाए, हवा के बीच पाँखड़ों से सन्तुलन बनाती हुई, ऊपर उड़ती जा रही थी। उन्होंने उदास होकर सोचा, 'इस नगरी में इसको भला कौन कहीं घोंसला बनाने देगा?' चिड़िया उड़ती हुई, बड़ी-बड़ी दाढ़ीवाले उसी बरगद के पेड़ की तरफ़ जा रही थी। बरगद को देखकर मन में एक शान्ति मिली। लेकिन, दूसरे ही पल उन्हें बरगद वाली सड़क से होकर गुज़री उद्दंड लौंडों की भीड़ का स्मरण हो आया। इस स्मरण के साथ उन्हें लगा उड़ती हुई, शहर की यह चिड़िया भी भोली नहीं है, और चोंच में तिनका, बरगद पर घोंसला बनाने के इरादे से नहीं, बल्कि उसकी बूढ़ी दाढ़ी में खोंसने के इरादे से लिए जा रही है

वे समझ नहीं पा रहे थे कि यहाँ आकर दुनिया उलट गई है या कि वे?

उन्होंने पैरों को रोका और उस विशाल बरगद की तरफ़ देखा। फिर, आँख मूँद कर गीता में गोता लगा दिया। इस समय उनके मुँह से पन्द्रहवें अध्याय के पहले श्लोक की शुरुआत के शब्द निकले–ऊर्ध्वमूलम् अधः शाखः...अर्थात् जड़ें आकाश की ओर तथा शाखाएँ धरती की ओर। एकदम उलट-सुलट।

वे नाड़ नीचे करके चलने के लिए ज्यों ही तत्पर हुए, उन्हें लगा कि ठीक उसी दिन की तरह ही उनके कानों के आसपास फिर से कहीं किसी के द्वारा कुल्हाड़ी चलाने की आवाज़ गूँज रही है पर इस क्षण में वे अनुभव कर रहे थे, जैसे उनके कंठ में से, वो हड़काती गर्जना कहीं न कहीं अवरुद्ध हो गई है

(रचनाकाल-1978)

कमींगाह

'...**रब्बना** आतिना फ़िद्दुन्या ह-स-न-तवं व फ़िल आख़िरति ह-स-न-तवं व किना अज़ाबन्नार।...अस्सलामु अलैकुम व रहमतुल्लाह...।' उन्होंने कज़ा की नमाज़ पूरी बन्दगी के साथ अदा की और जानमाज़ को इतमीनान के साथ घड़ी किया और उठ गए। उठते वक़्त घुटनों व कमर में हल्का-सा दर्द महसूस हुआ, जो ऐसे कामों को अंजाम देते वक़्त एक टीस की तरह अक्सर उठ ही आता है गठिया व गुर्दे की तकलीफ़, उन्हें लगभग करीमन के इन्तक़ाल के बाद से बेइन्तिहा शुरू हो गई। अब क्या किया जाए और किस से कहें, उम्र से नत्थी कुछ बीमारियाँ होती ही हैं, जिनके शिकंजे से फ़रार होने की तौफ़ीक़ अब ज़िस्म में कहाँ बक़ाया है हालाँकि, बाज लोग बीमारी में बेज़ा क़लमा बोल उठते हैं। बल्कि, कुफ्र तक पहुँच जाते हैं। अल्लाह त'आला की तरफ़ ज़ुल्म की निस्बत कर देते हैं। जबकि, रसूलल्लाह सल्लल्लाहु अहैलि वसल्लम ने फ़रमाया है कि बीमारी को नेमत की तरह कुबूल करना सबाब है

बहरहाल, यही वो वाज़िब वज्ह है कि वे जमाअत के साथ मसजिद में जाकर नमाज़ नहीं पढ़ पाते हैं। अल्लाह त'आला के नज़दीक सबसे अच्छी जगह मसजिद है और सबसे बुरी जगह बाज़ार। लेकिन वे रोज़ वहाँ जाकर नमाज़ नहीं पढ़ पाते। हदीस में उन्होंने पाँच हुक़्म दिए, उनमें जमाअत के साथ जुड़ना भी एक हुक़्म है और इस्लाम तो जमाअत से जुड़े बग़ैर, है ही नहीं। ताक़ीद है कि बिला उज्र एक दिन भी जमाअत के साथ नमाज़ तर्क करनेवाला फ़ासिक़ है और सख़्त सज़ा का हक़दार। अब्बा कहा करते थे, इस नमाज़ का सबाब सत्ताइस गुने ज़ियादह है मगर, गठिया की बरदाश्त बाहर होती तकलीफ़ की वजह, जमाअत के साथ नमाज़ पढ़े को भी एक अरसा हो गया। अब शरीर भी उस तरह साथ कहाँ देता है फिर वक़्त भी निजी कामकाजों में इतना ज़ियादह ज़ाया हो जाता है कि मसजिद पहुँचने की सोचते हुए, वे परशिक़स्त परिंदे की मानिंद नामालूम ढंग से बेचैन होने लगते हैं।

हाँ, अलबत्ता रमज़ान के पूरे महीने में वे ताजुल-मसाज़िद जाकर, फ़ज्र से लेकर ईशा तक की, पूरे पाँचों वक़्त की नमाज़ पढ़ आते हैं। रमज़ान शरीफ के वित्र में जमाअत मुस्तहब है वरना तो और वक़्तों में अल्लाह-तआला से मुआफी माँगकर घर या दुकान

में ही पढ़ लेते हैं। अपनी इस मजबूरी का बयान, जो कि अब निहायत ही वाजेह तौर पर नज़र आती है, वे अपने हमउम्र और हमचश्म यारों के बीच बेहिचक कर दिया करते हैं–'अमाँ यार.. यहाँ न करोगे तो ख़ुदा की इज़लास में पेश किए जाओगे तो वहाँ क्या कहोगे...? भला उस शख़्स से बढ़कर कौन ज़ालिम होगा, जिसके पास ख़ुदा की ओर से गवाही है और वो उसे छुपाए...। लेकिन इस सबसे अलहदा सच्चाई तो यह है कि अँतड़ियाँ कुल्हू अल्लाह पढ़ें तो खाली पेट भी मसजिद के गुम्बद हो जाते हैं... फिर बाएँ हाथ से दायाँ कान पकड़ के मुआफ़ी माँगते हुए, बयान का सिलसिला जारी रखते हैं–'ख़ुदा इस बदज़बानी व गुस्ताख़ी के लिए मुझे मुआफ़ करे, फिर भी ताक़ीद है कि इन्सान के पेट से जुड़ी ये कमबख़्त भूख, बड़ी गलीज़ चीज़ है'

उन्होंने जल्दी से घड़ी किए गए, जानमाज़ को, कमरे के कोने में सलीक़े से रखा और बाईं ओर की दीवार के उस ताक के पास की खूँटी से झोला उतारा, जहाँ उन्होंने करीमन की तसवीर उनके इन्तक़ाल के बाद से लटका रखी है नई बस्ती वाले नज़ीर ख़ाँ के नवासे ने बरसों पहिले कभी नईम के निक़ाह के वक़्त किलिक-थर्ड कैमरे से निकाली थी, वल्लाह तब वे बला की ख़ूबसूरत भी हुआ करती थीं। दुकान के लिए निकलते वक़्त आदतन वे एक दफ़े आँख मिला लेते हैं, उनकी तसवीर से। अब करीमन नहीं, बस तसवीर भर बची है उधर देखते हुए अभी भी मुँह से इत्तिला के तौर पर बेसाख़्ता निकल जाता है–'बेग़म साहिबा, ...बस अभी आता हूँ।'

झोला, ऐनक, ज़र्दे का बटुआ, चूने की डिबिया, यहाँ तक कि अब तो क्या कहें, एक-एक चीज़ ख़ुद रहकर ढूँढ़ना पड़ती है करीमन थीं तो वे तरीक़े से, दुकान के लिए निकलने के पहले झोले में सब कुछ तजवीज़ से जमा कर रख दिया करती थीं। करीमन का कमरा पीछे वाला है मरे को दसवाँ साल गुज़रने आया है क़ब्र पर दस दफ़े दूब भी उग आयी होगी, मगर वे अब भी उनके कमरे में दाख़िल होने से दहशत खाते हैं। एक छोटी-सी दहशत, जो एक पुरख़ुलूस वहम के तड़क जाने के अन्देशे से पैदा होती है उनको अब भी लगता है ग़ालिबन, करीमन के कमरे की हर चीज़ में उनके वजूद के पुख़्ता होने का अहसास बना हुआ है, गोकि, हर चीज़, हर सामान में, वो मौजूद है बावजूद दफ़न हो चुकने के।

'चलूँ, अब ज़्यादह देर करना मुनासिब नहीं है, वरना, वो प्रोफेसर साहब इन्तज़ार करेंगे--कल मुद्दाम कह दिया था, दसेक बजे तक आपकी किताबें आपको खच्चित तौर पर मिल जाएँगी।' लेकिन करीमन की तसवीर के पास से गुज़रते हुए, यह दिमाग में ख़ुद-ब-ख़ुद उठ आनेवाला महज़, एक गुज़िश्ता जुमला था। मगर, बेख़याली में होंठों से बेसाख़्ता फूटकर बाहर आ गया। बाहर आकर कमरे के सूनेपन में तैरते इस जुमले से लगा, चुनाँचे दुकान के लिए रवानगी लेती दफ़ा, करीमन को रोज़ की तरह आदतन इत्तिला की हो। बरसों की आदत रही है, अब जाएगी तो बस जनाज़े के साथ ही जाएगी।

बंद होंठों से बाहर बह आए अल्फ़ाज़ों की वाजिब वज्ह बरामद करके, वे जज़्बाती तौर पर हल्के से रंजीदा हो आए। ख़ुद को तंज़निग़ारी से देखा–'आजकल उन्हें यह क्या होता जा रहा है? अपने पर से ही क़ाबू खो रहे हैं, वरना तो वे ऐसे शख़्स थे, जिसने ज़िन्दगी भर तकलीफ़ों और तंगियों में दिन गुज़ारे, लेकिन मिजाज़ पर मुलम्मा इतना माकूल चढ़ाया कि अपने भीतर के तह-ओ-बाल से उछलकर, एक हर्फ़ मुँह से बाहर नहीं आया था। और आज...! आज निहायत ही मामूली से अल्फ़ाज़, बोखे मुँह से टपकती लार की तरह जीभ से छूटकर बाहर आने लगे हैं! आख़िर वज्ह क्या है...?'

उन्होंने मसले पर ग़ौर से सोचा तो पाया, यह तो ऐसा ही है मियाँ जब ज़िल्द टूटने लगे तो हौले-हौले भीतर से सारे ज़र्द सफ़े बाहर आने लगेंगे। भला अब इसे कोई रोक भी कैसे सकेगा। उन्होंने उम्र की मार खाए अपने ज़िस्म को देखा। टूटती ज़िल्द ही तो है, यह भी।...जिगर की कमज़ोरी, गुर्दे में पथरी, जोड़ों में बाई... सब ख़रामा-ख़रामा क़ब्र की ओर बढ़ने के इशारे और तग़ादे हैं... मौत का अहसास होते ही लम्हे के छोटे से हिस्से के लिए वे खौफ़ से भर गए। फिर उसे यह सोचकर रफ़ा-दफ़ा कर दिया कि मियाँ, वह तो आनी ही है, और ज़्यादह जी कर कौन आक़बत के बोरिये समेटने हैंगे। उनको याद आया, जब ज़ईफी के चलते उनके अब्बू की सेहत ख़राब रहने लगी थी तो वो अक्सर कहा करते थे–'मौत लज्जतों की काटनेवाली है, उसे क़सरत से याद करो। मुसीबत पर मौत की आरजू, मुमानते आई है अग़रचे कहना हो तो कहो कि इलाही, मुझे ज़िन्दा रख, जब तक कि ज़िन्दगी मेरे लिए ख़ैर है और तब मौत दे, जब मौत मेरे लिए बेहतर हो।'

मगर मौत के मुक़म्मल अहसास के दरमियान, वे भूल ही गए कि वे क्या करने के गुनताड़े में लगे थे। यक-ब-यक याद हो आया–ओह! भाई, अरे उन प्रोफेसर साहबान की वे किताबें ले चलना है, हाँ वे ज़िल्द बनाने के लिए कल शाम घर ले जो आए थे।... गुर्दे की कमज़ोरी बढ़ती है तो शख़्स की याददाश्त कमज़ोर पड़ने लगती है ख़ून में नमक का मीज़ान और तनासुब गड़बड़ा जाता है नमक से याददाश्त का बड़ा अहम रिश्ता रहता है–तभी तो लोग कहते हैं, 'आपका नमक मेरे ख़ून में शामिल है, जनाब भूलूँगा कैसे...?' उन्होंने हकीमी-सच को ताज़ा किया और ख़ुद पर खीझने से अपने आपको ज़ब्त कर लिया। और फिर से उन प्रोफेसर साहब की किताबें खोजने लगे।

किताबें और किताबें। बस इन्हीं के बीच ज़िन्दगी का इतना तवील वक़्फा कब कट गया, पता ही नहीं चला। मदरसे में, तब तालीम तो सिर्फ़ महज़ छठे दर्जे तक ही पाई थी। मगर, अपने ज़िल्दसाजी के पुश्तैनी धंधे की वज्ह से, रात-दिन किताबों से ही साबका पड़ता रहा। हर्फ़ पढ़ना तो उनको मदरसे में दाख़िल किए जाने के वक़्त से अव्वल ही आ गया था, नतीज़तन, दिन भर, बस एक ही तो काम हुआ करता था। किताबों के सफ़े पलटो और ज़िल्दें बाँधो। उन दिनों पुरानी दिल्ली के चावड़ी बाज़ार

की 'दारूलक़ुतुब' से उर्दू की नई-नई किताबें मँगवायी जाती थीं। पहिले अब्बा के वक़्त में मज़हबी किताबों के अलावा तमाम दीग़र इल्मों की किताबें भी ज़िल्द बनवाने के लिए आसपास के क़सबों से आया करती थीं। नतीज़तन, वे उन्हें पढ़ने में मशग़ूल हो जाते और अब्बा को काम में इमदाद करना भूल जाते तो अब्बा ये देखकर तैश मे आ जाते। 'मियाँ ये किताबें ज़िल्द बनने के लिए आयी हैं, तुम्हारे तज़िकरे के लिए नहीं। और गिराक आ के ये नहीं पूछेगा कि आपने इसे पढ़ा या के नहीं, बल्कि ज़िल्द की क़िस्म और क़ीमत के बाबत बात करेगा।' वो कान पकड़ के मुआफ़ी माँग लेते। अब्बू हँस देते और मुआफ़ कर देते। कहते, 'ज़रा सर की टोपी ठीक करो। और चलो रेडियो चालू कर दो।' तब दुकान में मर्फीवाला एक छोटा-सा रेडियो भी था। अब्बा अमीर ख़ाँ साहब को सुना करते थे। उनकी गायकी मशहूर होने लगी थी। तब ये लतीफ़ ख़ाँ सारंगी पर गज फेरना सीख रहा था। 'बताव, अब तो ये कमबख़्त उस्ताद कहलाने लगा है।'

उन्हें अच्छी तरह याद है यह कोई पन्द्रहेक बरस के रहे होंगे। अब्बा घर पर थे, नज़ले की वज्ह से सर्दियों में, दुकान के लिए ऐन सुबह नहीं निकलते थे। बहरहाल, उन्हीं पर आयद थी, ये ज़िम्मेदारी। और उस दिन उन्होंने मन ही मन ये तै पाया कि आज दुकान में ऊपर के खानों में रखी किताबों की ग़र्द झाड़ के उन्हें फिर से क़रीने से जमा दें, अब्बू खुश होकर उन्हें इनाम देंगे। तिपाही पर चढ़कर किताबों को हटाया तो देखा कि वहाँ तो चूहों का एक कुनबा जमा हुआ है मादा जचकी में थी। कूद कर भाग निकली। छोटे-छोटे बच्चे एक दूसरे में गुत्थम-गुत्था हुए पड़े थे। उनकी अभी आँखें भी नहीं खुली थीं। पहिले उन्होंने एक मोटी किताब उतारी। महाभारत थी। खोली तो हैरत में पड़ गए। बताव, अब्बू, जिस क़ैंची को, गुमशुदा चीज़ों की फ़ेहरिस्त में शामिल कर चुके थे, वो कमबख़्त यहाँ उस किताब के दरमियान दबी पड़ी थी। तभी निग़ाह गई कि वहाँ एक और मोटी-सी किताब पीछे दीवार से सटी हुई है लगा कि अब्बा जुम्मे को आए एक गिराक की, जिस किताब को ढूँढ़-ढूँढ़कर हलकान हुए जा रहे थे, कहीं ये वो ही किताब तो नहीं है...'मारिफुन्नगमात'।

उन्होंने थोड़ी एड़ियाँ ऊँची की तो हाथ पहुँच गया।

तिपाही से नीचे उतरकर जैसे ही पहिला सफ़ा पलटा तो देखा कि किताब में बिना लिबास में औरतों की तसवीरें ही तसवीरें हैं। उन्होंने किताब धड़ाक से बन्द कर दी। उन्हें लगा कि नब्ज़ों में बहता ख़ून शाँ-शाँ कर उठा है यूँ तो सर्दियों की सुबह थी, लेकिन बावजूद इसके लगा कि पसीने आने को हैं।...पसीने आएँगे और ज़मीन में सत्तर गज़ तक उतर जाएँगे। वे मारे दहशत के काँपने लगे। ख़याल आया कि ऐसी बिना लिबास में औरत के ज़िस्म पर निग़ाह गई है तो उन्हें शैतान ने झाँक कर देख लिया है मौत के बाद उन्हें बकरे की शक़्ल में ज़न्नत और दोज़ख के बीच लाकर ज़िब्ह किया जाएगा। ये तो उस ईमान की वज्ह और क़ुव्वत रही कि उनमें इन तसवीरों को देख के

उनका बोसा लेने की कहीं कोई ख़्वाहिश पैदा नहीं हुई। ये भी ठीक रहा कि मक़ाम-ए-मख़सूस की तरफ़ उनकी नज़र नहीं गई। बशीर के बड़े भाई, जो बिला नागा तिलावत-ए-क़ुरआन की तालीम हासिल कर रहे हैं, का कहना है कि इससे नज़र में भी जौफ़ पैदा होता है तभी अम्मीज़ान की बात याद हो आयी थी कि जिसमें रांई या च्यूँटी के बराबर भी ईमान बचा हो और वह अपने गुनाह के लिए तौबा कर ले, ऐसी सूरत में अल्लाह त'आला उसके बेख़याली में हुए गुनाह के लिए मुआफ़ कर देता है

कई साल पहले का वाक़या है एक दफ़ा कोई हक़ीम साहब यूनानी दवाइयों की कुछ किताबें ज़िल्द बँधवाने के वास्ते दे गए थे। कह तो कल की गए, मगर फिर न लौटे। किताब में अता-पता कुछ नहीं, तो लौटाएँ भी तो किसे। उन्हीं के पास रह गईं। ख़ाली वक़्त में पढ़-पढ़ के ऐसा इल्म आ गया कि हक़ीमी करने लग गए। अब्बू कहा करते थे कि कोई इल्म इसलिए सीखे कि लोग उसे आलिम कहें और क़ुरआन इसलिए पढ़े कि वह कारी कहलाए तो फिर समझ लो कि उसने अपने लिए ज़हन्नुम का रास्ता तै कर लिया है

बहरहाल, उसी किताब की कुव्वत है कि ग़ुर्दे की इतनी लम्बी बीमारी के बाद भी, अभी तक वे ज़िन्दा हैं। हालाँकि, कुछेक को कुछ नुस्ख़े दिए और ऐसे माक़ूल बैठे कि लोग इलाज़ के लिए आने लगे और आमदनी होने लगी। अब भी मज़हबी किताबें पढ़ना तो उनकी ज़िन्दगी की ज़रूरत बना हुआ है--हालाँकि, हक़ीमी तो अब तक़रीबन ठप्प हो गई। जब उनकी हक़ीमी की ज़ानिब कोई तंज़ करके पूछ बैठता है, तो अमूमन वे ये कहते हुए पाए जाते हैं-'अरे मियाँ, जब लताफ़त ख़ाँ जैसे पुराने दस्ते-शिफ़ा शख़्स की हक़ीमी अब नहीं चलती तो फिर अमानत की हक़ीमी कौन चीज़ है...? उन्हीं को वो तो इल्म हासिल है, ख़ाँ कि इन्नीन को पुख़्ता मर्द बना दें। बस आला मौजूद हो, तो वे जौज़ा के आगे के मकाम में दख़ूल की कुव्वत और क़रार पैदा कर देंगे। शर्त ये कि बस ख़ून में ख़ुराक की तैनाती कम न हो। और ये बिजली से इलाज़ करने का दावा करनेवाले हक़ीम वीरूमल तो समझ लीजिए कि खुल्लम खुल्ला ठगी कर रहे हैं...खैर छोड़िए भी...पर उनके पास भी बस अब इक्का-दुक्का मरीज़ ही आते हैं। वो भी एलोपैथी के इलाज़ से मायूस होने के बाद। और उन्हें लगता है, मैं दही को फिर से दूध बना दूँगा। मियाँ दूध का दूध और पानी का पानी तो हो सकता है, लेकिन दही को फिर से दूध थोड़ई बनाया जा सकता है

अब की दफ़ा वे ख़ुद पर झुँझला ही उठे। किताबें, ढूँढ़कर अपने झोले में डालने का काम छोड़कर जाने क्या-क्या सोचे जा रहे हैं। रात भर जागकर ज़िल्द तैयार की थीं। काफ़ी ज़िरह के बाद सौदा बमुश्किल पाँच-पाँच रुपयों में तै हुआ था, उन्होंने पूछा था–'जनाब, लगता है, ये किताबें अंग्रेज़ी अदीब की हैं।'

तब प्रोफेसर साहब ने बाक़ायदा अपनी मुदर्रिसी रिवायत की समझाइश के तमाम तौर-तरीक़े अख़्तियार करते हुए कहा था–'चाचा, ये किताबें अंग्रेज़ी-साहित्य की नहीं,

ये तो हिन्दुस्तान में चल रहे राजकाज के नियमों की किताबें हैं–भारतीय संविधान! इंडियन कॉन्स्टीट्यूशन समझे...? मैं पोलिटिकल साइन्स पढ़ाता हूँ...।'

छठवें दर्जे तलक तालीमयाफ़्ता ज़रूर हैं। मगर, तब की तालीम अब के दौर की तरह कच्ची थोड़ेई हुआ करती थी। आगे के दर्जे में दाख़िल करने के बनिस्बत, लोग नींव पक्की करने में यक़ीन करते थे। पाँचवाँ दर्जा पास शख़्स, पटवारी हो जाया करता था और आठवाँ तो अपने को आलिम फाज़िल मानता था...तो कहने का मक़सद ये मियाँ कि नींव पर इतना ध्यान रहता था कि फिर चाहे बरसा-ए-बरस एक ही ज़मात में ही क्यों न लग जाएँ। उन्होंने अपनी उसी उम्दा तालीम के बलबूते पर प्रोफ़ेसर साहबान से ज़िरह छेड़ दी थी–'लाहौल बिला क़ूवत...' बड़ी सितम ज़रीफ़ी है, मियाँ ख़ाँ,...अरे हिन्दोस्तान के क़ानून-क़ायदे अंग्रेज़ी में क्यों लिखे हैं...? हिंदवी में कलमबन्द क्यों न किए गए...? हाँ हमने, नवाबी दौर तक में अपनी-अपनी इन्हीं आँखों से देखा है, होता यह था कि जिस रियासत में, जो ज़ुबान बोली जाती रही, उसी में उसके क़ानून-क़ायदे हुआ करते थे...अब जबकि मुल्क़ में हिंदवी जानी, समझी जाती है तो अब उस अंग्रेज़ी मेम का पीछा छोड़ो...। देखिए, मैं जितना ख़ुदा की ज़ात पर यक़ीन रखता हूँ, मेरा उतना ही यक़ीन इन्साफ़ में भी है मैं बदख़्वाह होऊँ अग़रचे मैं लाग-लपेट के साथ झूठ को सच की तरह बयान करूँ लेकिन ये मुल्क़ मज़हबी पेशवाओं और सियासी रहनुमाओं की चोट खा-खाकर इतना चोटिल हो गया है कि अब ये कंस्टीट्यूशन केवल किताब भर है, इसका कोई असर नहीं। कितनी ही दफ़े तो इसमें लीडरानों ने अपने मन मुताबिक रद्दोबदल कर डाला। क्यों प्रोफेसर साहब कल जो हुआ वो तो बयालिसवाँ हुआ न...?

मगर, उनकी इस पायेदार दलील को सुनकर प्रोफेसर साहब की शक़्ल किसी भी तरह का सुराग़ नहीं दे रही थी, आख़िर वे क्या चाहते हैं ? उजरत उठाना चाहते हैं या ताक़ीद करना चाहते हैं। बल्कि, सवाल से कतरा कर बच निकलने की गरज़ से बेसाख़्ता मतलब की बात पूछने लगे–'आप तो मुझे वाज़िब पैसे बता दीजिए चाचा, क्योंकि दो किताबों की ज़िल्द के लिए दस रुपए भी ज्यादा है... सरासर... लूट।'

वे तब बजाय तैश के, मज़ाकिया लहजे में बोले–'अमाँ यार प्रोफेसर साहब, इत्ने बड़े मुल्क़ के कंस्टीट्यूशन की किताब की हिफ़ाज़त के लिए दस रुपए का ख़र्च कोई ज़ियादह नहीं है ज़म्हूरियत भी पाक चीज़ है, सर आँखों पर रखिए...।'

वैसे, जिस तरह से बात का रुख़ और वाजिब क़ीमत को भी 'लूट' कहने की ज्यादती उन्होंने बरती थी, वे भीतर ही भीतर ही बेक़ाबू हो गए थे कि 'कमबख़्त पर बरस पड़ें...और कहें, अमाँ यार मास्टर साहब, फिरनी और फालूदा को एक नज़र से मत देखिए...? अरे अमानत ख़ाँ की कारीग़री की क़ीमत, और वो भी मियाँ आप कूतेंगे...? तो फिर, जाइए, किसी दूसरे से ज़िल्द बनवाइए... ताउम्र जिसने यही काम किया है, उससे ये लफ़्ज़ नहीं सुने जा सकते... समझे!' उनका मन हुआ था, ये भी

कहें–'जाओ मियाँ, भोपाल की पुरानी लायब्रेरियों के कपाट खोलकर देख आओ पहले... पहला पन्ना पलटते ही लगेगा, टाँका कल मार के गया और काग़ज़ अभी चस्पा किया है नाम बोलोगे तो कोई आलतू-फालतू इन्सान भी बता बैठेगा-कौन अमानत ख़ाँ, वल्लाह, ऐसा कारीगर तो किसी-किसी शहर को ही मिलता है' पर वे ख़ामोशी से गरदन झुकाए काम करते रहे-सब्र की दाद ख़ुदा के हाथ, फिर ये नई हवा के लोग इल्म को क्या पहचानें। आख़िर में प्रोफेसर साहबान रिग-झिग कर के उसी मेहनताने पर रज़ामन्द हो गए थे। हालाँकि, उनकी नीयत कुछ और ही थी। दरअसल, नीयत दिल के इरादे का नाम है

उन्होंने दोनों किताबें अलमारी में से निकालीं और हाथ के झोले में डाल दीं। गिराक भी क़िस्म क़िस्म के होते हैं। जुमेराती को उनकी उस ज़िल्दसाज़ी की दुकान पर दो-तीन लड़के कोई पाँचेक साल से, जब तब आते रहते हैं! हमेशा कोई न कोई किताब या पत्र-पत्रिकाओं, अख़बारों की कटिंग्स की ज़िल्द बनवाते रहते हैं। एक छोकरा तो उसमें से हिंदवी का अफ़सानानिग़ार है और दूसरा तंज़निग़ार। कमबख़्त, बहुत उम्दा व अदबी हिन्दी ज़ुबान में बातें करते हैं, दोनों के दोनों। मगर, वे जब आपस में बातें करते हैं तो लगता है, ज़िरह करते-करते, अभी इसी दम यहीं लड़ मरेंगे। लगता है कि दुनिया जहान की फ़िक्र, बस उन्हें ही खाए जा रही है हालाँकि, क़मबख़्त हैं, बड़े साइन्स दाँ। एक बार पुराने भोपाल में दंगे हो गए थे तो उन दोनों की तसवीरें शाया हुई थीं। उन्होंने कोई जुलूस निकाल डाला था, तुलबा-तालबात का। दंगाइयों के ख़िलाफ़। वे ऐसे-ऐसे रिसाले ले के आते हैं कि जिनका नाम ही उन्होंने नहीं सुना।

किताबें झोले में पड़ते ही वे झोले को अच्छा ख़ासा वज़नी बना गईं। उन्होंने सोचा, यदि झोला कंधे पर लटकाए-लटकाए शामला-हिल्स के सिटी बस-स्टॉप तक चल दिए तो कंधे से हड्डी जुदा हो जाएगी और मंसूर पहलवान के यहाँ हड्डी का मीज़ान बिठवाने जाना पड़ेगा।

किवाड़ उढ़काया। फिर पुराने ढब की लोहे की साँकल में अपना वही अलीगढ़िया ताला डाला और अपने शिक़स्ता मकान के धँसते जा रहे, मिट्टी के चबूतरे की चारों सीढ़ियाँ उतर आए।

वे तलैया की उस गली से निकलकर, शामला-हिल्स की ओर तेज़ी से बढ़ते हुए करीमन के बारे में सोचते जा रहे थे। किससे बात करें करीमन के बारे में। ख़ूबसूरती और तमीज़ के दरमियान क्या रिश्ता और तनासुब होना चाहिए, उसकी मिसाल थीं, करीमन । और उनकी ख़ूबसूरती की मिसाल की क्या बात करें, पूरे ख़ानदान में नहीं थी। हाँ, अलबत्ता, मिसाल बरामद होती ज़रूर थी, लेकिन तभी, जब वो आईने के सामने खड़ी हो जाती थीं। अब ये बात तो आला दर्जे का कोई हक़ीम ही बता सकता था कि तब आईने के ख़ून में कितना ख़लल मच जाया करता होगा। रंगत यूँ कि बस, समझिए कि गुल'आब में गूँथ दिया हो, मैदा।

करीमन के ख़याल पर रोक लगाते हुए उन्होंने ख़ुद की हरक़तों का जायज़ा लिया। उन्होंने सोचा, दिन-ब-दिन आख़िर उन्हें यह होता क्या जा रहा है...? वे करीमन के ख़यालों को क़रीब करके मज़हब से कटते जा रहे हैं। जबकि वो ग़ज़ब की ख़ातून थीं, मज़हब और ज़माअत के अलावा कई दीग़र मसलों पर ऐसे-ऐसे एतराज़ और अन्देशे उठा-उठाकर लातीं और बतातीं कि बाद में उन्हें उनको सच्चाइयों की तरह ही क़ुबूल करना पड़ता। दरअसल, वे होती तो सच्चाइयाँ ही थीं, बस हस्ब-ए-मामूल हटकर। एक दफ़ा वे लखनऊ से उनके लिए एक बहुत ख़ूबसूरत और क़ीमती दुपट्टा ले आए थे तो उसकी जानिब देख के बोली थीं–'ऐसे बारीक़ दुपट्टे, जिनसे बालों की स्याही झाँकती हो, उसे ओढ़कर नमाज़ पढ़ी तो नमाज़ न होगी।' बाद इसके, उनको बताती रही थीं कि नमाज़ी के लिए कितने बदन का ढँका होना फ़र्ज़ है नाफ़ का छुपाना फ़र्ज़ नहीं, लेकिन घुटना ढँकना फ़र्ज़ है वो तअज्जुब से भरे उनकी सिम्त देखते भर रह गए थे।

वे लम्हे भर के लिए ठिठक गए। ख़ुद के रूबरू होने से एक तल्ख़ बेचैनी से तबी'अत भर आयी। नतीज़तन, ख़ुद को बिखरने से बचाते हुए जी थोड़ा कड़ा किया- 'अरे बार-बार करीमन को याद करने से क्या...? अब इससे उनकी वो डूब चुकी, गुज़िश्ता दुनिया लौट के तो आनी नहीं है...अब तो वे, अकेले के अल्लाह-बेली हैं।'

अब क्या बताएँ, तसबीह जब से गुमी है, वे इधर-उधर भटक जाते हैं। उन्होंने एक दफ़ा भर साँस ख़ुदा का ख़याल किया और आज के ताज़ादम कामों के बारे में सिलसिलेवार सोचना शुरू किया–पहले तो सबसे जल्दी शामला-हिल्स जाना है वहाँ से सिटी-बस पकड़कर न्यू मार्किट और न्यू मार्किट से 'जुमेराती' के लिए बस बदलकर दुकान...न्यू मार्किट में करीम ख़ाँ के यहाँ से, आज थोड़ी सब्ज़ी लेते चलेंगे। अब पेट भरना है ख़ाना कहाँ नसीब है दरअस्ल, घर तो उन्हीं की हैसियत और हवा से महकता था। और वे उसमें डूबे रहते थे।

बहरहाल, पिछले दो-तीन हफ़्तों से, रोज़ाना वह ये ही करते हैं। न्यू मार्किट से कोई सब्ज़ी लेते हैं और दुकान में लेई पकानेवाले स्टोव पर उसे उबाल लेते हैं। दुकान के सामने असलम-ख़ाँ का ढाबा है वहाँ से दो गर्म माँडे (रोटियाँ) मँगवाकर जैसे-तैसे पेट भर लेते हैं। हालाँकि, पिछले महीने उसके ढाबे पर पुलिसवालों ने यह कहते हुए काफ़ी मारपीट कर दी थी कि वहाँ सरकार के ख़िलाफ़ सियासती साज़िशें रची जा रही हैं। दो दिन तक हवालात में बन्द कर के भी रखा था। बाद इसके वह पूरे एक हज़ार की ज़मानत पर छूटा था। तब से उसने कम्मू पेंटर से लिखवा के तख़्ती लटका दी कि 'कृपया, यहाँ बैठकर राजनीति की बातें न करें।' कल ही कह रहा था कि इसके बाद से, कभी भी कोई पुलिस वाला आ धमकता है और गोश्त और माँडे का पैकेट मुफ़्त में बँधवा के घर लिए जाता है वैसे उसके यहाँ के ग़ोश्त का शोरबा बड़ा मशहूर है उन्होंने एक दफ़ा कहा भी था, 'मियाँ असलम, ख़ाक़ी वर्दी वाले, जो लोग हुकूमत के

तलवे चाटते हैं, वे तुम्हारे ढाबे पे अँगुलियाँ चाटते हैं।'

'उसके यहाँ की मसालेदार सब्ज़ियों का ज़ायका ही जुदा है जिस ज़ुबान से लोग जंग जीत जाते हैं, उन पर असलम ज़ायके के ज़रिए अपनी जीत दर्ज करा देता है असलम के यहाँ से वे करीमन के लिए कभी-कभी कबाब और सब्ज़ियों का शोरबा घर ले जाया करते थे। करीमन उसकी तारीफ़ में यही कहा करती थीं। कहते हैं कि असलम के अब्बू, भोपाल नबाब के महल के बावर्चीख़ाने में बहैसियत बावर्ची-ए-ख़ास रहे थे। जब से वे गुर्दे के मरीज़ हुए हैं, इतनी मसालेदार सब्ज़ियाँ उनके मैदे से बरदाश्त नहीं होतीं। फिर वो तो चाय भी नमक की बनाता है ...कई दफ़ा मन होता है, मसालेदार सब्ज़ियाँ ही खाएँ। जनाज़ा उठने के पहले यह भी कर ही डालें, वरना अधूरी-हसरत वाली रूहें भटकी रह जाती हैं। लेकिन, पिछले हफ़्ते का ही उसका इतना उधार चढ़ गया है कि उससे और उधारी की हिम्मत पस्ती के जानुओं पर जा गिरी है उन्होंने चलते हुए तै किया, आज वे यही करेंगे कि प्रोफ़ेसर से मिली रक़म से पहिले असलम का बक़ाया अदा करेंगे।

वे और तेज़ क़दम चलने लगे।

तेज़ क़दम चलते हुए लगा कि कन्धे पर रखा हुआ झोला ज़रा कुछ ज़्यादा ही भारी है कन्धे में हलका सा दर्द महसूस हुआ। तेज़ चाल व ख़यालात में डूबे रहते हुए, उन्हें पता भी न चला कि बे कब चमेली मसजिद पार कर गए और क़ब्र पीर-साहब की दरगाह। वे इस वक़्त गली के मोड़ पर आ गए थे।

उन्होंने सड़क पार करने के लिए गरदन ऊँची की और ऐनक ठीक करके सामने और अगल-बग़ल ग़ौर से देखा। बायीं बाज़ू की पीरगली से किसी का जनाज़ा चला आ रहा था। वे वहीं ठिठक गए। गो कि चौराहे का कोई बुत हों--या अल्लाह...ऊपरवाले के घर, जाने किसकी दरकार हो गई...वे लगभग घबराहट में बड़बड़ाए और ऐनक को नाक पर दोबारा ठीक करके जनाज़े की भीड़ में ग़ौरतलब निगाह फेंककर, किसी चेहरे को पहचानने की कोशिश करने लगे, ताकि थोड़ा अन्दाज़ा लग सके। जनाज़ा अभी दूर था। लेकिन दूर से भी जनाज़े में शामिल लोगों की शक़्लों से अन्दाज़ा लग रहा था, शहर का कोई दानिशवर रूख़सत हो गया है

जनाज़ा बढ़कर उनके क़रीब आया नहीं था।

जनाज़े को कन्धा देना भी इबादत का ही हिस्सा है हर शख़्स को चाहिए कि वो इबादत में कोताही क़तई ना करे। हुज़ूर अल्लेहिस्सलाम ने सअद बिन मआज़ रजियल्लाहु तआला अन्हु का जनाज़ा उठाया था। चालीस क़दम तो हर मुसलमान मरे का साथ देता ही है फिर, वे इतने कम इल्मी भी तो नहीं कि इन तमाम मज़हबी मसलों से नावाक़िफ हों। करीमन ने तो हदीस पढ़-पढ़कर दीन का काफ़ी कुछ इल्म हासिल कर लिया था। कहा करती थी, हर शख़्स, जो अपनी ज़िन्दगी को सालेह और क़ामयाब बनाना चाहता है, उसे इल्मे दीन हासिल करना ज़रूरी है पर अब किससे कहें...? और

क्या कहें...? मुसलमानों के जज़्बाते ईमानी इतने ज़ियादह कमज़ोर हो गए हैं कि वो अपने वक़ार व शिआर को खोते ही चले जा रहे हैं। उनमें बेहिसी इस दर्ज़ा बढ़ गई और हमीयत और ग़ैरत-ए-ईमानी, यहाँ तक कम हो गई है कि वे इस्तिकलाल के साथ इस्लामी रिवायत व अहकाम की पाबन्दी ही नहीं करते हैं।

तब तक जनाज़ा क़रीब ही आ लगा। अब्बू कहा करते थे–'हदीस में हैगा कि, जो चालीस क़दम जनाज़ा ले चले, उसके चालीस कबीरा गुनाह मिटा दिए जाएँगे। अल्लाह तआला उसकी हतमी मग्फ़िरत फ़रमा देगा। बहरहाल, जनाज़े के साथ चलना अफ़ज़ल है' मगर, यक-ब-यक सिटी बस के आ जाने का ख़याल दिमाग़ में अजीब-सी दस्तक़ देने लगा था। जनाज़ा गुज़रे जा रहा था। वे वहीं बुत बने खड़े थे। उन्होंने एक दफ़ा 'शामला-हिल्स' की चढ़ाई को देखा, फिर गुज़रते जनाज़े को।

उनके ज़हन में कोई पूछ रहा था कि वे रुके हुए क्यों हैं? ख़ुदा की इज़लास में क्या ज़वाब देंगे? जिनके पास ख़ुदा की किताब उसके नबी की हिदायत पहुँच चुकी हो, उसे ज़बान नहीं, अमल से गवाही देना चाहिए...।

लोग-बाग थे कि, अपनी कारों, स्कूटरों और फटफटियों पर दनदनाते हुए जनाज़े की बग़ल से धड़ाधड़ी के साथ निकले जा रहे थे। उन्होंने सोचा कि, शहर में इतने-इतने बड़े तालीमग़ाह हैं, लेकिन वे इन लोगों को इतना बाशऊर नहीं बना पाए हैं कि दुनिया से रुख़सत हो चुके इन्सान की इज़्ज़त में लम्हे भर के लिए थोड़े ठिठक ही जाएँ। इसी दरमियान हुआ ये कि सियासी पार्टी का एक हुज़ूम अपने नेता के नाम के नारे लगाता हुआ सामने आ गया। कोई लम्बी-सी लॉरी थी, जिसमें रख के वे लोग, उस नेता का आदमक़द होर्डिंग ले जा रहे थे। उन्होंने जनाज़े को गुज़रने के लिए जगह बनाना भी मुनासिब नहीं समझा। जबकि, सुन्नत यह है कि मैयत मौतदिल तेज़ी से ले जाएँ, इसकी ताक़ीद है बल्कि, उन लोगों की वज़ह जनाज़ा ही धीरे-धीरे गुज़रने लगा। जबकि, जनाज़े के सामने नाच-गाना हँसना मक़रूह है फ़र्माया है कि ता'ज़ियत तक में सबाब है और कोई उल्टे रुख़सती के बाद मैयत की राहें क़ब्रिस्तान में ख़लल डाले यह कुफ्र है क्या कहें, सियासत में अख़लाक कहाँ?

उन्होंने जनाज़े के साथ चलना शुरू कर दिया। चलते-चलते दाहिने सिरहाने को कन्धा दे दिया। दस क़दम तक चले भी। शख़्स भारी ज़िस्म वाला रहा होगा। कन्धा वज़न बरदाश्त कर नहीं पा रहा था। अब क़दम गठिया के मर्ज़ की वजह लम्बे और तेज़ नहीं हो पाते हैं। क़दम छोटे-छोटे रखना शुरू कर दिए। बाद इसके, चलते रहने के, उन्होंने जनाज़े का पाया दूसरे को दे दिया और जनाज़े के साथ-साथ चलने लगे।

बाईस-तेईस-चौबीस...वे यों ही क़दम गिनने लगे। बस इतने में कन्धा इतनी तेज़ी से दर्द करने लगा था, जैसे कन्धे पर झोला नहीं, जनाज़े का अगला सिरा अभी भी रखा हुआ हो। जबकि वे जनाज़े का पाया दूसरे को सुपुर्द कर के थोड़े से बग़ल में आ गए थे। उन्होंने घबराकर सोचा दर्द इतना कैसा कि लग रहा है, जैसे कि जनाज़ा वाक़ई

कन्धे पर फिर से आ गया हो। करीमन के जनाज़े के वक़्त तो उन्हें इस बाबद कोई इल्म ही नहीं रहा था कि कब तक वे कहाँ गए, कहाँ रहे...। कोई गफ़लत-सी थी, जिसने दिमाग़ पर कब्ज़ा कर लिया था। ग़ालिबन, होश, ज़िस्म से तर्क कर चुके हों।

अट्‌टाईस-उनतीस...उनतीस नहीं छब्बीस, छब्बीस नहीं, शायद छब्बीस ही। मगर, इससे क्या..? वे गड़बड़ा गए और गड़बड़ाते ही रुक गए–'या अल्लाह तेरी ज़ात तो दाहू-ला शरीक़ है ग़लती के लिए मुआफ़ करना। ज़ारो-निज़ार इनसान हूँ। अब इतनी परहेज़गारी मुमकिन नहीं रह गई है'

वे जनाज़े के साथ कुछ दूर चलते रहे। बाद इसके धीरे-धीरे सड़क के किनारे हो लिए। मायूसी में भरकर वो सोचने लगे–'वैसे जो शख़्स जनाज़े के साथ हो, उसे बग़ैर नमाज़ पढ़े वापस न होना चाहिए। और ये भी कि नमाज़ के बाद औलिया-ए-मैयत से इज़ाज़त से वापस होना चाहिए। जनाज़े की नमाज़ फ़र्ज़े क़िफ़ाया है' उन्होंने सलाम फेरा।

जनाज़ा जब तक निग़ाहों की पकड़ से बाहर नहीं हो गया, वे वहीं खड़े रहे।

वे वापस शामला-हिल्स की सिम्त लौटने लगे। लौटते हुए कन्धे पर था, मोटी किताबों वाला वही वज़नी झोला। और, लाशुअरी में कहीं दर्ज हो गया, दिमाग़ में बोझिल सवाल। गोया, फड़फड़ाते सफ़े पर किसी ने वज़न रख दिया हो। रग़ें तन गईं। वे ख़ुद को कोस रहे थे। आख़िर, उन्हें यह क्या होता जा रहा है? वे हर आदमी, जगह, मज़हब, काम और फ़र्ज़ से कचुवाने क्यों लगे हैं? उन्होंने, इस सबकी वज्ह खोजनी चाही। मगर, नाक़ामयाब रहे। कमोबेश, करीमन के साये के उठ जाने के बाद से ही, ऐसा होने लगा है उन्होंने सोचा। यह ख़याल उन्हें आसान के साथ-साथ महफ़ूज़ भी लगा।।

वे चुपचाप शामला हिल्स के स्टॉप की ओर बढ़ने लगे।

सिटी-बस स्टॉप पर आकर उन्होंने पहले तो, एक गहरी साँस ली, और पुराने को तोला। तोला और ख़ुद को ज़लील करने लगे–अरे अमानत, तुझे वो करीमन, मज़हब से क्यों काटेगी...? ज़िन्दा रही तब तक हरदम मज़हबपरस्ती के लिए, तुम्हारी हमसाया बनी रहीं। पेट में अल्सर होते हुए, अपनी निहायत पाक ज़िद के चलते, रमज़ान में रोज़े रखे। मज़हब निभाने के लिए उसने क्या कभी कोई कसर छोड़ी...? किससे बयान करें कि, करीमन कितनी पाक़ दिल और नसीबों वाली थी कि रमज़ान में रुख़सत ली। ठीक उस वक़्त जब आसमान में फज्र का सफ़ेद डोरा बाहर निकलने को था। समझ लो कि अज़ान और सहरी का दरमियानी वक़्त था। पचास आयतें पढ़ने के बराबर। उन्हों को यक़ीन है कि, करीमन के लिए जन्नत के सभी दरवाज़ों से पुकारा गया होगा, सिर्फ़ दरवाज़ा-ए-ज़िहाद को छोड़कर।...और तू है कि अपनी ग़लतियों के लिए उसे. गुनहगार साबित कर रहा है...? तौबा-तौबा, इतनी कमअक़्ली से सोचना कितना नापाक़ है।

आख़िर में उन्होंने असली ग़ुनहगार को बरामद कर ही लिया–'ये माँ की साली,

सिटी-बस हरामज़ादी ही, सब कुछ करवाती है... यही तो मज़हब की फ़र्ज़ अदायगी में, दख़लंदाज़ी करती है इसी की वज्ह से उन्होंने क़दम छोटे रखे व बीच जनाज़े में से वापस आ गए। बग़ैर मैयत की नमाज़ पढ़े।' वे बेजान बस पर तमाम इल्ज़ाम लगाकर, भीतर से, एक ग़लत कब्ज़े के ख़िलाफ़ बहुत सुकून फ़रोश ख़ुदमुख़्तारी का अनुभव करने लगे... 'अल्लाह, इस नाचीज़ का कोई गुनाह नहीं है'

झोले में रखी 'किताबों' का वज़न, अभी भी जनाज़े का कन्धे पर होने का शुबहा पैदा कर रहा था। कन्धा इस क़दर मारे वज़न के दर्द कर रहा था कि झोले को भी जनाज़े के हत्थे में टाँगकर वहीं पहुँचा देते, जहाँ मुर्दा जा रहा था। हो जाए ये भी सुपुर्द-ए-ख़ाक। उन्होंने कन्धा बदल लिया। 'ये' वज़न तो ढोना ही होगा-वर्ना दूसरी कौन चीज़ है, जो इतनी भी रोटी मुहैया करवा सके।

उन्होंने सिटी-बस स्टॉप पर खड़े दूसरे लोगों पर एक नज़र डाली। सभी के कन्धों पर कुछ न कुछ था। उन्हें तअज्जुब हुआ, यह देखकर कि ठीक उनसे लगा हुआ खड़ा एक छोटा बच्चा भी अपनी पीठ पर 'उसी तरह का' बोझा लादे हुए था–'किताबों का।' उन्होंने सोचा, क्या इसके कन्धे दर्द नहीं करते होंगे। सोचने लगे, आँखें सिर्फ़ उन्हीं बोझों की शिनाख़्त कर पाती हैं, जो दिखाई देते हैं, मगर उन बोझों को नहीं, जो भीतर भी होते हैं। और ज़ियादह भारी भी। करीमन से जुदा होने का बोझ तो आज तक उतर ही ना पाया है कौन देख पाता है, उसे...?

सिटी बस, अभी तक नहीं आयी थी। वे मारे फ़िक्र के बेकल और बेकस हुए जा रहे थे। वो प्रोफ़ेसर साहबान भी अभी तक दुकान पर आ चुके होंगे। और, आकर इन्तज़ार किए बग़ैर लौट न जाएँ। वरना, दिन तो बड़े चल ही रहे हैं, तिस पर रोज़ा लग जाएगा। इसके साथ ही उन्होंने ख़ुदा को आगाह किया, 'या अल्लाह, भूखा उठाना, पर किसी को भूखा सुलाना मत...'

कन्धे पर लगातार वज़न चढ़े रहने से काँख में पसीना इस क़दर तिरप आया था कि मोटे कपड़े वाली शेरवानी बग़लों से भीग आयी थी। उन्होंने झोला कन्धे से उतार कर बग़ल में पत्थर की बेंच पर रख दिया। 'झोला उतारते हुए' उन्हें एक अजीब-सी 'आज़ादी' का अहसास हुआ। ग़ालिबन, किस्से का कोई बेताल कन्धे पर बैठा हुआ था, जो उतर गया है

पहाड़ी के स्टॉप पर खड़े होकर उन्होंने ऐनक को नाक पर ठीक से रखकर चारों तरफ़ देखा। नीचे घाटी में बसे नए भोपाल की तरफ़। फिर, स्टॉप पर बस के इन्तज़ार में खड़े लोगों को। उन्हें क़तार में खड़ा देखकर जुम्मा जुलाहा आ गया। वालेकुमस्लाम के बाद हाल पूछने लगा, उन्होंने उसकी ऐवज में उससे यही पूछा तो, बताने लगा कि वह दमे का मरीज़ हो गया है, सो अब बैंडवालों ने उसको अपनी टीम से निकाल दिया है, और अब बैंड में मशक़ कौन रखता है..? आख़िरी जुमला, इस बात पर ख़त्म हुआ कि पुराना इल्म मुल्क़ से उठ रहा है, ज़माना बुरी तरह बदल रहा है और इन दिनों वह

पुश्तैनी धंधे के तज़ुर्बे की वजह से ग़रीब ख़ाँ की बेकरी पर काम कर रहा है कम-ज़-कम वहाँ काम करने से भूख का थोड़ा बहुत बन्दोबस्त तो हो ही जाता है।

जुम्माँ की ज़ुबान से उसकी तकलीफ़ का इज़हार सुनकर लगा, उन्हें भी दमा हो गया है, और जैसे किसी ने साँस लेने से भी रोक दिया है उन्होंने फिर चारों ओर ताका—पहली दफ़ा शहर बहुत अधिक बदला-बदला लग रहा था। उन्हें मालूम है, शहर कई दिनों से बदल रहा है दिनों से क्या बरसा-ए-बरस हो गए। ये मध्य भारत रियासत टूटी और भोपालशाही में रद्दोबदल शुरू हो गया। भोपाल का गुज़िश्ता वक़्त वाला वो नवाबी नूर जाता रहा था।

उन्हें शहर का पुराना नक़्शा याद आने लगा। तब सामने वाली पहाड़ियों पर इतनी इमारतें कहाँ हुआ करती थीं और ये बिड़ला मन्दिर तो उनके सामने देखते-देखते बना। तब राजकाज 'चार-बँगले' मआनी, भोपाल का वह इलाक़ा, जहाँ बर्तानवी हुक़ूमत के नुमाइन्दे रहा करते थे, वहीं से चलता था, अब चार के 'चौहत्तर' हो गए। और ये बायीं बाजूवाले 'आठ-बँगले' और वो बाजू को पैंतालीस। और भी बड़ी-बड़ी इमारतों पर नज़र फेंकी। बन रही हैं, बनेंगी भी। मगर, चमेली गली से लगा उनका पुराना मोहसिनपुरा तो वैसा ही है

और वो दूर वाली इमारत 'वल्लभ भवन' तो पूरी तरह से पहाड़ी की छाती पर मूँग दलती नज़र आती है लोग कहते हैं, पत्थर पर कोई चीज़ अपनी जड़ नहीं जमा पाती, लेकिन हुक़ूमत के मक़ानात की जड़ों को देखो...वो पहाड़ों के सीने में खंज़र की तरह घुप जाती है सब सियासत की क़ूबत है उन्हें याद आया, दुकान पर वो दो जवान लड़के अपने हमउम्र दोस्तों के साथ आया करते हैं। उसमें से एक की बात याद हो आई। हमेशा कोई न कोई किताब या रिसाले और जाने कौन-कौन से नए-पुराने अख़बारों की कतरनों की ज़िल्द बनवाते रहते हैं। कभी-कभी तो वे छपे हुए पर्चों के बंडल के बंडल यहाँ उनकी दुकान में रख जाते हैं और भूल जाते हैं। उन्हें देखकर उनको अपने कुर्बान की याद हो आती है नतीज़तन, वे उनको ख़ुद रह कर ही अपनी बातों में उलझाकर रख लेते हैं। उन्हें देख-देखकर, जो तसल्ली मिलती है, उसका इज़हार किसी के सामने करें तो कोई समझ ही नहीं पाएगा। लेकिन, क़िस्मत का कोई बेरहम मज़ाक रहा कि उन्हें, एक दिन ख़ुद अपने हाथों से अपने उस ज़वान बेटे को मैयत का ग़ुस्ल करा के क़फ़न पहनाना पड़ा था। एक दिन का वाक़िआ है कि वो छोकरे एक लाल-किताब ले आए। उनको मालूम है, ताज्जुल मसाज़िद के पीछे एक नज़ूमी रहते हैं। वो लाल किताब में देखकर लोगों को चाँद-सूरज देख के नसीब बताया करते थे। उनके पास एक लाल किताब थी। अरबी में थी। लेकिन, जब खोला तो पता चला कि ये तो माओ की 'लाल किताब' है पन्ने-पन्ने ही थे।

उन्होंने ये ही 'छाती पर मूँग दलने' वाला जुमला, बस यूँ ही आदतन उगला था। उस दिन सीहोरवाले शराब के ठेकेदार शमशाद ख़ाँ का नवासा भी, मदरसे के लिए

ख़रीदी गईं, कुछ किताबों की ज़िल्दें बनवाने की गरज़ से दुकान पर आया हुआ था। एक लड़का, जो तंज़निगार था, अपनी तल्ख़ी और तुर्शी से बोला था–'मूँग हम-तुम नहीं दलते चाचा, ये कमीनी सियासत दलती है...और मौक़ापरस्त लोग, चावल अपनी जेब में डाले फिरते हैं, मूँग की दाल दिखी नहीं कि उन्होंने उसमें अपने चावल मिलाए और लगे हाथ खिचड़ी खा-पका ली...।'

'पर, चचा अब वक़्त आ गया है, खिचड़ी पकेगी नहीं, देख लेना जलेगी। धू-धू करती लपटों के बीच।' साथ का दूसरा लड़का, जो अफ़सानानिगार था, वह बोला था। उन्हें पता है, उन दोनों के दरमियान ऐसे ही नहले पर दहले चलते रहते हैं। पर उनकी बातों से उनके ज़हन में ये शुबहा हो गया था कि कहीं इनके तअल्लुक़ात उन लोगों से तो नहीं हैं...मीसाबन्दियों से? वे ऐसा सोच कर थोड़े से सहम से गए थे। क्योंकि, अभी वक़्त बड़ा नाज़ुक है

'मियाँ हमने सैफ़ी होटल में चाय पीते वक़्त एक दिन यूँ ही अख़बार का पहिला सफ़ा पलटा तो देखा कि वहाँ तुम लोगों की तसवीरें शाया हुई थीं, कोई ख़ास वज्ह...?' उन्होंने पूछ लिया था।

'यही, अल्पसंख्यक-बहुसंख्यक का झगड़ा है' उसकी आवाज़ में अफ़सोस बड़ा गहरा और गाढ़ा था। 'हम लोग कोई हज़ार बरस से एक दूसरे के साथ भाई-चारे से रह रहे हैं, लेकिन अब ये वोट वाली राजनीति की छिनाल हमें बाँटने का षड्यन्त्र कर रही है हम इसके ख़िलाफ़ हैं और उस दिन हमने एक जुलूस निकाला था।' वो लड़का, जो अफ़सानानिगार था, बेसाख़्ता बोला। उसकी आवाज़ में अफ़सोस नहीं, तंज़ और तैश दोनों ही भरे हुए थे।

'सही फ़र्माया ख़ाँ...! ये दिलों में दरारें डालने की साज़िशें हैं।' उन्होंने अपनी जानिब जोड़ा था। ताकि वे उनका ज़हन जान सकें।

'क्या बात करते हो...? पहिले हमें और हमारी क़ौम को मराठों और सिक्खों के ज़रिये रौंदा गया, फिर अंग्रेज़ों की ग़ुलामी हमारे हिस्से में आई, उन्होंने हमसे हमारी सल्तनत छीनी और अब हिन्दुओं की ये 'अक़्सरियत' हम पे हॉवी हो रही है' बस बिलकुल आधी रोटी पर दाल लेनेवाले अन्दाज़ में, शमशाद ख़ाँ का वो नवासा, बीच बात में बेबाती-सा कूद पड़ा तो वे अकबका उठे थे। वह आगे आग-बबूला अन्दाज़ में बोला–'बताव स्साले इमरजेंसी की आड़ में ख़ानदानी मंसूबाबन्दी के नाम पे, मुस्लिम मुहल्लों के घरों में घुस-घुस के निरोध बाँट रहे हैं, नसबन्दी किए जा रहे हैं, ताकि हमारी आबादी बढ़े नहीं, और हम अगली मर्दुमशुमारी में और ज़ियादह 'अक़ल्लियत' में आ जाएँ...न कहो कि किसी दिन हमसे वोट का हक़ ही छीन लिया जाए।'

'ये तुम फिरक़ापरस्तों की ज़ुबान में कैसा ज़हर उगल रहे हो, भाई? ये मुसलमान होने की हैसियत से तुम्हारे अल्फ़ाज़ इस बात का ज़िन्दा सबूत साबित हो रहे हैं कि इस्लाम के पैरव ख़ुद ही इस्लाम के मुक़ाबले नाहक़ को पसन्द कर रहे हैं। अगर तुम

अपनी ज़ुबान और अमल से इस्लाम की गवाही वाले बन जाओ तो 'अक़ल्लियत' और 'अक़्सरियत' का सवाल ही दफ़न हो जाएगा, बात दिमाग़ में दाख़िल हुई कि नहीं...?' वो अफ़सानानिग़ार जब बेसाख़्ता एक ही साँस में बोला, तो वे दंग रह गए। 'अरे वाह...! ये तो ऐसा अहले ज़बान है...।' उसने आगे जोड़ा—'रसूलुल्लाह सल्लल्लाहु वसल्लम ने फ़र्माया कि अल्लाह त'आला ने तुम्हारे दरमियान अख़लाक़ की इसी तरह तक़सीम फर्मायी, जिस तरह रिज़्क की। अल्लाह त'आला दुनिया उसे भी देता है, जो उसे मेहबूब हो और उसे भी जो मेहबूब न हो। क़सम है उसकी, जिसके दस्त ए क़ुदरत में मेरी जान है, वो बन्दा मुसलमान नहीं हो सकता, जब तक कि उसके दिल और ज़ुबान में दीन-ए-इल्म न हो। वो मुसलमान न कहलाएगा। मुझे तुम्हारे मुसलमान होने पर शक है'

'अभी तो चलता हूँ, मियाँ...! जब अगली दफ़ा तुमसे मुलाक़ात होगी, तब ज़ेर-ओ-ज़बर बदले बग़ैर, क़ानून-ए-शरीअ्त पर बात करेंगें।...हाँ ज़रा मेरी ये शक़्ल ज़रूर याद रख लीजिएगा...।' अफ़सानानिगार ने कहा और कूच करने के लिए ज्यों ही मुड़ा तो शमशाद ख़ाँ के नवासे को छींक आ गई। वह अफ़सानानिगार मुड़ते हुए, यक़-ब-यक़ रुका और उसने छींक का ज़बाब दिया—'अलहम्द-ओ-लिल्लाह रब्बिल आमीन' और आसमान की तरफ़ गरदन ऊँची की और मन ही मन दुआ पढ़ी, जो उसी के लिए थी, जो बड़ा मेहरबान और निहायत रहमत वाला है 'हदीस में इस छींक को शाहिद-ए-अदल फ़र्माया है इसे बदफ़ाली कहना सख़्त ग़लती है'

वे दोनों तेज़ी से आगे बढ़ गए।

'चचा, ये है तो कोई मुसलमान ही, लेकिन जमाअत से बाहर है, और हदीस में हुक़्म किया है कि 'जामि ब्यानिल इल्मि लि इब्ने अब्दि बर' मआनी इस्लाम जमाअत के बाहर नहीं है नतीज़तन, ये मक़रूह होने की सिम्त मुड़ गया है' ये कहने के बाद, उसने फिर से बोलना शुरू किया—'मैं कहता हूँ, चाचा... ऐसे लोग एक दिन इस बात की मिसाल बन जाएँगे कि इस्लाम जैसी आलमगीर ताक़त के नामलेवा कभी इतने बेवक़ूफ़ हो गए थे कि मूसा की लाठी बग़ल में थी और वे महज़ रस्सियों को देखकर काँप रहे थे।' शमशाद ख़ाँ का नवासा उन दोनों के रवानगी लेने के साथ ही बोला। बाद इसके उसने लगभग ग़ुस्से में उबलते हुए आगे कहा—'दरअस्ल, बुनियादी सवाल ये है चाचा... कि एक 'अक़ल्लियत', हिन्दू जैसी 'अक़्सरियत' के बीच अपने वजूद और हक़ों को आख़िर कैसे महफ़ूज़ रखे...? एक महकूम कौम, किसी ग़ालिब क़ौम के तसल्लुत से कैसे आज़ाद हो...?' बात को आख़िरी सिरे तक पहुँचाते हुए, शमशाद ख़ाँ के नवासे की आवाज़ में, उन्हें एक ऐसा धधकता ग़ुस्सा बयाँ होता दिख रहा था, जो कभी भी फूटकर बाहर आ सकता है उन्हें लगा था कि फूट ही पड़ा है

यह सब दोहराते ही लगा, जैसे एकदम कहीं आग लग गई है कहीं गोली चल गई है और उनके आसपास की भीड़ शोर करती हाय-तौबा मचाती जान बचाने के वास्ते

भागी जा रही है उन्होंने घबराकर अपने आसपास देखा। हुआ कुछ नहीं था। सिटी-बस आ गई थी। ये बस हमेशा ही मियाँ के घर में दाख़िल होने वाली बिलकुल चौथी दुल्हन की तरह लदी-फँदी आती है उन्होंने अपना झोला पत्थर की उस बेंच से उठाया और अब वह फिर से उनके कन्धे पर आ गया था। इस वक़्त हजूम लदने के लिए जान छोड़कर दौड़ पड़ा था। उन्होंने भी कन्धे पर टँगे किताबों वाले झोले को मुस्तैदी के साथ सीने से सटाया और गठिया की गिरफ़्त में फँसी टाँगों से दौड़कर सिटी-बस पर चढ़ गए। जुम्मा पहिले चढ़ गया था, लिहाज़ा उसने पायदान से ही उनका हाथ खींचा और नतीज़तन, उन्हें चढ़ने में आसानी हो गई।

'टिकट हो गया क्या चचा?' बस के कंडक्टर ने पूछा तो उन्होंने कँपकँपाया अपना बूढ़ा हाथ शेरवानी में डाला–'हत्तेरे की, चवन्नी चोट हो गई माँ की-साली, अल्मारी के पटे पर ही छूट गई। चलते वक़्त दिमाग़ से ख़याल ही निकल गया कि किराए के लिए चिल्लर रखना है..।'

'चचा मैं पूछ रहा हूँ कि टिकट लिया कि नहीं...?' कंडक्टर की आवाज़ झुँझलाहट से भर आई थी। उन्होंने उसकी जानिब मज़लूमों की-सी बेआसरा निग़ाह से देखा। मगर फिर अपनी उम्र को याद कर के कड़ी ज़ुबान में बोले- 'अमाँ यार, जल्दबाज़ी क्यूँ मचाए हो... देता हूँ!' वे इधर-उधर तकने लगे। जुम्मा को देखते ही बोले- 'ज़रा चवन्नी होगी, मियाँ...? बाद में दे दूँगा। दरअस्ल, हाय-तौबा के दरमियान आज बटुआ घर पर ही छूट गया...।'

जुम्मा ने दो एक पल बहुत संज़ीदगी से उनकी सिम्त देखा। फिर, तरस खायी आँखों से देखने के बाद अपनी जेब से एक चवन्नी निकाली और उनकी हथेली पर रख दी। उन्हें लगा, जैसे उन्होंने आज जुम्मा से चवन्नी उधार नहीं ली है, बल्कि किसी बुज़ुर्गवार की मज़ार पर फ़ातिहा दिलाने वाले से रौशनी जलाने का पैसा पाया हो। हथेली में बन्द चवन्नी जलने लगी थी। उन्होंने हाथ बढ़ाकर मुट्ठी कंडक्टर के आगे खोल दी। कंडक्टर ने दस पैसे काटे और टिकट व बाक़ी के पैसे उनकी बूढ़ी हथेली पर रख दिए। वे हस्बे-मामूल अफ़सोस से भर गए कि आख़िर जिसने उन्हें पैदा किया, इल्म और अक़्ल की क़ुव्वतें और सलाहियतें दीं, भला काम करने का क़ौल दिया और बावजूद इसके, वे मुफ़लिसी की मार खा रहे हैं...आख़िर क्यों...? या अल्लाह, तेरे मीज़ान में भी कुछ ख़ामियाँ रह जाती हैं...तभी तो तुम अमीरों को एज़ाज़-ओ-इक़बाल दे देते हो, और हम जैसे ग़रीबों को फ़िरदौस पर टाल देते हो...?

कंडक्टर ने टिकट फाड़ा और उनके हाथ में थमा दिया।

टिकट लेकर वे बैठने के लिए सीट तलाशने लगे। जुम्मा के नज़दीक वाली सीट पर दो जने जमे हुए थे। दोनों ही जवान थे। कानों तक लम्बे बालों और गरारों की तरह चौड़े पाँयचों वाली पतलूनों के चलते इस बात की तक़सीम की तमीज़ कर पाने में ऐसी गफ़लत पैदा हो जाती है कि समझ में ही नहीं आता है कि कमबख़्त कौन उनमें

मुज़क्कर हैं और कौन मोअन्नस हैं। वे झोले को कन्धे पर लटकाए खड़े रहे। कुछ दूर बस चलकर जब न्यू-मार्किट के बाद के हमीदिया कालिज वाले स्टॉप पर रुकी और वे दोनों उतरे तो उन्होंने फुर्ती से अपना झोला सीट के नीचे खिसकाया और वहीं जम गए। बस से उतरते हुए, जब दोनों सवारियाँ कंडक्टर से टिकट के बाबत ज़िरह करने लगीं तो उनकी आवाज़ से सुराग़ लग पाया कि वे दोनों लड़कियाँ ही थीं।

झोले के वज़न ने उनके कन्धे में टीस सी भर दी थी।

एक झटका लगा। बस की रफ़्तार थमी और वह रुक गई। ड्राइवर ने आवाज़ लगायी–'न्यू मार्किट वाली सवारियाँ दरवज्जे पर आ जाव...।'

वे उतरने के वास्ते सीट से उठ लिए। जुम्मा की जानिब देख के इशारा किया कि वे उतर रहे है–'ख़ुदा हाफ़िज़..! फिर मुलाक़ात होती है...।' कहा और सीट के नीचे रखा झोला उठाया। उठाते वक़्त झोला इतना वज़नी लग रहा था कि, उतरते वक़्त पायदान पर उनके पैर लड़खड़ा गए। बावजूद उसके उन्होंने हेंडिल थाम के ख़ुद को गिरने से बचा ही लिया। लगता है, अब उम्र के उस मुकाम पर पहुँच गए हैं कि जहाँ से इनसान की, नज़र और सीढ़ियों दोनों से ही गिरने की नौबत आने लगती है ज़ुबान और घुटने एक साथ जवाब दे रहे हैं। और सवाल यही है कि और कब तक जीओगे मियाँ...? अब कौनसी ऐसी ख़्वाहिश बक़ाया है कि उस पर दम छोड़ डालें। अब तो बस ये है कि आक़बत के बोरिये समेटने के बजाय, उन्हें बिछाएँ और उन्हीं पर लेट जाएँ।

वे उतरे और सिटी-बस अपने उसी भर्राटे के साथ आगे बढ़ गई।

जाने क्यों अब न्यू मार्किट में उतरते ही एक अजीब-सी अनपहचानी दुनिया का सामना करने जैसी दहशत के अहसास से भर जाते हैं। लगने लगता है, वे भोपाल शहर के किसी जाने-पहिचाने हिस्से के बजाय, निहायत ही किसी दूसरे और बेगाने शहर में उतार दिए गए हैं। और अब वे किसी से रास्ता पूछे बिना एक क़दम भी आगे बढ़ ही ना सकेंगे। वे अन्दर ही अन्दर खदबदाते हैं–'अमाँ यार, ये भी कोई तरीक़ा है कि किसी से कोई रास्ता पूछो तो वो आपको तवज्जो देने को तैयार ही नहीं...बताइए आप इसको भोपाल कह सकेंगे...?'

वे इन तमाम ख़यालात की ख़न्दक से उबर कर तेज़ क़दम से दूर से ही दिखाई देने वाली 'मोती मसजिद' की ओर जानेवाली बसों के स्टॉप की ओर बढ़ गए। इसके बीच सब्ज़ी-मार्किट भी पड़ता है सब्ज़ी भी उठवाते ही चलेंगे। उनका मदरसे के वक़्त का हम उम्र दोस्त है, ज़ब्बार। वह सब्ज़ी लेकर बैठता है वे अक़्सर उसी से ही सब्ज़ियों की ख़रीद-फरोख़्त करते हैं।

बस स्टॉप से चल कर, जब वे बीच मार्किट में आए तो देखा कुंजड़ों की तमाम दुकानें खक्क़ल-बक्क़ल हुई धरी हैं। जगह-जगह मुस्तैदी का इज़हार करती पुलिस की

एक अच्छी ख़ासी तादाद भी दिखाई दे रही थी। एक ख़ामोश बदहवासी पूरी मार्किट की फ़िज़ाँ पर तारी थी। एक बेवा, जो चौराहे के बाएँ कोने में चाय की अपनी एक छोटी-सी गुमटी लगी हुई रहा करती थी, शायद नगर-निगम वालों ने उसे उखाड़ने के बाद उस गुमटी को तोड़कर नेस्तनाबूद कर दी थी, नतीज़तन वो बुरी तरह कलाप किए जा रही थी। करीमन कहा करती थी 'बेवा की आह से सल्तनतें तक झुलस के खाक़ में तब्दील हो जाती हैं।' पता नहीं, इस हक़ीक़त को ख़ुदा जाने, पर नगर-निगम की सेहत को, इससे कुछ फ़र्क़ पड़ेगा भी कि नहीं। बहरहाल फ़िलवक़्त यह उनको कतई समझ में नहीं आ पा रहा था कि क्या बन-सुधर रहा है उन्होंने एक नौजवान को रोक कर पूछना भी चाहा। मगर किसी को धेले भर की फ़ुर्सत नहीं। सब गुपचुप तरीक़े से कहीं खिसक लेने में लगे दिख रहे थे। वह आगे बढ़ गया।

'अरे चचा, यहाँ क्या कर रहे हैं...?' यक़-ब-यक़ किसी की पीछे से आवाज़ आयी। उन्होंने चौंक कर पलट के देखा। उन्होंने पहले अपनी ऐनक को ठीक किया, फिर आँख में उसकी शिनाख़्त लौट आयी। वे पहचान गए। ओह...कन्धे पर झोला टाँगे, ये तो वही हिंदवी का तंज़निग़ार छोकरा है–'अरे तुम ही हो मियाँ, अमाँ यार, पूछ रहा था, ये यहाँ ख़ुदाई वगैरा किस ख़ातिर हुए जा रही है...?'

'अतिक्रमण हटा रहे हैं, चचा...क्योंकि बीस-सूत्रीय कार्यक्रम के तहत शहर को ख़ूबसूरत बनाया जाना है' वह इस क़दर बोला, जैसे बात और आगे खींचने की मंशा उसकी भी नहीं है

'तो मियाँ, क्या उन्होंने ख़ूबसूरती लाने का ये ही तरीक़ा ईजाद किया है कि ग़रीब-ग़ुरबों को बेदख़ल कर दें...?' उनकी ज़ुबान पर आदतन तैश तामीर हो गया।

'चचा, अभी यहाँ आज मूर्ति लगने वाली है...।' लड़के ने जवाब दिया और इधर-उधर ताकने लगा।

'बुत...? किसका? मियाँ, बुत बुनियादी तौर पर ख़ुराफ़ात की जड़ होते हैं। और नेकबक़्श लोग ख़ुराफ़ात की जड़ों को खोदते हैं, उनको रोपते नहीं...समझे...?' उन्होंने कहा और लड़के की जानिब हैरत से देखने लगे। उसकी शक़्ल से लग रहा था जैसे उसकी, उनकी बातों में कोई दिलचस्पी नहीं है उनको लगा कि शायद, वह इस वक़्त कहीं पहुँचने की जुगाड़ में है उन्हें शुरू से ही मालूम है कि ये लौंडे, तो हरदम ही कहीं न कहीं जाने की हाय-तौबा में ही दीखते हैं। ऐसी जगह, जिसका इनको ख़ुद को ही पता नहीं है और अब वो जगह, बताए भी कौन...? और जिनसे राह बताने का इमकान जुड़ा था, वे किसी थाने की कोठरी में चक्की चला रहे हैं। उसकी जल्दबाजी देख के वे थोड़े से मायूस हो आए। एक झुँझलाहट महसूस हो रही थी उनको। सो बिदकते हुए बिखरे–'हाँ, हाँ भई बुत ही बनेगा, यहाँ अमानत ख़ाँ की क़ब्र थोड़ेई ख़ुद रही होगी।'

'चचा क़ब्र खुदे, लेकिन आपकी नहीं, आपके दुश्मनों की...और तो और वह खुदे

तो उस क़ब्र में हम ही उनको धक्का दे दें, उनको सब को, जो इस मुल्क़ में बोलने की आज़ादी को दफ़्न किए बैठे हैं।' उसकी आवाज़ की पर्तों में से बाहर निकलकर, कोई पुराना ग़ुस्सा बोल रहा था, जिसका अन्दाज़ उनकी ग़ाहे-ब-ग़ाहे आपस में चलती रहनेवाली कई मुसलसल ज़िरहों को सुनते रहने की वज्ह काफ़ी कुछ पहिले से हो चुका था।

'पर किसका बुत है?' उन्होंने बेकली से अपना वही सवाल दोहराया।

'बुतों की कई क़िस्में हैं, चचा, इस देश में। सारा देश ही बुत बना हुआ है सब पत्थर के हो गए हैं...कोई कुछ नहीं बोल रहा...लेकिन यक़ीन मानिए, यह सब ज़्यादा दिन तक नहीं चलेगा।' छोकरा बोला और इधर-उधर तकने लगा। तभी वो अफ़सानानिग़ार लड़का आ गया। वालेकुमसलाम के बाद बोला–'चचा आपको 'तूफ़ान-ए-नूह' की याद है...?' फिर दोनों धीमे से हँसे और तेज़ी से दबे क़दम आगे बढ़ लिए। 'चचा भेड़िया घुस के भेड़ों को फाड़ खाए, उससे पेश्तर कि आप ही उसे चीर कर फेंक दें।'

वे भी हँसे। कुछ भी कहो, ये लौंडे कमबख़्त हैं, बड़े आला दर्ज़े के दिल्लगीबाज़। और हक़ीक़त में देखा जाए तो ये साला शहर ही 'बुत' तराश है जिस चौराहे को देखो, वहीं कोई न कोई बुत खड़ा है चलो, कौवों को बीट करने के लिए एक और नया सर मिल जाएगा...वे ख़ुश होंगे...ख़ुदा कौवों को बीट करने की क़ुव्वत बक़्शे...ताकि उनके पेट कुन्द होने से बचें। कमबख़्तों ने इन दिनों गन्दगी में ख़ूब चोंचें मारी हैं। चलो काँव-काँव कम होगी। उनके भीतर अब किसी और शख़्स से चौराहे पर हो रहे, इस रद्दोबदल के बारे में जानकारी बटोरने की मंशा नहीं रह गई थी। क़िस्सा कोताह कि पछतावे के बोझ को अब अकेले ही ढोने का सियाह वक़्त आ गया है वे सब्ज़ी-मार्किट की डरी-डरी सी भीड़ में घुसकर अपने दोस्त की दुकान के सामने पहुँच गए।

'क्यों बे तेरे वालिद किधर गए?' उन्होंने दुकान पर केवल छोकरे को बैठा देखकर पूछा। दुकान का कमोबेश सारा ही माल एक बड़े टाट से ढँका पड़ा था। तम्बू भी अधतना ही था।

'अब्बू तो आज बड़ी मंडी गए हैंगे, तुमकूँ क्या दूँ...गोभी, परवल, कटहल?' लड़के ने आदतन अपनी धन्धई रफ़्त के चलते सब्ज़ियों की फ़ेहरिस्त उगली। वे उसे केवल कड़ी नज़र से एकटक घूरते रहे, फिर बोले–'अबे ओ बेदाम के बूदम! तूने मुझे 'चौहत्तर बँगले' का आदमी समझ लिया है, क्या, जो मेरे सामने इन सब्ज़ियों के नाम बोल रहा है...।' फिर, हवा का ताज़ा टुकड़ा खींच कर बूढ़े फेफड़ों को सुपुर्द करके बोले–'बच्चू, तू तो अपने को वही अपनी क़ुनबा परवर सब्ज़ी दे दे-पाव कद्दू, समझे...।'

छोकरा चाकू उठाकर टाट के नीचे छुपे एक ख़ूब बड़े कुम्हड़े से आफल गया और पाव भर के अन्दाज़ की फाँक, बाहर निकाल कर तोलने लगा। वे सोचने लगे–'वल्लाह, क्या क़ुदरत भी आदमी की तरह कमज़र्फ़ हुआ करती है, जो बे'ग़ैरत तक़सीम में यक़ीन

रखती है? बताइए कि एक सब्ज़ी ऐसी बनाई कि सब खा सकें और दूसरी ऐसी कि कुछ चन्द लोग ही उसे छू-चख़ सकें। उन्हें याद आया, शरीयत का एक बयान कि एक दर्ज़ी ने खाना तैयार किया और रसूलुल्लाह सल्ललुलह वसल्लम को दावत की। दर्ज़ी ने शोरबा पेश किया। उसमें क़ीमा और कद्दू था। आपने प्याले में से कद्दू निकाल लिया। और खाने लगे। उनको कद्दू से तभी से मुहब्बत हो गई। छोकरे ने फाँक तोल दी। उन्होंने चट से झोले में डाली और चलने लगे तो छोकरा फिरकनी की तरह उचका और ऊँची आवाज़ में बोला–'ओय चचा, पैसे...।'

'वालिद से बोलना, मैं ले गया हूँ। उन्होंने काफ़ी संजीदा होकर इस तरह कहा, जैसे छोकरा उनका ज़वाब सुनते ही गार हो जाएगा।

'तुम कूँ मैं बेल्कुल नँई पिचानता, तुम तो पइसे देव।' छोकरे के द्वारा उनको न पहचाने जाने की वज्ह थी कि उसने उन्हें बेलिहाज़ होकर काफ़ी सख़्त आवाज़ में इनकार कर दिया। उस इनकार में उनकी बेक़द्री बुरी तरह बयाँ हो रही थी।

वे सन्न रह गए। उन्हें झोला जिसमें 'किताबें' व कद्दू था, एकाएक इतना वज़नी लगने लगा था कि कन्धे से उतार कर यहीं फेंक कर चलते बनें। उनका बूढ़ा ज़िस्म बेइज़्ज़ती के तीख़े अहसास से कुछ लम्हों के लिए तो बेतरह काँपता रहा। फिर एक ख़ास मुक़ाम तक कँपने के बाद ठहर गया–'लो मियाँ, अब कद्दू भी नायाब हो गया।' पर इसमें न उन्हें कद्दू का गुनाह लगा, न ही छोकरे का। पहली दफ़ा लगा, हालाँकि कई दफ़ा लगा होगा–लेकिन इस वक़्त कम-से-कम पहली दफ़ा-सा ही लगा–'साला ये छोटा-सा पैसा, दुनिया की बहुत बड़ी चीज़ है इसकी गोलाइयों में सब कुछ गर्क़ है...आपकी उम्र, इज़्ज़त, आबरू... यानि कि सब कुछ।'

उन्हें पहले वे प्रोफेसर साहब याद आए। फिर किताबें। और आख़िर में किताबों का पैसा। ज़िल्द का पैसा-सिर्फ़ दस रुपया, इतने माल व मेहनत का! हुँह सिर्फ़ दस रुपया। हद होती है, लूटने की। वे भीतर तक गुस्से से भर गए। यह गुस्सा पलटी का था, जो मास्टर पर कम, किताबों पर ज़ियादह पिल पड़ा-किताबों में ज़िन्दगी गई और अब वे ही ज़िन्दगी खा रही हैं...देखो कपड़े के धंधे वालों को, ऐसे ही मास्टरनुमा आदमी को वो दस रुपया ज़ियादह बढ़ा के बोल देगा तो अल्लाह की गाय बन चुपचाप 'पाना' छोड़ देंगे और यहाँ, इस किताब के लिए पाई-पाई पर ज़िरह छेड़ेंगे। उन पर तोहमत के अन्दाज़ में कहेंगे–'ये तो सरासर लूट है...।'

उन्होंने झटके से झोले में से कद्दू की ज़र्द फाँक निकाली और दुकान पर पटकते हुए अपना झोला उठाकर चल दिए–'अब आने दो साले उस प्रोफेसर को। वे भिड़ जाएँगे कि 'मियाँ पहिले आप अपनी पूरी शराफ़त के साथ पन्द्रह रुपया नग़दी रखिए, वर्ना, हिरते-फिरते नज़र आइएगा। नहीं मिलेंगी, आपको अपनी ये किताबें, कर लीजिए जो कर सकते हैं...।'

जुमेराती की सिम्त जानेवाली सिटी-बस दूर से घरघराती एक फटी किताब की

तरह तेज़ी से चली आ रही थी। बस आयी। रुकी। उसने कुछ लोगों को उगला-निगला। लोग-बाग़ उतरे और वे चढ़ गए। चढ़ते हुए उन्हें लगा, उन्होंने सिटी-बस के पायदान पर अपना पैर नहीं रखा है, बल्कि, किसी पागल घोड़े पर सवारी कर ली है...पागल और बेतहाशा भागते बेलगाम घोड़े की पीठ पर, जो सीधा ले जाकर, उन्हें अब किसी जंग-ए-मैदान में ही छोड़ देगा।

सिटी-बस ने उन्हें जुमेराती वाली दुकान के ऐन सामने छोड़ दिया।

उतरते ही उन्होंने पहिले अपने ऐनक की कमानी को उँगली से धक्का देकर सीधा किया और वे प्रोफेसर साहब को चारों सिम्त इस तरह खोजने लगे जैसे उनकी वो ऐनक, ऐनक नहीं, बल्कि कोई दूरबीन है और वे खन्दक में से दुश्मन की टोह ले रहे हों। उन्हें प्रोफेसर की शक़्ल का न केवल आसपास, बल्कि, दूर तक भी कोई नज़र नहीं आ रहा था। अचानक एक शख़्स सफ़ेद लिबास में बाईं बाज़ू की दुकान से उतरा–वे ख़ुद को तैयार करने लगे कि अब भिड़ पड़ेंगे और कहेंगे–'जनाब, दस नहीं, पन्द्रह रुपए रखिए तो ही किताब को हाथ लगाइए... वर्ना फूट लीजिए।' लेकिन बग़ल से उतरा आदमी वह नहीं निकला। इस वक़्त ज़िस्म का क़तरा-क़तरा ग़ुस्से से फनफना रहा था। उनको मटन-मार्किट वाले मुनीर ख़ाँ और पंडत पूरनचन्दर की भी याद हो आयी, जो बिना कोई पेशगी रक़म दिए, इतनी मोटी-मोटी किताबों को ज़िल्द बनवाने को दे गए और आज तक लौट के नहीं आए। ये तो सरासर एक ग़रीब हुनरमन्द के मत्थे पर सीधी मार है

वे झटके से अपनी दुकान के पटियों पर चढ़े। पूरी बेरहमी के साथ ताले के पेट में पीतल की चमचमाती चाभी भोंकी और उसने दूसरे ही पल अपने कब्ज़े में फँसी साँकल को मुँह फाड़कर छोड़ दिया। दरवाज़ा खोला और किताबें रेक पर रख दीं। दुकान उन्होंने पूरी नहीं खोली, सिर्फ़ एक 'भड़का' खुला रखकर प्रोफेसर साहब का बहुत बेसब्री से इन्तज़ार करने लगे। इस बीच अपनी फटफटी फटफटाता हुआ, शमशाद ख़ाँ का नवासा आ गया।

'वालेकुम सलाम...।' उसने फटफटी रोक कर पूछा।

'अस्सलावालेकुम...।' उन्होंने बेरुख़ी के साथ जवाब दिया, अलबत्ता जवाब फेंका। वह कुछ पूछे उसके पहिले ही उन्होंने उसे उसी बेरुख़ी से कहा कि उसकी किताबों की ज़िल्दें अभी नहीं बन पाई हैं। वह अपनी फटफटी फटफटाता हुआ आगे निकल लिया। वे उस पर भुनभुनाए–'कमज़र्फ़ कहीं के, अक़ल्लियत और अक़्सरियत की बड़ी-बड़ी बातें करते हैं...फ़िरक़ादाराना अन्दाज़ में। अरे मियाँ पहिले अपने मुँह के भीतर ही झाँक लो...वहाँ दाँतों और ज़ुबान का तनासुब अक़ल्लियत और अक़्सरियत का ही है, जी हाँ एक और बत्तीस का... लेकिन क्या दाँतों ने ज़ुबान को अकेली देख

क, काट-काट के मुँह में क़त्लेआम मचा दिया...? दरअस्ल .ये सारे अन्देशे हैं। सबसे असली अक़ल्लियत और अक़्सरियत तो अमीर और ग़रीब के दरमियान की ही है हाँ मियाँ, इसके दरमियान मौजूद ख़लीज़ों को तो देखो...ये ख़लीज़ें ज़ियादह बड़ी हैं। इनको दूर करने से तुम्हारी दुनिया और आख़िरियत सुधरेगी।

वे प्रोफेसर साहब का बहुत बेसब्री से इन्तज़ार करने लगे।

दिन चढ़ा और बिन रुके लगातार ही चढ़ता ही चला जा रहा था। और, इसके साथ ही साथ उनके ग़ुस्से का पारा भी चढ़ के ऊँचाइयाँ पकड़े जा रहा था। वो प्रोफेसर साहब अभी तक नहीं आए थे। जबकि कल उन्होंने ख़ुद रह कर ही दस बजे मुद्दाम आने की बात कह दी थी। उन्होंने भीतर से ख़ुद को तैयार करना शुरू किया। आज वे धेले भर की घई-पावड़ी नहीं करेंगे। बिलकुल एक तर्फ़ा बने रहेंगे–'अरे चुप रहेगी, तो चींटी पर भी ये लोग पँसेरी की मार करेंगे। इन पैसेवालों की ही क़ौम ग़ालिब है शायद ये ग़ुस्से की वज्ह ही थी कि इस वक़्त दुकान के सामने से गुज़रने वाला हर आदमी, उन्हें प्रोफेसर साहब की शक़्ल-ओ-सूरत का दिखाई दे रहा था।

उन्होंने एक बार ऐनक के आतिशी शीशों के पार, दूर तक नज़र फेंकी और वापस दुकान में लौटा कर ले आए। वहाँ दुकान के भीतर बनी-अधबनी किताबें थीं। काग़ज़ के बंडल थे। भूरे रंग के। लाल रंग के भी थे, जो अल्मीरे के दराज़ों के भीतर दबे पड़े थे। उनकी निग़ाह एक रैक पर गई, जहाँ दो-तीन मोटी मोटी किताबें रखी थीं। वे भी इसी तरह की थीं कि जिन्हें गिराक खड़ेदम बनाने की कह तो गए, लेकिन जो आज तक लौट कर नहीं आए। बम्मन गली के पंडत पूरनचन्दर। मटन-मार्किट वाले मुनीर ख़ाँ। कमबख़्तों का ज़िल्दों की ऐसी उतावली कि हाग छोकरे वरना पेट तेरा फाड़ूँ ... और ... पैसे की बख़त ऊँट को सहरा में ढूँढ़ने निकल गए। पता नहीं मुनीर ख़ाँ क़मबख़्त कौव्वे का ग़ोश्त तो नहीं खाता...? ग़ुस्सा अब अँतड़ियों से उठकर, बवंडर बन के मगज़ की जानिब बढ़ रहा था।

वे रैक की ओर देखने लगे और दूने ग़ुस्से से भर उठे। जब वे छोटे थे और किसी वक़्त ग़ुस्से से भर जाते तो अब्बू कहते–'छोटे मियाँ, चलो उठो और वुज़ू कर लो।' तभी उनको लगा कि अब ग़ुस्सा करने में भी थकावट लगने लगी है कौन सा वुज़ू करें। और किस के लिए...? भूख का वक़्त निकल चुका था और अब तो चार घंटे से भी ऊपर होने आए थे। एक दफा तो मंसूबा किया कि असलम ख़ाँ के ढाबे से, दो-तीन माँडे मँगवा कर पेट में पटक ही लें। उन प्रोफेसर साहब की आमद के भरोसे कब तक बैठे रहेंगे। फिर, दूसरे ही पल उन्होंने मुँह बिचका लिया–अब किसी अज़ीम की औलाद से उधारी नहीं करेंगे। तभी उनकी निग़ाह असलम के ढाबे की जानिब घूम गई। उन्होंने देखा कि वहाँ ग़ोश्तखोर गिद्धों की तरह आठ-दस ख़ाक़ीवर्दी वाले दिखाई दे रहे थे। कोई इल्म और अन्दाज़ मुमकिन नहीं था कि आज असलम के ढाबे के कितने मुर्ग़मुसल्लम और क़बाब पर मुफ़्त में हाथ साफ़ होगा।

वे वापस उसी तरह डेढ़-चश्मे की दुकान में भुनभुनाते हुए तेज़ी से चहलक़दमी करने लगे।

पेट से उठकर दिमाग़ की तरफ बढ़ती भूख की तल्ख़ी पागल हुए शैतान की तरह चढ़ने लगी थी। और चढ़कर बार-बार उनके वजूद को ही डसे जा रही थी। मगर, वे थे कि, लगातार भूख पर काबिज़ होने के लिए हाथ-पैर मारते जा रहे थे।

वे कभी सड़क को देखते, कभी अलमारी को। बेसाख़्ता उनकी नज़र अलमारी के कोने पर रखी अल्युमिनियम की पतीली पर पड़ गई। वे चुम्बक की तरह खिंच कर उसके क़रीब पहुँच गए। ढक्कन उठाकर देखा। कल शाम को पकाई गई 'लेई' थी।

ढक्कन खुलते ही एक तीखी नशीली गन्ध किनारा तोड़ लहर की तरह नाक से घुसकर सीधी अँतड़ियों में उतर गई। अन्दर उतरकर पेट में मार-तमाम ऐसी खलबली पैदा कर दी कि लगा वे बिल्ली की तरह उस लेई में अपना पँजा मारेंगे और भसर-भसर कर खाने लगेंगे। उन्होंने बहुत जद्दोज़हद के साथ ख़ुद को ज़ब्त किया और अपने पँजे को रोक लिया। मगर, इस समय पेट की आँतें दिमाग़ हो गई थीं, और उनकी सारी हरक़तें जैसे उसी से अगली हरक़त के इशारे पा रही थीं। उन्होंने सोचा-लेई खाने में हर्ज या ग़ीबत जैसा क्या है, भूखे के लिए तीन दिन बाद तो मुर्दा भी हलाल है

लेई बासी ग़ोश्त की तरह सफ़ेद और भूख को उकसाने में इमदाद करने वाली लग रही थी। उन्होंने आख़िर में अपना हकीमी तज़ुर्बा लेई से लड़ा दिया कि वह उनकी तबीयत तुरन्त ही ख़राब कर देगी और तबीयत बिगड़ गई तो उन्हें कोई हस्पताल तक भी ले जानेवाला न मिलेगा। उन्होंने ढक्कन बहुत धीरे से वापस ढँक दिया। पहली दफ़ा इतनी छोटी-सी उठा-धरी में हाथ को ताक़त लगानी पड़ी है हाथ में एक अजीब-ओ-ग़रीब जुम्बिश का कब्ज़ा हो गया था। कम-अज़-कम उन्होंने तो ऐसा ही महसूस किया।

तभी बाहर से दुकान के पटियों पर किसी के जूतों समेत चढ़ने की आवाज़ आयी। उन्हें लगा, प्रोफेसर साहब आ गए। वे झटके के साथ पलटे। देखा वहाँ वे नहीं थे। वे तो अदबी ज़ुबान में आपस में दिन रात ज़िरह करते रहनेवाले दोनों छोकरे थे।

उनके हाथों में तीन-चार फटी-पुरानी किताबें थीं। वह तंज़निगार छोकरा बग़ैर कुछ कहे ऊपर दुकान में चढ़ आया। उनकी हमेशा भागम-भाग में रहनेवाली शक़्लों में आज और दिनों के बजाय कुछ ज़ियादह ही उतावली और बदहवासी नुमायाँ हो रही थी। वह तंज़निगार छोकरा पटिये पर चढ़ते ही किताबें बढ़ाते हुए बोला–'चचा, शाम सात बजे तक ज़रूर बना दो, हम इसी रात को यह शहर छोड़कर, दूसरी जगह जाने वाले हैं। और ये हमारे कुछ ज़रूरी काग़ज़ों के बंडल भी हैं, जिनकी हिफ़ाज़त के लिए इनको हम आप की दुकान में ही छोड़कर जा रहे हैं।'

उन्हें उसकी उतावली और खड़ेदम काम करवाने वाली बेमक़सद ज़िद्द को देखकर ऐसा ग़ुस्सा आया कि किताबें उठाकर सड़क पर फेंक दें और कहें-'मियाँ इस अमानत को तुम भी बेवकूफ़ बनाने आए हो... मगर इतने दिनों की आवाजाही ने उन्हें ऐसा

सलूक करने से ख़ुद को रोक लिया। फिर उनकी शक्ल की मासूमियत उन्हें अक्सर ही अपने इसी तरह की हड़बड़ी में रहनेवाले जिगर के टुकड़े, क़ुर्बान की याद को सुलगा कर, ज़हन के अँधेरे ग़ोशे में रोशनी का चिलका खींच देती है उन्होंने किताबें हाथों में लेकर बेरुख़ी से ज़मीन पर पटक दीं। अमानत ख़ाँ का ऐसा बेरुख़ी से भरा सलूक देखकर लड़का थोड़ा सकते में आ गया। कुछेक लम्हों के लिए वे उसको घूरते रहे। उनकी आँखों से कोई इत्तिला नहीं पहुँच रही थी कि उनके भीतर कोई तह-ओ-बाल है कि कोई अर्से पहिले की जमी हुई ख़ामोशी।

'चाचा, जानते हो ये किताबें वो हैं, जो बताती हैं कि तुम्हारी और हमारी इस फटेहाली और भूख के लिए असली ज़िम्मेदार कौन हैं...?' लड़का झुंझलाकर बोला।

'हाँ, हाँ तू क्या बताता है, मैं जानता हूँ , कौन-कौन है और उनकी क़िस्में और शक़्लें कौन सी हैं...? क्या तू थाने में इनके ख़िलाफ़ कोई शिक़ायत दर्ज करवाएगा...? तो सुन...। हाँ, वो कमबख़्त प्रोफेसर है...वो मटन-मार्किट वाला मुनीर ख़ाँ है,..वो पंडत पूरणचन्दर है... और हाँ, वो... सब्ज़ी मार्किट में छोटी-छोटी दुकानों को नेस्तनाबूद कर के ग़रीब-गुरबों की रोज़ी-रोटी के ख़िलाफ ख़ुराफ़ातों की जड़ों को रौंपनेवाले तमाम वो बुत भी हैं, समझे...बरख़ुर्दार...?' बिलकुल उजबक और अहमकों की तरह भिन्ना कर बोले।

'आपने ही एक दफ़े कहा था, चचा...कि हर अहद में ऐसा होता रहा है कि कमअक़्ल, कुदाल से और अक़्लमन्द तदबीर से ख़ुराफ़ात की जड़ों को उखाड़ फेंकते हैं।' लड़का अपनी धीमी और ख़ुद-एतमादी से भरी हुई, पाटदार आवाज़ में बोला। पता नहीं, बेसाख़्ता उनके जज़्ब-ए-ख़याल के भीतर ऐसा क्या हुआ कि उनकी रगें तन गईं। लगा जैसे कहीं से तूफ़ान-ए-नूह के आने का वलवला पैदा हो गया हो।

'समझ लीजिएगा कि बस जड़ों के उखड़ने की ख़बर आप तक पहुँचने ही वाली है' अफ़सानानिगार लड़के ने आगे जोड़ा। वे झटके के साथ ग़ाफ़िल जोश में बढ़े और रैक से लटूम गए। और उन्होंने एक के बाद एक-एक करके उन सभी किताबों की ज़िल्दें बेरहमी से उतार डालीं, जिनको गिराक लेने के लिए लौटे नहीं थे।...और, इस वक़्त उनके हाथों में 'उन्हीं' किताबों ही से उतारी हुई तीन-चार ज़िल्दें थीं–'लो चढ़ा लेना अपनी किताबों पर और भाग लो तुम यहाँ से...अभी, एकदम से अभी...अपने इस बंडल के साथ...।'

'चचा मिठाई तो नहीं है, हमारे पास... हाँ ग़रीब ख़ाँ की बेकरी की मीठी ब्रेड है... ख़बर आने के बाद, इसे खोल कर खा लेना...।' उन्होंने कहा और ब्रेड का पैकेट उनकी कुर्सी पर रखकर बिजली की तेज़ी से ज़िल्दें उठाकर किताबों सहित दुकान के पटिये से नीचे, वे कूद गए। उनके जाते ही उन्होंने रैक से गिरी उन बेनूर हो चुकी किताबों की जानिब निरी खाली निगाह से देखा। देखा और घबराकर दोनों हाथों की हथेलियाँ उठाकर, मुआफ़ी माँगने की सूरत अख़्तियार कर ली। मुआफ़ी के लिए किसी भी क़िस्म के

अल्फ़ाज़ बोलने के पहले उन्होंने अपनी हथेलियों को एक बार ज़रा गौर से देखा, उन्हें लगा, ग़ालिबन, ये हथेलियाँ अब उनकी तो कतई-कतई नहीं रह गई हैं।

उन्होंने पँजे नीचे गिरा लिए।

बाहर देखा, तेज़ी से जाते हुए वे लड़के बायीं ओर के चौराहे से बेरहमी से भिड़ जानेवाली गली की जानिब मुड़ गए थे, जो झील के किनारे वाली सड़क पर ले जाकर छोड़ती थी, जहाँ से शहर से बाहर ले जानेवाली बसें गुज़रती हैं। तभी उन्हें लगा उनके कानों में दूर से कहीं किसी पुकार की तरह कोई ऊँचे सुर में आवाज़ गूँज रही है कहीं बहुत दूर से आती, बिलकुल अज़ान की-सी लग रही थी। लेकिन, उनके ग़ोश-ए-मुश्ताक़ में शिनाख़्त की बहुत पुरानी तौफ़ीक़ थी कि उनको ये मुकम्मल अहसास हो गया कि ये अज़ान नहीं थी, क्योंकि जोहर की नमाज़ के लिए अभी काफ़ी वक़्त बक़ाया था।

उन्होंने अपनी दुकान के अधखुले दरवाज़े से बाहर और दूर देखा। वहाँ ग़ोश्तख़ोर गिद्धों के गिरोह ने असलम की मुश्कें बाँध ली थीं और वे उसे अपनी फटफटी पर बिठा कर कहीं ले जा रहे थे।

उन्हें लगा हवा में, कहीं दूर के भीड़ भरे इलाक़े में सहसा सायरन के बजने की बारीक़ और बींधती आवाज़ है, जो फलक़ को फलाँगती हुई, धीरे-धीरे हर सिम्त फैलती जा रही है

(रचनाकाल- 1976)

एक चुप्पी क्रॉस पर चढ़ी

अमि काफी देर से नहा रही है एकदम चुप-सी होकर। नहाते समय उसे कुछ गुनगुनाना नहीं आता। और ना ही आता है, विवस्त्र होकर नहाना, वरन् वह तो उम्र की सीढ़ियाँ चढ़ती हुई अपनी यात्रा के एक ऐसे बिंदु पर आ चुकी है, जहाँ अपनी देह में निरन्तर होते जा रहे परिवर्तन को देखने का जंगली-सम्मोहन अपनी पूरी तीव्रता पर होता है देहासक्ति की एक सहज दीप्त इच्छा। मगर, अमि ने अभी तक इस सबको लेकर ऐसी कोई ख़ास तल्ख़ी महसूस ही नहीं की। हाँ, एक दफ़ा इच्छा अवश्य हुई थी। मगर, पूरे वस्त्र उतार कर आईने के सामने निर्वसन होने के पहले ही वह ख़ुद को एकदम मूर्ख लगी थी। बाद इसके उसने ख़ुद को टटोलते हुए पूछा था कि वह अपनी तमाम अन्य हमउम्र सहेलियों की तरह कोई भी हरक़त करते समय ख़ुद को ऐसा असहज क्यों अनुभव करने लगती है ? हाँ, क्यों...? हाँ, क्यों...?

और अब भी नहाते समय वह कुछ ऐसा ही सोच रही थी। ख़ुद को तथा ख़ुद के परिवेश को लेकर। सोचते-सोचते अचानक ख़याल आया कि वह काफ़ी देर से बाथरूम में बन्द है वह खड़ी हो गई। जल्दी-जल्दी बदन पोंछा, और नल को वैसा ही टपकता हुआ छोड़कर, कपड़े पहन बाहर आ गई। फिर बाथरूम की सिटकनी सरका कर वह ज्यों ही मुड़ी, सामने पापा थे। और पापा की निगाहें, अमि पर। मन की कोमल-कोमल सतहों पर सकुचाहट व भय का मिला-जुला पनीलापन फैल गया, जिसमें शनै-शनै उसे अपना वजूद डूबता-सा जान पड़ा।

अक्सर, ऐसा ही होता है, पापा के सामने पड़ने पर। उनका ठेठ-रोआबदार, संजीदा-संजीदा चेहरा देखकर अमि हमेशा से ही सहमी-सहमी रही है इसीलिए पापा की उपस्थिति के घनीभूत क्षणों में अमि चाहती रही है कि जितना भी जल्दी हो सके, वह उनकी आँखों से ओझल हो जाए।

पापा रुके हुए थे।

रुके हुए और चुप। अमि को लगा, यह शायद पापा के बोलने के पहले की ख़तरनाक चुप्पी है, जो टूटते ही अपने साथ बहुत हौले-से एकदम ठंडे, लेकिन तीख़े लगनेवाले शब्द छोड़ेगी, जो उसे भीतर ही भीतर कई दिनों तक रुलाते रहेंगे। उसे लग रहा था, पापा कुछ कमेंट करेंगे। उसके इतनी देर तक बाथरूम में बन्द रहने पर। मसलन—

'अमि ! तुम्हें दिन-ब-दिन यह क्या होता जा रहा है ?' मगर, वे कुछ कहे बग़ैर ही आगे बढ़ गए।

अमि आश्वस्त हो गई।

गीले पंजों के बल लम्बे-लम्बे डग भरती हुई, अपने कमरे में चढ़ आयी। अमि को हमेशा अपने कमरे में आकर एक विचित्र-सा साहस आ जाता है कमरे की सपाट और सफ़ेद दीवारें, छत, यहाँ तक कि कमरे की हर चीज़, उसे अपनी और एकदम अपनी, अकेले की लगती है इन दीवारों व चीज़ों के बीच घिर कर अमि ने हमेशा ख़ुद को बहुत सुरक्षित अनुभव किया है और अब आतंक के कुछ कँटीले-लम्हों के बाद वह अपने कमरे में थी।

उसने खिड़की में से झाँक कर नीचे देखा। पापा अब लॉन की धूप में चेयर पर पसरे हुए थे। हाथों में, लॉन के पीले गुलाब से तोड़ा गया ताज़ा फूल था। और धीरे-धीरे पापा की लम्बी व सख़्त अँगुलियाँ उसकी एक-एक पँखुरी को उधेड़ रही थीं।

अमि डाइनिंग टेबुल पर पापा के साथ खाना खाने बैठते समय प्लेटों में चलती उनकी उन लम्बी व सख़्त अँगुलियों से ऊपर नज़र नहीं ले जा पाती। पापा की अँगुलियाँ देखकर उसे हमेशा दहशत होती है जैसे, वे पिस्तौल के ट्रिगर पर रखी हुई हैं। थोड़ी-सी भी हरकत हुई कि धड़ाम्...यहाँ तक कि उनकी पेन थाम कर, काग़ज़ पर लिखती अँगुलियों से भी उसे डर लगता है कि इधर उन्होंने साइन किया कि उधर किसी पर गोली चालन हो जाएगा। कोई नौकरी से बरख़ास्त हो जाएगा या फिर किसी की कलाई में हथकड़ी पड़ जाएगी।

अमि ने बहुत धीमे से खिड़की बन्द कर दी।

बालों को फिर से निचोड़ कर झटके से फैला लिया। फिर अपने कमर को छूने वाले लम्बे बालों के साथ एक सूखा-सा टॉवेल लपेट कर ढीला-सा जूड़ा बना, अपने कमरे के सामने टैरेस पर धूप में आ कर पसर गई। उसके इन बालों को लेकर पापा ने एक दफ़ा खाना खाते वक़्त कहा था कि वह इन्हें कटवा ले। अभी से अधेड़ औरतों की तरह जूड़ा बाँधना भला नहीं लगता। पापा के कथन का स्वर सलाह नहीं, सिर्फ़ आदेश का हीं होता है–वह कैसे कहे कि उसे अपने लम्बे बालों से प्यार है, परन्तु पापा के समक्ष यह तर्क देने की जगह अमि ने वहीं डाइनिंग टेबुल पर ही फूट-फूट कर रोना शुरू कर दिया था, तो वे फिर कुछ नहीं बोले थे। चुपचाप उठ गए थे।

अमि को अमूमन लगता है, पापा उसे जिस तरह स्मार्ट व मॉड बनाना चाहते हैं, उल्टी वह उतनी ही अधिक भीरू और सुस्त होती जा रही है पता नहीं, कितने दिनों से पापा व अमि के बीच तनाव भरा है उसने कई बार बड़ी शिद्दत से चाहा भी कि वह इस तनाव को फाड़ फेंके। चिन्दी-चिन्दी कर दे। मगर, दूसरे ही क्षण अमि के इस निश्चय को पापा के संजीदा-संजीदा चेहरे के रेशे-रेशे से झाँकती तनाव की तपन मोम की तरह पिघला देती। फिर यह तनाव टूटेगा तो आख़िर कैसे टूटेगा? कब टूटेगा? पता

नहीं क्यों पापा शुरू से उसे आपातमस्तक तनाव के आदमक़द प्रतिरूप लगते हैं। कॉशन देती कठोर आवाज़। कलफ़ लगी वर्दी और कैप के साथ शायद जैसे पापा के ओहदे की अहंता बनी रही हैं, उनकी मूँछें। चित्र में उनकी मूँछें देखकर भैया ने एक बार कहा था–'इन मूँछों को देखकर भ्रम होता है कि शायद दूसरा विश्वयुद्ध रुका नहीं, अभी भी चल रहा है'

नीचे से पापा की आवाज़ें आने लगी थीं। शायद वे लॉन से उठकर रसोई में आ गए थे। और रम्मी को खाना पकाने सम्बन्धी हिदायतें दे रहे थे। फिर देर तक उसने कुछ नहीं सुना। काफ़ी देर से टैरेस पर बैठे रहने से धूप तेज़ लगने लगी थी। अमि उठकर कमरे में आ गई। और धूप ज़रूर टैरेस पर छूट गई थी, लेकिन उसकी धीमी-धीमी आँच अभी भी देह में थी, पीठ पर।

कमरे में आते ही उसने अपने कामों के विषय में सोचना शुरू किया। मगर काफ़ी देर तक सोचते रहने के बाद भी उसे कोई काम याद नहीं आया तो ड्रेसिंग टेबुल के सामने जा पसरी। कँघी उठा कर काफ़ी देर तक यों ही उसे अपने घने और लम्बे बालों में घुमाती रही। अक्सर, अमि छुट्टी के दिन ऐसा ही करती है रोज़-मर्रा के अपने छोटे-छोटे कामों को अनावश्यक रूप से लम्बा करके उनमें ख़ुद को न चाहते हुए भी उलझाए रखती है एक बार छुट्टी के दिन रोज़ की तरह जल्दी निबट गई थी, तो लगने लगा था कि दिन इतना लम्बा हो गया है कि शाम का इन्तज़ार करते-करते तो वह पागल हो जाएगी। इस प्रकार का अनुभव करने का एकमात्र कारण पापा के सामने ज़्यादा देर तक पड़ते रहना ही था।

आज छुट्टी है इसलिए अमि को यह दिन कल से ही बड़ा भयंकर व अनावश्यक रूप से लम्बा लग रहा है उसने सोचा, आज का पूरा दिन बन्दूक के सामने खड़े किसी शिकार की-सी घोर मानसिक यन्त्रणा के बीच बीतेगा। लेकिन, उसने निष्कर्ष निकाला कि उसकी स्थिति तो शायद उस शिकार से भी बदतर है, क्योंकि, शिकार के लिए तो कुछ क्षणों बाद ही 'ठाँय' होता है और हमेशा-हमेशा के लिए मुक्ति! एक चैन! सब कुछ प्रलय। मगर, उसे तो हर क्षण मरते रहना पड़ता है जीते हुए मरते रहना पड़ता है उसे तब प्रगति पुस्तक भंडार से ख़रीदी गई एक किताब का सन्दर्भ याद आया, जिसमें रूसी ज़ार द्वारा मोबेली नाम के एक शख़्स को सुबह गोली मार दी जानी होती है, तो रात भर में उसके सारे बाल सफ़ेद हो गए थे। वह अपने इतने घने और लम्बे बालों के एकाएक सफ़ेद हो जाने की कल्पना करके घबरा-सी उठी थी।...

अपनी स्थिति को इतने दयनीय निष्कर्ष की गोद में डाल कर वह ख़ुद के प्रति उपजी आत्मदया में भर कर काफ़ी भावुक हो उठी। उसे लगा, उसके अन्दर कोई एक और अमि है, जो उसकी स्थिति को हमेशा अतिरिक्त आत्मीयता और सहानुभूतिपूर्ण दृष्टिकोण के साथ देखती है ख़ुद की स्थिति का ऐसा विश्लेषण करने पर दोहरे व्यक्तित्व की उपस्थिति का एहसास अमि को भीतर तक असहज बना गया। आख़िर, उसमें यह

दूसरी अमि कौन है ? हाँ, कौन है ? अन्दर एक कुनमुनाती आवाज़ मन की भीतरी दीवारों से एक अनुगूँज की तरह टकराने लगी...

बहरहाल, ठीक इस वक़्त बँगले के पार्टीशन के उस पार के कमरों में भी टकरा रही थीं, दूसरी आवाज़ें...प्रतिध्वनित होती, आवाज़ें जो पापा की व लोकेश की थीं। उसने कभी उनको सुनने की कोशिश नहीं की। करती भी नहीं कि पापा व लोकेश क्या बातें करते हैं? उसे याद आया, घर का यह पार्टीशन भैया की अनिच्छा से हुआ था। पार्टीशन को लेकर पापा व भैया के बीच काफ़ी कुछ अघट-सा घट गया था। तब उसने कुछ ख़ास नहीं समझा था कि पापा व भैया के बीच भी पार्टीशन थे। हज़ार-हज़ार पार्टीशन। भैया खूब नाराज़ होकर अपने एक दोस्त के पास बम्बई चले गए थे। और उनके जाने के एक हफ़्ते बाद ही पापा ने आधा फ्लैट किराए पर उठा दिया था, मिसेज नरूला के लिए...।

अमि को लगा, भैया के ख़यालों का भीगा फाहा, उसे मन की भीतरी गहराइयों तक तर कर गया है अमि उदास हो उठी। भैया के विषय में सोच कर उदास होते समय पापा उसे हमेशा एक बेहद क्रूर व षड्यन्त्रकारी व्यक्ति लगते रहे हैं, जो बुनता रहता है, रेशम के कीड़े की तरह कोई तन्तु। एक दिन भैया के सन्दर्भ में वे जैसे ख़ुद से जूझते हुए बड़बड़ाए थे–'साला आख़िर, अपनी उस कमीनी व धोखेबाज़ माँ की तरह ही निकला।' मम्मी के लिए पापा इतने गन्दे शब्द भी इस्तेमाल कर सकते हैं, उसने पहली बार सुना था। अमि को पता नहीं, मम्मी कैसी रही होंगी। पापा ने मम्मी के तमाम फोटोग्राफ्स फाड़ डाले थे। भैया के मुँह से ही यह भी जाना था कि मम्मी को लिखने-पढ़ने का ख़ूब शौक था। साड़ियाँ या सौंदर्य प्रसाधन की चीज़ों की जगह मम्मी पत्रिकाएँ व किताबें भर लाती थीं और इसी बात को लेकर मम्मी व पापा के बीच टेंशन बढ़ता गया था। नतीज़तन पापा ने मम्मी को एक कमरा अलग से दे दिया था। ऊपरी मंज़िल का। जिसमें मम्मी अपनी किताबों और कपड़ों की अल्मारियों के साथ अलग-सी रहने लगी थीं। पापा से लगभग अलग और असम्पृक्त।

भैया ने ही बताया था मम्मी बहुत मर्मस्पर्शी कहानियाँ लिखा करती थीं और उनकी एक कहानी छपने पर पापा ने मम्मी को बूटों की ठोकरों व थप्पड़ों से बहुत बेरहमी से पीटा था। भैया तब काफ़ी छोटे थे और उन्होंने भी तब किसी आई.पी.एस. अफ़सर का गुस्सा पहली बार देखा था। मम्मी खूब रोयी थीं। और जब सुबह हुई, तो मम्मी की लाश दुमँज़िले मकान के पिछले पथरीले फ़र्श पर मिली थी। मम्मी ने टैरेस पर से कूद कर आत्महत्या कर ली थी। और जब पापा व भैया के बीच झगड़ा हुआ था, तो अमि को डर लगने लगा था, भैया भी किसी भी क्षण, उसकी आँख लगते ही फ्लैट के टैरेस से पथरीले फ़र्श पर कूद पड़ेंगे।

वह रात भर सिसकती हुई भैया के सीने में दुबकी सोयी रही थी। पूरी रात उसकी आँखों में पापा की अँगुलियों व जूतों की 'टो' ही तैरती रही थी। चमकती हुई। अँधेरे

में। किसी बनैले पशु की आँख-सी। अमि इतना सारा सोच कर घबरा-सी उठी। उठकर उसने लॉन की ओर की बन्द खिड़की खोल दी। हवा का एक ठंडा झोंका पीले गुलाबों से होता हुआ कमरे में आ गया। मगर, घुटन फिर भी कम नहीं हुई। अमि पीले गुलाबों की ओर टकटकी लगाए देख रही थी। उसे याद आया, उस दिन अमि ने अपने बालों में पीला गुलाब लगा लिया था। कॉलेज के लिए निकलते वक़्त पापा लॉन में टकरा गए थे। और उन्होंने अमि को आवाज़ लगा कर अपने पास बुलाया था। और चुपचाप उसके बालों में से वह पीला गुलाब निकालकर फेंकते हुए बोले थे, 'हाऊ अ गॉडी-कलर्ड फ्लावर इट इज़'। अमि का चेहरा रुआँसा हो आया था। तब से अमि ने उन फूलों को हाथ नहीं लगाया। वे खिलते हैं और वहीं सूख जाते हैं। अमि को बहुत दिन बाद पता लगा था, मम्मी को पीले गुलाब और अशोक के पेड़ बड़े प्यारे लगा करते थे। लॉन में उन्होंने ये ख़ासतौर पर लगवाए थे। माली से कहकर। अपने सामने। ख़ुद खड़े रह कर। वह पीले गुलाबों की तरफ़ देखने लगी। देखकर उसे लगा, जैसे धूप भी अब इन पर कुछ ज़्यादा बेरहमी से ही गिरती है अमि के भीतर उठे इस निष्कर्ष ने, आँखें गुलाबों से हटा कर अशोक की तरफ़ कर दीं। वहाँ देखते हुए पहली बार ख़याल आया, ग़ालिबन अशोक के पेड़ ने भी पापा के 'अटेंशन' का कमांड सुनकर अपनी शाखें अपनी देह से ऐसी चिपका लीं कि आज तक खोल ही नहीं पाया। हमेशा सहमा सा, सीधा खड़ा रहता है बिना हाथ के आदमी-सा।

यक-ब-यक उसके भीतर भैया की याद एक टीस की तरह उठी और वह सिहर सी गई। उसने विश्लेषित किया कि मम्मी को याद करते वक़्त भैया व भैया को याद करते ही मम्मी याद आने लगती है... भैया के चले जाने के बाद से उनके कमरे की ओर तो अमि से देखा तक नहीं जाता।

भैया ने जाने के तीसरे ही दिन बाद ख़त डाला था, अमि के नाम, जिसमें ज़िक्र था कि वे बम्बई में ही अपने एक इंजीनियर दोस्त के पास पवई के होस्टल में रुके हुए हैं। कुछ दिनों बाद ही भैया ने अमि के लिए एक उपहार भेजा था। पापा ने उसे उठा कर खिड़की के बाहर फेंक दिया था। अमि रोने लगी थी, तो शाम को पापा ऑफिस से लौटते समय उसके लिए ढेर सारे स्कर्ट व कुर्तियों के पीसेज़ उठा लाए थे। और बाद इसके पापा हमेशा लाने लगे थे, कुछ न कुछ। अमि को ख़ुश करने के लिए। मगर अमि को वे तोहफ़े कभी अच्छे नहीं लगे। उसे हमेशा लगता, जैसे पापा के द्वारा लायी गई इन तमाम चीज़ों में, उनका तनाव और उनका निर्मम पितृत्व लिपटा है उनकी संजीदगी और गुस्सा लिपटा है फ्रॉक से चलकर, इस वर्ष से वे साड़ियाँ लाने लगे हैं। उसे इन तोहफ़ों के बदलाव से अपनी बढ़ती उम्र का एहसास होने लगा है मसलन अब वह बच्ची नहीं, बड़ी हो गई है अमि को लगता है ठीक इसी प्रकार साड़ियाँ लाते-लाते पापा उसके लिए ऑफिस से लौटते समय एक दिन कोई लड़का ला देंगे, संजीदगी व गुस्से से भर कर, 'कर लो इससे शादी...। आय'म गिफ्टिंग यू अ ब्राइडग्रूम !... देट्स ऑल !'

मगर, ऐसा नहीं हुआ। पापा में धीरे-धीरे बदलाव आता गया। चेहरे पर की संजीदगी का थक्का कभी-कभी पिघलता दीखने लगता। पापा कभी-कभी एकाएक बहुत ख़ुश लगते। कई बार पापा के इस बदलाव की छाया के पीछे छुपे कारणों को जानने की तीव्र उत्कंठा ने अमि को काफ़ी हद तक बेचैन बनाया है भला ऐसा क्या कॉम्प्लेक्स या कन्फ्लिक्ट रहा होगा पापा व भैया के बीच, जो पापा ने उनको एकदम काटकर अलग फेंक दिया, जैसे हम फेंक देते हैं, त्वचा की भीतरी सतहों के भीतर से उगनेवाला टूटा बाल या कि नाख़ून का सिरा। क्या पापा भैया की अनुपस्थिति से वाकई ख़ुश हैं? कौन बताएगा? किससे पूछेगी, यह सब? अमि बेकल हो उठती।

और आख़िर धीरे-धीरे अपने आप ही उम्र की यात्रा के ठहराव का ऐसा फोकल-प्वाइंट आ गया, जहाँ खड़े होकर अमि को सारा यथार्थ एकदम साफ़ व उजला दीख गया। अब वह पूरी तरह इतने लम्बे समय से प्रश्नचिन्ह बनी आ रही स्थिति को बड़ी सरलता से समझ चुकी थी। मम्मी की पापा से दूसरी शादी थी व भैया पहली शादी के थे। यह जान कर अमि को एकाएक ऐसा पहली बार लगा था, जैसे वह अचानक सयानी और बड़ी हो गई है बड़ी व अकेली। पापा व भैया के होते हुए भी अकेली। भैया ने एक दिन अवसादग्रस्त आवाज़ में, आँसुओं को पलकों के भीतर ही रोक कर कहा था– 'अमि, कभी-कभी माँ को याद करते हुए लगता है कि मुझे इतनी ममतामयी माँ देकर ईश्वर ने कुछ ज़्यादा ही दे दिया–और बाद देने के ईश्वर को लगा होगा कि वह उतावली में कुछ अधिक उदार हो गया है, नतीज़तन उसने मुझसे माँ को वापस छीन लिया–बस यही समझ लो तुम।'

खट्... खट्... खट्... खट्...। शायद पापा अमि के कमरे की ओर चढ़े चले आ रहे थे। उसे समझ में नहीं आ पा रहा था कि अब वह क्या करे? खिड़की में खड़ी-खड़ी इसी तरह बाहर देखती रहे या फिर बालों में कंघी करने लगे या चुपचाप यों ही खड़ी रहे। क्या वह पापा की उन तीखी नज़रों का सामना कर पाएगी? इतने में पापा आ ही गए। अमि अपराधी मन में आतंकित भाव लिए फ़र्श की ओर ताकती रही। वहाँ एक चींटी सरकती चली जा रही थी।

चींटी सरकती गई। क्षण भी सरकते गए। मगर पापा वहीं ठहरे रहे। इतने क्षणों तक कुछ भी नहीं बोले। 'अमि, तुम्हारा कमरा कितना गन्दा हो रहा है रम्मी से कह के साफ़ करवा लो।' एक विराम के बाद यह वाक्य उगला और टैरेस की ओर मुड़ गए। अमि ने सोचा, भाषा, पापा और उसके बीच कितना छोटा पुल बनाती है छोटा और अस्थायी कि अपने उपयोग के बाद अपने आप ही समाप्त हो जाता है अमि ने अपने कमरे पर एक नज़र डाली। ग़ालिबन मुआयना कर रही हो। उसका पूरा कमरा साफ़ व व्यवस्थित ही तो है मगर, पापा को पुलिसवालों की-सी व्यवस्था चाहिए। पापा टैरेस की ओर मुड़े। अमि झट से नीचे उतर आयी। लेकिन, कुछ क्षणों के बाद ही पापा भी नीचे आ गए। अमि ऊपर जाने का रुख़ करने लगीं, तो पापा बोले, 'खाना लग गया है पहले खाना

खा लो।' एक विराम के बाद यह वाक्य उगला और अन्दर ड्राइंग रूम की ओर निकल गए।

अमि ने चाहा कि वह कह दे, 'पापा, मुझे अभी भूख नहीं है' मगर चाहकर भी कुछ नहीं कह पाई। चुपचाप वॉश-बेसिन का नल खोल कर लिक्विड सोप से हाथ धोने लग गई। हाथ धोते हुए सोचने लगी। वह इतना छोटा-सा प्रतिकार भी क्यों नहीं कर पाती ? ज़्यादा से ज़्यादा पापा का चेहरा तनाव भरा हो जाता। या डाँट देते। और अच्छा ही होता न यह सब। पापा का डाँटना पिछले समय से चले आ रहे तनाव को इस हद तक खींच देता, जहाँ आकर वह टूट भी सकता था।

अमि के भीतर कभी-कभी इसी तरह के प्रतिरोधों के ख़याल की लौ उठती है, जो लपट बनना चाहती है वह ख़ुद को उकसाती भी है कि वह क्यों नहीं इस घर की दीवारों को तोड़ कर बाहर निकल जाती–जैसे कि परिन्दों के चूज़े तोड़ देते हैं, अंडे की दीवारों को–पर, ऐसे ख़यालों की लौ धीरे-धीरे धुँधुआने लगती है फिर चुपचाप बुझ जाता है, सब कुछ।

अमि हाथ धोकर डाइनिंग-टेबुल के सामने बैठ गई। पापा ड्राइंगरूम से लौट कर उसके सामने की कुर्सी पर बैठ गए। फिर खाना खाते हुए पापा बोले, 'अमि बेटे, ख़ुद को सँभालकर रखो। देख रहा हूँ, तुम दिन-ब-दिन बीमार-बीमार और सुस्त होती जा रही हो।' अमि ने पापा के मुख से 'बेटा' सम्बोधन सुनकर बहुत धीमे से सिर उठाकर उनकी ओर देखा। पापा का चेहरा पहली बार उसे इतना सपाट व निर्विकार लगा। वहाँ, हरदम चस्पाँ रहनेवाला पुलिस अधिकारी अपना सब कुछ समेट कर अन्तर्धान हो गया है ऐसा चेहरा देखकर उसे कॉलेज की लेबोरेटरी का वह फ्लास्क याद हो उठा, जो बाहर से सख़्त लेकिन भीतर कण-कण में टूट जाने वाले शीतल द्रव से भरा है पापा के प्रति न चाहते हुए भी वह सहानुभूति से भर उठी। अमि की इच्छा होने लगी, देखे एक बार उस भीतर के द्रव को छूकर तो देखे। मगर, वह बाहर की सख़्त की कल्पना से ही डर कर रह गई। 'बेटे' सम्बोधन की अनुगूँज भी उसे फलाँग कर पापा के निकट जाने के लिए वाँछित हिम्मत नहीं भर पाई।

रम्मी ने एक चपाती और परोस दी। वह खाती रही। चुपचाप। प्लेट की चपाती ख़त्म हो गई, तो दूसरी उठायी भी नहीं। और रम्मी ने आवश्यकता न होने पर भी रख दी, तो मना नहीं किया। अन्त में उठ गई। चढ़कर फिर अपने कमरे में बन्द हो गई। फिर कॉलेज से लाई गई किताब में से एक कहानी पढ़ने की कोशिश की। मगर, उसमें भी ख़ुद को ज़्यादा देर तक न डुबो पाई। अमि को लगा, वह बरसों से उदास और चुप है तथा अब उदासी इतनी गहराई पकड़ चुकी है कि कम से कम पापा के साथ रहते हुए तो वह जनम भर न हँस सकेगी...। ग़ालिबन, अब वह हँसी को गुमशुदा चीजों की फेहरिस्त में दर्ज कर चुकी है

ऐसे समय में उसे भैया पर भी गुस्सा आता है वे क्यों नहीं उबार लेते उसे इस

अँधेरे तहख़ाने से? क्यों नहीं लिख देते कि अमि, तू, यहाँ चली आ मेरे पास। बम्बई। पहली बार भैया का ख़त आया था, तब पापा का चेहरा कैसा-कैसा हो उठा था। अमि को लगा था अब तो वे उसे भी भैया की तरह पीट-पाट कर निकाल देंगे। तब वह क्या करेगी ? और उसने भीतर ही भीतर अपनी भीरूता को फलाँगने की कोशिश में, एक कमज़ोर निर्णय लिया था कि यदि पापा कुछ कहेंगे, तो वह भी बहस पर उतर आएगी और कहेगी-'पापा ये भाई-बहन के रिश्ते हैं। आप इसमें क्यों खाई पैदा करना चाहते हैं?' मगर, पापा कुछ नहीं बोले थे, तो उसने ख़ुद रह कर ही भैया को लिख दिया था कि आगे से ख़त वे उसके स्कूल के पते पर ही लिखा करें। और ख़त स्कूल से अब कॉलेज के पते पर आने लगे थे। स्कूल से कॉलेज तक की यात्रा के बीच भैया अपने ख़तों में वैसे ही थे। मगर, पापा बदल गए थे। अमि ने भैया को इस बदलाव का संकेत लिख भेजा था। मगर, भैया ने कोई भी प्रतिक्रिया व्यक्त नहीं की थी। गोया उन्हें पहले से ही इस सारी परिणति का पता हो।

अमि सोचते-सोचते घुटने लगी, तो खिड़की पर खड़ी हो गई।

बाहर रोज़ की तरह धुँधली शाम उतर आई थी। लॉन में कुर्सी डाले पापा व लोकेश बैठे बतिया रहे थे। अमि जब भी पापा व लोकेश को बातें करते देखती है, तो उसे लगता है, जैसे दोनों कोई भयंकर षड्यंत्र रचने में लगे हैं। लोकेश मिसेज नरूला के भाई का लड़का है पिछले कुछ महीनों से यहीं है और अमि को घूर-घूर कर देखा करता है अमि ने देखा, मिसेज नरूला भी लॉन में आकर एक खाली कुर्सी पर पसर गई हैं। खिड़की में खड़े उसे देखा, तो मिसेज नरूला ने अमि को आवाज़ लगा ली, 'अमिया, नीचे आओ न!' अमि बहुत अरुचि से नीचे पहुँच गई। अमि को यह मार्क करके बहुत खीझ होती है कि ये मिसेज नरूला हमेशा ही पापा की ओर कैसे-कैसे तो भी देखा करती हैं! हँसती भी तो कैसी-कैसी हैं ! मिसेज नरूला को हँसते हुए देखकर उसे हमेशा लगता है, जैसे प्रकृति किसी से जन्म के साथ ही कुछ चीज़ें निर्ममता से छीन लेती है और, प्रकृति ने मिसेज नरूला से, जो चीज़ छीनी है, वह है, हँसी की निश्छलता। और पापा भी मिसेज नरूला की उपस्थिति में एकदम अजनबी व अनपहचाने-से लगते हैं। वह तअज़्ज़ुब से घिर जाती है कि क्या पापा का मूँछोंवाला चेहरा इतना कोमल-कोमल व प्यारा भी लग सकता है?

अमि चुपचाप रम्मी द्वारा लाए गए एक मोढ़े पर बैठ गई। मिसेज नरूला कह रही है, 'अमिया, भई तुम कितनी रिज़र्व्ड नेचर की हो। एक आयसोलेशन बिलकुल मिस्टिक-रिक्लूज़। घर से कॉलेज और कॉलेज से घर। चलो, आज शॉपिंग कर आओ, लोकेश के साथ।' मिसेज नरूला का यह वाक्य सुन कर अमि का चेहरा विकृत हो आया। भीतर से इच्छा हुई कि कह दे–'भला आप मेरे लिए इतनी चिन्तित क्यों हैं? मुझे नहीं जाना शॉपिंग के लिए। क्या करूँगी कुछ ख़रीद कर। सब कुछ तो भरा है, मेरी अल्मारियों में। और दरअसल, जिस चीज़ की मुझे ज़रूरत है, उसके लिए शॉपिंग नहीं होती।' वह

बाज़ार के काउंटर पर नहीं मिलती है'

अमि ने पापा की ओर देखा।

पापा की विस्फारित आँखों में लिखा पाया, एक सख़्त आदेश कि हो आओ और वह कपड़े बदल कर लोकेश के साथ चली गई। सारी शाम लोकेश की बदबूदार पसीने से लथपथ पीठ से सटी स्कूटर पर घूमती रही। लोकेश ने कुछ सामान दिलवाया, तो अरुचि से पैक करवा लिया। बोली एक भी शब्द नहीं। भीतर ही भीतर उसका मौन तराशता रहा, उसके लिए कुछ शब्द, जिन्हें वह संकट की स्थिति में शस्त्र की तरह इस्तेमाल कर लेगी। शब्द भी शस्त्र होते हैं और उनके ज़रिये ही खींची जाती हैं लक्ष्मण रेखाएँ।

पूरे समय अलगाव की तीव्र यातना भोग कर लौटी, तो पापा रसोई में थे। पापा का चेहरा अतिरिक्त प्रसन्न था। वे ख़ुद रम्मी के पास खड़े होकर पनीर के गरम-गरम पकौड़े उतरवा रहे थे। अमि को देखते ही बोले, 'अमि तुम्हें ये ख़ूब पसन्द हैं न! आज मैंने तुम्हारे लिए ख़ुद खड़े रह कर बनवाए हैं। खाओगी न!' अमि क्षण भर को, यह दृश्य, पापा का यह वाक्य, यह आग्रह, देखकर स्तम्भित रह गई। अमि की समझ में ही न आया कि इन क्षणों में वह क्या करे? खूब ज़ोरों से हँसना शुरू कर दे या कमरे में जाकर फूट-फूट कर रोना। उसे लगा, लेबोरेटरी का वह सख़्त फ्लास्क आज अचानक टूट गया है और वह उसकी ममताली तरलता में सिर से पाँव तक सराबोर हो उठी है अमि ने ख़ुद को कोसा कि भला वह कितनी मूर्ख है, जो पापा से जानबूझ कर डरी-डरी व दूर रही। उनका इतना प्यार न पा सकी। पापा कितने प्यारे हैं! अमि के आनन्द का यह एक अकल्पित चरम बिन्दु था। उसका मन होने लगा, शहर के सबसे ऊँचे मकान की छत पर चढ़कर ज़ोर-ज़ोर से खिल खिला कर हँसे। हाँ, खूब ज़ोर से। आकाश की ओर मुँह करके।

मगर, जब डाइनिंग टेबुल पर बैठे, तो पापा ने रम्मी से कह कर लोकेश व मिसेज नरूला को बुला लिया। अमि को लगा, जैसे अचानक गर्म काँच पर किसी ने पानी की बूँदें छींट दी हैं। कुछ क्षणों पहले पापा के विषय में उपजे ख़याल टूट कर छार-छार हो गए। उसे पापा के चेहरे पर रिसती आत्मीयता मात्र एक क़िस्म का गलीज वहम लगी। एक स्पष्ट धोखा। पापा वही हैं। एकदम वही। अमि से अनकन्सर्ड, अनलिंक्ड और षड्यन्त्रकारी। अमि वापस ख़ुद की पहली स्थिति में लौट आई। लोकेश व मिसेज़ नरूला ठहाकों के साथ पकौड़े खाते रहे। अमि को लगता रहा, यह सब अमि के लिए नहीं था, इनके लिए था। लोकेश व मिसेज नरूला के लिए। वह सोचने लगी, क्या उसके तमाम सुख ऐसे ही होते हैं कि उनके आख़िरी सिरे से लटकता रहता है कोई न कोई अचीन्हा दुःख ?

अमि दो-चार पकौड़े उगल-निगलकर उठ गई।

अमि सीढ़ियाँ चढ़ कर ऊपर आ गई।

कमरा खोला तो अँधेरा उससे ऐसे लिपट गया, जैसे वह उससे लिपटने के लिए बहु-प्रतीक्षित हो। वह कमरे में बत्ती जलाए बिना खड़ी रही, जैसे अँधेरे को अनुमति दे रही हो कि वह उससे जितना लिपटना चाहे लिपट ले। वह चाहे तो उसकी देह के रन्ध्र-रन्ध्र में उतरकर उसकी आत्मा को भी लील जाए। बाद इसके बिस्तरे पर पड़ी-पड़ी पता नहीं कब तक रोती रही। काफ़ी देर बाद उठकर देखा, तो लॉन में ड्राइंग-रूम में जलती बत्ती के प्रकाश का हाशिया चुपचाप घास पर उसी तरह लेटा था। और अब केवल आ रही थीं, कुछ आवाज़ें, जिनमें शब्द थे, ध्वनि थी, मगर अर्थ नहीं थे। अमि को लगा, उसकी संवेदनाओं की गीली ज़मीन पर कोई भयंकर तीखी चीज़ घसीट रहा है फिर पता नहीं, अमि कब सो गई। अब सिर्फ़ सन्नाटे को गाते झींगुर भर जाग रहे थे।

आँख खुली, तब सुबह हो चुकी थी। धूप चढ़ने लगी व चढ़ती चली गई। मगर अमि नहीं उठी। रम्मी ऊपर आकर आवाज़ देने लगा। उसके जी में आया कि वह ज़वाब ही न दे और न ही दरवाज़ा खोले। आख़िर उठना ही पड़ा। झुँझलाहट में भरकर सिटकनी हटायी। पापा खड़े थे। अमि घबरा-सी गई। यह पहला मौक़ा था, जब पापा ने उसे ख़ुद उठाया था। 'अमि, क्यों क्या बात है, तबीयत तो ठीक है?' पापा ने अतिरिक्त रुचि ली। अमि और भी अधिक असहज हो उठी। लड़खड़ाते हुए बोली–'जी, नहीं, पापा जी, ...जी ठीक है' पापा लौट गए। वह आगे कुछ बोले इसके लिए जगह ही नहीं बनने दी, उन्होंने। अमि सोचती रही। पहले तो पापा ने कभी नहीं पूछा कि अमि क्या करती है? कैसी है? अब ये आरोपित चिन्ताएँ, आरोपित आत्मीयता क्यों? आख़िर क्यों? यह अतिरिक्त परवाह और प्यार क्यों ?

अमि बेमन से नहायी। तैयार हुई और कॉलेज चली गई। यह वही महीना था, जब हवा ख़ुद ठिठुरती तथा ठिठुराती हुई घूमने लगती है चारों तरफ़। ऊपर-नीचे। बाहर-भीतर। लड़कियों की गुलाबी एड़ियों को दरकाती हुई। कॉलेज की लैब्स में शुरू हो जाती हैं, प्रैक्टिकल एक्ज़ाम्स की तैयारियाँ। कैम्पस में चारों ओर यूकेलिप्टस के पत्ते शाखों और टहनियों से अलग होकर उड़ने लगते हैं।

कॉलेज में कैमिस्ट्री व फिज़िक्स के तो पीरियड्स भी अटैंड नहीं किए। देर तक लायब्रेरी की अल्मारियों और शेल्फों में कहानियों की किताबें उलटती-पलटती रही-फिर लेबोरेट्री में बैठकर रिकार्ड बुक्स में डायग्राम्स बनाती रही। घर के लिए कॉलेज से ही देर से निकली। पापा, लोकेश व मिसेज नरूला रोज़ की तरह लॉन की अन्तिम व दम तोड़ती धूप में बैठे बतिया रहे थे। रम्मी पौधों को पानी दे रहा था। वह उनकी उपस्थिति की उपेक्षा करती हुई अपने कमरे की ओर जाने लगी। पापा ने आवाज़ दी। पापा की आवाज़ अमि को हमेशा आदेश लगती है आदेश भी नहीं सिर्फ़ क्रूर कॉशन। अमि चुपचाप उन लोगों के पास पहुँच गई।

मिसेज नरूला पूछ बैठी, 'अमिया, लोकेश और हम अंग्रेज़ी-पिक्चर देखने जाने की सोच रहे हैं, तुम भी चलोगी न! गर्ल ऑन मोटर साइकिल।'

अमि न कर गई। पापा के चेहरे की ओर देखा। पापा का चेहरा एकदम सख़्त व आँखों में वर्जना की लाल रेखाएँ खिंच उठी थीं–जैसे, कहना चाहते हों कि वह ख़ुद के विषय में निर्णय लेने वाली ख़ुद कौन? अमि अपने नकारात्मक उत्तर को लेकर भयभीत-सी हो उठी। हाय! पापा के सामने वह ऐसा कैसे कह गई। अमि ने अत्यन्त दयनीय मुद्रा में, अपराधी-मन से सफ़ाई पेश करना चाही कि उसके कॉलेज में आज फंक्शन था। सो काफ़ी थक गई है मगर, पापा ने उसका वाक्य भी पूरा कहाँ होने दिया। बीच में ही बोले–'रहने दीजिए, मिसेज नरूला, इसके लिए तो इसके कमरे से बढ़कर दुनिया में कोई भी चीज़ बेहतर नहीं है चलिए हम चलते हैं।' और इन शब्दों के साथ पापा उठकर अन्दर कपड़े बदलने चले गए। तेज़ कदमों से। उनके कदम, कदम नहीं लग रहे थे, बल्कि जैसे मोर्चे की तरफ लपकता कोई बन्दूक धारी हो।

अमि का मन डूब-सा गया। हाय, अब वह क्या करे। पापा को कहे कि नहीं, वह जाने को तैयार है या रोने लग जाए। पता नहीं, वह वाक्य कहते समय पापा का चेहरा कैसा विकृत व क्रूर रहा होगा। अमि केवल गर्दन नीचे किए लॉन की घास देखती रही और सामने की कुर्सियों पर बैठे लोकेश व मिसेज नरूला के अस्तित्व का तीखा व व्यंग्यात्मक एहसास करती रही। जूतों की आहट लौट आयी। पापा तैयार होकर लौट आए थे। तीनों हँसते हुए गेट की ओर बढ़ गए। अमि भीतर की तिलमिलाहट दबाए वहीं उसी मोढ़े में धँसी रही।

कार की भरभराहट... गेट छूटा... और तीनों दूर हो गए।

अमि चुपचाप थके कदमों से, आँखों का गीलापन लिए ऊपर अपने कमरे में आ गई। कमरे में लौटना उसे अपने में लौटना लगता है वह पलंग से सटी दीवार से पीठ टिकाकर, काफ़ी देर तक निर्विकार सी बैठी रही। उसके दिमाग़ में दीवार के उस पार का कमरा घूमता रहा, जो कभी माँ का था और जिसमें माँ की किताबें और कपड़ों की अल्मारियाँ थीं–जिन्हें वह आज तक नहीं देख पायी। उसे माँ की याद आयी और आने लगी उसी के साथ ऊपर उठती हुई एक अदीप्त व्यथा, जिसको उसने कच्ची उम्र से ही अन्तस के अछोर अँधेरे में रख छोड़ा था। सामने की खिड़की से अँधेरा और हवा का झोंका एक साथ दाख़िल हो रहे थे, जिसमें दीवार पर लटका कैलेंडर हिल रहा था–उसकी निगाह 28 फरवरी पर रुक गई, जिसे उसने स्याही से लाल घेरे में क़ैद कर दिया था। यह माँ की मृत्यु की तिथि थी–पापा, इस दिन प्रतिवर्ष मोमबत्ती जलाते हैं। उसने माँ के प्रति आर्द्रता के साथ सोचा–'काश माँ ने 29 फरवरी को आत्महत्या की होती तो उसकी पुण्यतिथि चार साल बाद आती। पापा को चार साल तक मोमबत्तियाँ जलाने से मुक्ति मिली रहती।

एक तेज़ भरभराहट। गाड़ी गैराज़ में रखी जा रही है टिक-टिक, मिसेज नरूला के हाई-हील के सैंडल और इसी स्वर के साथ रिटायर्ड आई.पी.एस. अफ़सर के जूतों का ठंडा मार्चिंग स्टेपवाला स्वर। शायद लोकेश नहीं है फिल्म से लौट आए हैं। रात काफ़ी

बीत चुकी है

अमि की आँख अभी तक नहीं लगी। फिर काफ़ी देर तक ड्राइंग-रूम से बातचीत के अस्पष्ट-स्वर रात की ठंडी और बेआवाज़ हवा में फैलते रहे। अमि के भीतर एक अज़ीब-सा सी.आई.डी. उभर आया। एकबारगी तो इच्छा हुई कि दबे-पाँव जीने में जा कर सुने कि आख़िर ये लोग क्या बातें करते हैं? मगर, यह सिर्फ़ सोच ही पायी। उस स्थिति में पापा द्वारा पकड़े जाने के बाद की कल्पना ने अमि के ज़िस्म में एक गहरा लिजलिजा कम्पन पैदा कर दिया। फिर कुछ देर बाद सब कुछ चुप। सब दूर अँधेरा। अमि के मन में भय की एक वीभत्स आकृति उभर कर बुरी तरह छाने लगी। उसकी इच्छा हुई कि बेड-स्विच ऑन कर के ख़ुद को स्वस्थ कर ले। मगर, ऐसे में उसका अभी तक जागते रहना उजागर हो जाएगा। अमि ने कँपकँपी रोकते हुए रज़ाई के पल्ले से कस कर ख़ुद को सुरक्षित अनुभव करने की कोशिश की। उसे अक्सर ऐसे त्रस्त क्षणों में भैया की याद आती है वह आज कॉलेज में आए, भैया के खत की पंक्तियाँ दुहराने लगी, ''अमि, तू चाहे तो एकाध हफ़्ते के लिए यहाँ चली आ न ! बम्बई देख-दाख कर लौट जाना।'' अमि को भैया के चेहरे की आग्रह करती प्यारी-प्यारी मुद्राएँ याद आने लगीं। वह ज़रूर जाएगी। लेकिन, क्या पापा उसके प्रस्ताव को अनुमति दे देंगे...? यह सवाल बार-बार अमि के उत्साह पर चोट करने लगा। ज़्यादा से ज़्यादा डाँटेंगे ही न ? भैया कहा तो करते थे–'डाँट, पापा के पाठ्यक्रम का अनिवार्य अध्याय।'

और अब अमि घर से भी कतराने लगी थी। 'घर' शब्द उसके लिए निहायत ही त्रासद व अर्थहीन हो गया था। घर से कॉलेज के लिए निकलते समय, क्षण भर के लिए उसे लगता कि वह घुटते दायरों में से एक अजनबी फैलाव के सुखद व आकारहीन अन्तराल में आ गई है मगर, कुछ मिनटों बाद ही उसे कॉलेज भी एक तहख़ाना लगने लगता। धीरे-धीरे घर और कॉलेज दोनों से ही उसकी आसक्ति टूटने लगी थी। हर समय भैया के पास जाने का ख़याल मँडराता रहता।

और आज एक हफ़्ते बाद कॉलेज गई। आज भी न जाती, मगर, पापा ने पता नहीं किसे 'इनवाइट' किया था, जो सुबह से ही 'ड्राइंगरूम' को व्यवस्थित करने में लगे थे। पापा के परिचितों के बीच अमि हमेशा हीन-भाव से भर उठती है पापा ने कॉलेज के लिए निकलते समय आदेश दिया कि वह ठीक समय पर कॉलेज से लौट आए। अमि हामी में सिर हिला कर कॉलेज आ गई।

अब पीरियड में बैठे-बैठे भी बोर होने लगी, तो उठकर लायब्रेरी में आ गई। वहाँ भी मन न लगा, तो कॉमन रूम में आ गई। कॉमन रूम में पहुँचते ही अमि खिल उठी। बोर्ड पर उसके नाम का ख़त था। अमि ने बेकाबू उत्सुकता के साथ निकाल लिया। अमि के चेहरे पर फैली इतनी असामान्य उत्सुकता को देखकर पास ही बैठे लड़कियों के झुंड में से एक ने फ़ब्ती कसी–'कहो, अमि डियर, किसे उलझा रखा है, जो ख़त पर ख़त दागता रहता है? घर के बजाय कॉलेज के पते पर।' अमि बिंध-सी गई। एक

चुप्पी थी, एक मौन था, जिसके भीतर कोई तीखी और धारदार चीज़ घोंप दी हो। जी में आया कि बढ़कर तड़ाक् से एक थप्पड़ जमा दे। मगर, सिर्फ़ ग्लानि-पूरित मन से उनकी तरफ देखती हुई बाहर निकल आयी।

बाहर आकर उसने ख़ुद को फिर फटकारा कि उसने उस लड़की को डाँट क्यों नहीं दिया। आखिर, इस प्रकार सब कुछ चुपचाप सहते जाना व एक घोंघे की ज़िन्दगी में क्या फर्क़ रह जाता है? वह, मुँह में ज़ुबान रखते हुए भी इतनी गूँगी क्यों है? क्यों नहीं चीख पड़ती?

अमि की आँखें डबडबा आयीं। बहुत धीमे से भीतर खौलती वेदना को क़ाबू करने की कोशिश में होंठों का एक कोना दाँतों के नीचे दबा लिया और चुपचाप ख़त खोलने लगी। ख़त खोला, तो पता चला कि आठ दिन पहले का लिखा हुआ है भैया ने बीमार रहते हुए लिखा था। वह आ जाए। उनकी अपनी छोटी बहन अमि से मिलने की बहुत इच्छा है अमि पढ़ कर विचलित-सी हो उठी। मन शंका-कुशंकाओं की लहरों पर डूबने-उतराने लगा। वह तेज़ कदमों से टैक्सी स्टैंड पर आ गई। कॉलेज से घर के रास्ते के बीच पूरे समय आँसुओं को रोकने की कोशिश करती रही। ड्राइवर ने अपने सामने के मिरर में रोते देख लिया, तो अमि ने पर्स से गॉगल्स निकाल कर आँखों पर चढ़ा लिए। अवचेतन में जमे, भैया से जुड़े न जाने कितने ममत्व भरे सन्दर्भ उभरते रहे। लगा, जैसे वे तेज़ बुख़ार में हैं और उसका नाम बड़बड़ा रहे हैं।

घर आते ही किराया चुका कर सीधी तेज़ कदमों से अपने कमरे में चढ़ आयी। अमि के अन्दर पहली बार पापा के सामने ख़ुद का निर्णय सुनाने का साहस भर आया था। जल्दी से सूटकेस निकाल कर अपने तमाम ज़रूरी कपड़े जमा लिए। आँसुओं से तरबतर आँखें ऐसी लग रही थीं, जैसे खौलते खारे पानी में दो कच्ची कलियाँ उबल रही हों। बार-बार ख़त में भैया के हर्फ़ों से निकल कर एक आहत आग्रह आ रहा था।

पूरा सूटकेस तैयार हो गया।

अमि ने सूटकेस बन्द करके एक गहरी साँस लेकर फेफड़ों में साहस भरने की कोशिश की। तभी उसने नीचे से पापा की गरजती आवाज़ सुनी। वे रम्मी को पता नहीं कौन-सी बात पर डाँट रहे थे, 'नानसेंस, तुम्हें इतना नहीं समझता कि मेहमान आ रहे हैं, और तुमने इम्पोर्टेड ग्लास का फ्लॉवर पॉट तोड़ दिया, ब्लडी रास्कल।' फिर एक आवाज़ आई, 'सटाऽक!' जैसे पुलिस के अधिकारी ने अपराधी से मनचाहा उत्तर पाने के लिए उसके जबड़े पर जड़ दिया हो, ज़ोरदार तमाचा।

अमि भीतर ही भीतर डूबने लगी। रम्मी को थप्पड़ मारने के बाद, अब पापा फनफनाते ऊपर आ रहे हैं। यह सीढ़ियों पर गिरते बूटों की पदचापों से स्पष्ट हो रहा था। अमि के भीतर क्षण भर में ढेर सारी उथल-पुथल मच गई। लो पापा आ ही गए। आते ही अपनी उस तिक्तता से भरे, स्वर में बोले। बोले नहीं, जैसे बस उसे आदेशित किया– 'अमि, ज़रा ज़ल्दी से तैयार होकर नीचे आओ, हमें लोकेश के पापा-मम्मी को

लिवाने स्टेशन चलना है' पापा जिस तेज़ी से ऊपर आए थे, ठीक उसी तेज़ी से नीचे उतर गए। अपने बूटों की पदचापों के साथ।

अमि की समझ में ही न आया कि अब वह क्या करे? सूटकेस का एक-एक कपड़ा निकाल कर फेंक दे या ज़ोर-ज़ोर से चीख कर रोना शुरू कर दे या मम्मी की तरह दौड़ कर टैरेस से फ्लैट के पिछले पथरीले फ़र्श पर कूद पड़े। फरवरी की एक और तारीख़ कैलेंडर में फिर घिर जाएगी, लाल स्याही से, मोमबत्ती जलाने के लिए।

अमि रोते-रोते साड़ी बदलने लगी। साड़ी बदलते हुए, इस पल में भी उसके सामने सब कुछ गड्मड् था। यह भी पूरी तरह स्पष्ट नहीं था कि साड़ी बदलकर, जब सीढ़ियाँ उतरेगी तो वह सूटकेस को हाथ में लेकर उतरेगी कि सूटकेस को वहीं छोड़कर।

(रचनाकाल- 1973)

शायद ऐसे ही

सर्वोदयी छाप लम्बी बद्दियोंवाला, खादी का सफ़ेद-सा लम्बा झोला, अपने दाहिने काँधे पर लटकाए, मास्टर माखनलाल, अपने गाँव का वह घर, जिसे छोड़कर वे कभी न लौटने की घोषणा करके साल भर पहले गए थे; के एकदम क़रीब आ गए थे। बावजूद इतना क़रीब आने के बाद उन्हें नहीं लगा कि वह उनका अपना ही घर है हालाँकि, अभी अँधेरा उजाले को पूरी तरह लील नहीं पाया था—नतीज़तन, घर को उसके बदले हुए रूप में देख सकने की गुँजाइशें बक़ाया थीं।

बहरहाल, उन्होंने बहुत 'हियाव' के साथ देखा, घर धरधरी बखत के पीले झुटपुटे में, अपनी उदास शक़्ल के साथ पहले की तरह ही खड़ा था। लेकिन, उनकी आँखों ने चारों ओर आए बदलाव को तुरन्त दर्ज कर लिया। घर के सामने का वह ऊँचा ओटला, बरसात की बौछारों की मार के कारण, अपने दोनों कोनों पर से काफ़ी कुछ धँस गया था। नीम का वह पुराना और उमररशीदा पेड़, जिसके नीचे गर्मी के दिनों में वे खटिया डाल कर 'कल्याण' पढ़ा करते थे; वह भी वहाँ से गायब था, जिसके कारण उन्हें लगा करता था, जैसे उनके घर के आगे कोई पेड़ नहीं, बल्कि बूढ़ा-गड़ला 'मनक' बैठा है सतत निगरानी करता हुआ। कुल मिलाकर, चौतरफ़ा एकदम अपरिचित व अजीब-अजीब-सा लगा। क्योंकि, घर को लेकर अवचेतन के अन्दर खिंची तमाम पुरानी शिनाख़्तें एकदम साफ़ हो गई थीं। लगभग नदारद।

सब कुछ इतना बदला-बदला पाकर, उनका चेहरा ऐसा हो आया जैसे, चन्द लम्हों बाद ही, उस कच्चे और विशालकाय ओटले पर खेलते बच्चों के झुंड से वे पूछेंगे कि क्या मास्साब माखनलाल का मकान यही है? उन्होंने पहचानने की कोशिश की। गली के दूसरे बच्चों के साथ ओटले पर खेलते हुए, शायद उनके पोते-पोती ही थे। पोते-पोती 'छिया-छी' के खेल में इतनी तन्मयता के साथ व्यस्त थे कि उनका इस हक़ीक़त की ओर कोई ध्यान ही नहीं था कि उनके बाबा साल भर बाद, आज अचानक शहर से गाँव लौट आए हैं। ओटले के तुलसी के क्यारे में दिया लगाती, शायद बड़ी पोती रमा थी। दिया जलाने के बाद वह अन्दर चली गई।

उन्होंने चुपचाप, सीढ़ियाँ चढ़ने के लिए, अपने क़दम उठा दिए। ओटले की कच्ची व असुविधाजनक सीढ़ियाँ चढ़ते हुए, भीतर ही भीतर उनके मन को फिर वही दहशत

घेरने लगी। दहशत ने पैरों की नब्ज़ों में बहते ख़ून की गति शिथिल कर दी। पिंडलियाँ ठंडी पड़ती लगने लगीं।

बायाँ हाथ अनजाने ही कुर्ते की बग़ली-जेब में चला गया। वे चौंक उठे जैसे हाथ जेब के अन्दर रखी किसी कँटीली चीज़ से टकरा गया हो। झोला, दाहिने काँधे से फिसल कर फाँसी के फन्दे पर लटकते आदमी की तरह हाथ में झूल गया। जेब में धँसा हाथ, कुछ क्षण तक तो वैसे ही शिथिल बना रहा, फिर बूढ़ी अँगुलियों में उत्तेजना आई और उन्होंने जेब में रखे, उस पोस्टकार्ड को मसल डालने के लिए अपने शिकंजे में फाँसने की कोशिश की, जिसने उन्हें अन्ततः गाँव लौटने के लिए विवश कर दिया था। फिर, कार्ड को बाहर निकालकर मन ही मन सच्चाई को नकारने का यत्न किया, 'नहीं, यह नहीं हो सकता, भला ऐसा कैसे हो सकता है? कुछ दिन पहले ही तो मास्टरनी ने केसर बेन द्वारा 'कारड' लिखवा कर भिजवाया था, जिसमें साफ़-साफ़ लिखा था कि उसकी तबीअत अब तो काफ़ी सुधर चली है भगवान् की किरपा से जल्दी ही भली-चँगी हो जाएगी। चिन्ता-फिकर करने की कोई बात नहीं है दवाई किसन वल्लभ वेद की चल रही है...'

तो फिर बीच में अचानक यह खोड़ली ख़बर कैसी? ...हाँ कैसी?

उनका चेहरा भीतर से यक-ब-यक उठे पीड़ा के असह्य उफ़ान के कारण विकृत हो आया।

उन्होंने एक बार चारों ओर अपनी सत्तर वर्ष की बूढ़ी दृष्टि डाली। बाहर के समूचे वातावरण से तो ऐसा कुछ भी नहीं लग रहा था, जिससे किसी भी तरह का कोई संकेत मिलता हो कि इस घर में कोई 'गमी' हो गई है बच्चे पूरी तरह लापरवाह तथा प्रसन्न ढंग से खेल रहे थे। वे उछल रहे थे। वे चिल्लपों मचा रहे थे। एक-दूसरे को धकिया रहे थे। धमा-चौकड़ी मचा रहे थे, जबकि घर के भीतर, लोग ढोरों के लिए निराव-पूले की तैयारियों में व्यस्त थे। चूँकि, वहाँ से मवेशियों के गले में बँधी घंटियों और टोणों की आवाज़ों के साथ ही साथ, उनके बाँटेदारों द्वारा मवेशियों के डाँटने-डपटने की भी आवाज़ें उठ रही थीं।

उन्होंने कल्पना की, कि पत्नी के न रहने की वह ख़बर बस यों ही थी। और उनके घर में घुसते ही मास्टरनी औसारे की खटिया पर पैर लटका कर मज़े से बैठी हुई नसवार सूँघती ही मिलेगी और उनको देखते ही कहेगी—'येल्लो, तम भी अइग्या! अरे म्हारा माथा पे कागलो बैठी गयो थो तो ऐसो तमारे कारड लाखी दियो थो। इखा में आने की कांई जरूवत थी...? अभी हूँ, मरूँगा थोड़ेई...'

और ऐसा हुआ तो वे मास्टरनी को उसके ऐसे संवाद पर डाँट देंगे। हाँ, बुरी तरह बरस पड़ेंगे उस पर—'मास्टरनी, तू नहीं जानती थी कि मैं ऐसी बातों में विश्वास नहीं रखता। फोकट-फटीके में परेशान होना पड़ा न मुझको! एक तो बरसात के कारण, कीचड़ भरा रास्ता..., दूसरे दस-बीस रुपए की चपत लगी और क़सम टूटी, वो अलग।'

वे हमेशा से पत्नी से खड़ी बोली ही में बोलते रहे हैं। शुरू-शुरू में शादी के ठीक बाद पत्नी को ज़रूर तकलीफ़ हो जाती थी–'या 'तेरी-मेरी' वाली बोली, म्हारी समझ में नी आवे।' मगर बाद में, वह सब कुछ समझने लगी थी। वे मन ही मन और तथा बीत चुके दिनों की तरह मास्टरनी को डाँटने के लिए कोई चुटीली वाक्य-रचना तैयार करने लगे..., जिसमें अमूमन चुभन नहीं, बस 'चुभन' के निकट ले जाने का खेल हुआ करता था। उस खेल में भी आहत करनेवाले अल्फ़ाज़ों के पीछे उनकी चिर-परिचित विनोदवृत्ति दुबकी रहती थी।

वे सीढ़ियाँ पूरी कर के ओटले पर आ गए।

बच्चों के झुंड ने उन्हें कुछ-कुछ विस्मय से देखा। और देख कर, खेलते-खेलते एकाएक ऐसे रुक गए जैसे, अचानक कोई भूत देख लिया हो। टुन्नी तो उनसे शुरू से ही ख़ूब घुली हुई थी। देखते ही थोड़ी ठिठकी, जैसे अपने भीतर की किसी पुरानी शिनाख़्त की तसदीक़ कर रही हो। फिर एकदम से पहचान गई। बाद इसके बजाय उनकी तरफ़ दौड़कर आने के 'बा-बा अई ग्या... बा अई ग्या...' की घोषणा करते हुए, वह ओटले से, सूचना देने के लिए घर के दरवाज़े में घुस गई। कच्ची आवाज़ के उत्साह को आँकते हुए, उन्होंने एक सुखद निष्कर्ष निकाला कि मास्टरनी को वाकई कुछ नहीं हुआ है बस सिर पर कौवा ही बैठ गया होगा और गाँव में, इसे मृत्यु की पूर्व सूचना मानते हैं। अतः इस अपशगुन के निवारण का टोटका यही होता है कि व्यक्ति की मृत्यु की ख़बर फैला दी जाए–इससे मृत्यु टल जाती है सो ऐसा ख़त लिखवा भेजा होगा।

उन्होंने मन ही मन विश्लेषण किया कि मृत्यु वाले घरवासियों के लिए मातम को एकदम भुलाकर आगन्तुक के आगमन पर इतना उत्साह प्रकट करना आसान नहीं होता। बहरहाल, टुन्नी भी अपनी दादी को यह ख़ुश ख़बर देने के लिए दौड़कर अन्दर गई है कि वे आ गए हैं।

वे ओटले के बाद की सीढ़ियाँ पूरी करके औसारे के दरवाज़े में समा गए।

उन्होंने घुसते ही पाया, पूरा औसारा चुप है चुप व अँधियाया। अवसाद और अनमनेपन से भरे औसारे के कोने में लगी रहनेवाली खाट, जिस पर मास्टरनी बैठी रहा करती थी, इस वक़्त दीवार के सहारे उल्टी खड़ी है खाट की अदवायन पर दो एक कपड़े सूख रहे थे, जो बच्चों के थे। उनके भीतर उस अपेक्षित-स्थिति की विलोम-प्रतिच्छाया पाकर एक तीखी-सी चुभन भर गई। उन्हें लगा, जैसे ठंडे पानी की अतल गहराइयों में तैरती मछली को किसी ने एकाएक काँटे से खींच कर सख़्त गर्म रेतीले किनारे पर ला फेंका है वे भीतर काफ़ी दूर तक थक-से गए। चेहरा बहुत ही निरीह व आतंकित हो आया। जैसे वे एकाएक अस्वस्थ और अशक्त हो गए हों। बहरहाल, उन्होंने एक लम्बी श्वास ली और वहीं औसारे की देहरी पर बहुत धीमे से पसर गए। काँधे का झोला उतारकर बग़ल में रख दिया। उसमें मास्टरनी के लिए देवास से लायी गई 'सात फोटो' नाम की नसवार की एक बड़ी डिब्बी थी। पता नहीं, क्या सोच कर उन्होंने उसे

अपने झोले में रख लिया था।

देहरी पर बैठकर वे, पिछले आठ घंटों से पैरों में फँसे टायर सोल के जूतों के मिट्टी सने फीते चुपचाप खोलने लगे। मिट्टी में सन जाने से फीतों को खोलने में बूढ़ी अँगुलियों को परेशानी अनुभव हो रही थी। गाँठें गीली होकर खुलने से इनकार कर रही थीं, लेकिन इस क्षण में उन्हें आम दिनों की तरह जूते खोलते समय होने वाली खीझ नहीं आयी। बहुत व्यस्त भाव से खोलते रहे। जैसे, फीते खोलने के अलावा उनके पास अब कोई काम ही नहीं रह गया है

उन्हें न चाहते हुए भी मास्टरनी की बातें याद हो आईं—'तम से जब गाँठन नी खुले तो रत्ती सेठ जैसा पम्प-जूता क्यों नी पेरी लो। आग्गो बळो...ऽ, एक कावा का दस-बीस लागी जावेगा। यो केश्यो मुओ कांई लावेगा? लुगई के चावेगा तो दस जोड़ी चप्पल होण लाई देगा। बाप भले ही उबाणे फिरे तो फिरे।' और उन्होंने मास्टरनी को डाँट दिया था—'केश्यो नहीं, केशव कहा करो। वो भी मास्टर है उसकी भी गाँव में इज़्ज़त है तुम्हारे लिए तुम्हारा छोरा है, लेकिन उसका गाँव में शिक्षक का-सा ही सम्मान है'

मास्टरनी, हालाँकि इस झिड़क से चुप हो गई थी। लेकिन, मन के तरकस में रखे तीर, बाहर आने को बेचैन होते रहे थे।

रोशनी का एक तीख़ा हाशिया रसोईघर से निकलकर पूरे औसारे को लील गया। उनका सोचना एकाएक बीच में ही रुक गया। अवचेतन में से तैर कर बाहर आते दृश्य एकदम घुल गए। कीचड़ सने जूतों में से पैर निकाल कर मुँह ऊँचा किया। सामने केशव था। हरीकेन हाथ में लिए। उनके भीतर एक अनाम-सा कसैलापन भर गया। केशव के सपाट व जवान चेहरे की भवों के बीच उभरी शिकन देखकर उन्हें लगा जैसे, किसी ने उसके मुस्कराते चेहरे की तनी हुई त्वचा को खींचकर सलवटों की शक़्ल में सी दिया है केशव के चेहरे की मुद्रा में व्याप्त शोक, उन्हें एकदम ओढ़ा हुआ व खोखला लगा। उन्होंने केशव के चेहरे से नज़र हटा कर अपना चेहरा उसी मुद्रा में लौटा लिया, जिसमें वह पहले था। और सोचने लगे, शायद उनके नज़र हटते ही केशव का चेहरा सामान्य और विषादहीन हो गया होगा।

थकान के मारे टाँगों में दर्द महसूस होने लगा था। झोला उठा कर वे खड़े हो गए। देहरी से उठकर औसारे में पड़ी खटिया के पास आने में भी जैसे उन्हें श्रम करना पड़ा। झोला एक ओर रखकर दीवार से पीठ टिका कर बैठते समय, उन्होंने महसूस किया, जैसे उनके शरीर के सारे छिद्र अचानक खुल गए हैं। वे, भीतर से पसीना-पसीना हो उठे। काँधे पर चौबीसों घंटों पड़े रहनेवाले लाल गमछे से, गर्दन के आसपास तरप आया पसीना पोंछने लगे। लेकिन, सिर्फ़ पसीना ही पोंछ पाए। रोम-रोम को भिगोने वाला अवसाद नहीं।

केशव, हरीकेन को खूँटी पर टाँग कर उनके ही सामने कुछ दूर बैठ गया। हरीकेन के खूँटी पर टाँगे जाने से, हरीकेन के नीचे का अँधेरा सारे औसारे पर फैल गया।

जबकि, हरीकेन की पज़मुर्दा रोशनी ने उनकी छाया को अज़ीब-सी लमतोतली बना दिया था। उन्हें, अपनी छाया भी निरीह और दयनीय लगी।

'चिट्ठी कब मिली?' केशव ने बहुत तटस्थ स्वर में पूछा।

'कल शाम को।' उन्होंने गले के कफ़ में फँसी आवाज़ को बाहर फेंका।

और फिर वही उदास मुद्रा लौट आयी। उदास और चिन्तित। इतनी चिन्तित, जैसे उन्होंने कोई शब्द बोला ही नहीं। आवाज़ किसी और की तथा कहीं और से आयी थी।

'काहे से आए?' केशव का दूसरा प्रश्न कानों से टकराया। प्रश्न केवल प्रश्न की तरह ही किया गया था, जिसके उत्तर के पाने के लिए वहाँ कोई इच्छा और उतावली नहीं थी। उन्होंने साँप की तरह मुँह में गुछली खायी जीभ को सीधी करके उत्तर फेंक दिया-'मोटर से। जावर तक। बाद में पैदल।' लेकिन, उत्तर के बाद ही लगा, जैसे शब्द इतने मरे हुए और ठंडे थे कि निकलते ही किसी गिलगिली चीज़ की तरह गिरकर औसारे के फ़र्श से चिपक गए हैं। क्योंकि, औसारे के चारों कोनों पर वही उदास-सन्नाटा तना हुआ था। फिर पूरे समय वे कुछ नहीं बोले। केशव ही बताता रहा, एक ठंडी व अरुचिकर सूचना की तरह कि वह तो बाहर गया हुआ था। और फिर माँ की तबीअत इतनी ख़ास चिन्ताजनक भी न थी। केसर बुआ के साथ काँकड़ तक हो आती थी। देव-महाराज के देवरे तक। दर्शन करने। बाद इसके उसने जोड़ा था 'मरते-मरते' भी वह उनको याद करती रही थी। फिर उनकी तरफ़ प्रतिक्रिया पढ़ने के लिए देखने लगा।

कुल मिलाकर, जितनी भी देर के लिए उन दोनों के दरमियान संवाद बना रहा, उसमें वह यही सिद्ध करने के लिए जुटा रहा कि माँ की मौत उनके विछोह के कारण ही हुई है न वे नाराज़ होकर देवास जाते और न ही माँ मरती। केशव ने चुन-चुनकर तर्क का जाल बुना और अब उस जाल में फँसे हुए, वे छटपटा रहे थे। जैसे मछली छटपटाती है, बिना चीख और बिना भाषा के। तो क्या वे ही ज़िम्मेदार हैं, अपनी पत्नी की मृत्यु के लिए? केशव की उपेक्षा और प्रताड़ना नहीं?

कुछ देर के लिए केशव चुप बना रहा, जैसे वह उनसे अपने अपराध की स्वीकृति की प्रतीक्षा कर रहा हो। फिर उठ गया। केशव से पूरे एक साल बाद बोले थे, वे। आज भी न बोलते। यदि मास्टरनी ज़िन्दा होती तो। वे, केशव की तीखी और बदअख़लाक़ बातें सुनकर ही तो देवास चले गए थे। यह तय करके कि अब वे नहीं, बस, उनकी अस्थियाँ ही लौटेंगी, इस घर में।

उन्हें याद आया, बस वही एक क्षण था। केशव के और उनके बीच उतर आए तनाव का। केशव ने रोष में भर कर कह दिया था, 'बस, हो गया अब मुझसे अम्मा की दवाइयाँ नहीं लायी जा सकतीं। पैसे ही नहीं हैं तो क्या मेरी खाल खींचोगे? मुझे भी तो अपनी बेटी की शादी करनी है! उसके लिए पैसे जुटाऊँ या मसान की ओर मुँह किए बैठी इस बुढ़िया की बीमारी का भरना भरूँ?... काकू, तुम जो चाहो सो कर लो।'' केशव का यह कथन एक तरह से उनके सामने, आनेवाले आर्थिक समर का स्पष्ट

मानचित्र उकेर रहा था।

और वे तमतमा उठे थे। बुढ़ापे में भी उन दिनों का-सा पौरुष, बूढ़ी नब्ज़ों के भीतर उफन उठा था, जब उन्होंने गोरों के दफ़्तर में दिन-धौले माचिस घीस दी थी, 'आज साला पच्चीस-छब्बीस साल का छोरा उनसे जबान लड़ा रहा है' बूढ़ी नसें तार की तरह झन्ना उठी थी–'केशो, तू क्या ख़ाक कमा के देता है ? इस उम्र में भी तेरे जैसे कित्तई को पाल-पोस दूँ... समझे? सच्ची, तेरी जगह कोई दूसरा होता तो जबान खींचकर बाहर कर देता। समझता क्या है, तू! अपने आप को?'

और केशव ने भी उनको सूखा-सा नहले पर दहला थमा दिया था–'काकू, फाँको मत... हलक में हाथ डालकर बुढ़ापे में तो अपनी ये जीभाड़ली आदत तज दो... इधर का लोटा उधर रखने की तो बनती नहीं है और ऊपर से राँकस जैसे गरज-गरज कर कमाने-धमाने की बात कर रहे हो... ऐसे ही कमाऊ होते, तो आज हमें मदरसे में तुम्हारी तरह मुदर्रिसी ना करनी पड़ती...। तुम, हमको शहर में पढ़ने को भेजते और आज हम डॉक्टर या इन्जीनियरिंग लेन में होते।'

अरे, ये क्या हुआ ? केशव के इन शब्दों ने तो जैसे उनके अस्तित्व को ही छिन्न-भिन्न कर डाला! ईमानदारी के साथ शासकीय सेवा करते हुए उन्होंने देश और समाज को गाँधीजी की बुनियादी शिक्षा के हिसाब से बनाने और बदलने में पूरा जीवन खपा दिया। शिक्षक को देश का प्रथम शिल्पी माना और उसी तरह गाँव-गाँव के स्कूलों में स्थानान्तर करवा कर भटकते रहे। जब, उनके परिश्रम से स्कूल अच्छा चलने लगता, तो वे, ज़िला शिक्षा अधिकारी से कह कर ऐसे दूसरे किसी गाँव के स्कूल में चले जाते, जहाँ न छत होती, न छात्र। उन्हें लगा, उनकी नसों में गर्म सीसा दौड़ रहा है और वे पूरी ताक़त से चीख-चीखकर बोले थे–'केशो, तूने मास्टर माखनलाल को समझ ही क्या रक्खा है...? सिंधिया स्कूल का हिंदी मिडिल हूँ... किसी भी ओटले पर चटाई बिछा कर चार छोकरे बिठा लिए, तो साठ-सत्तर रुपए कहीं नहीं गए... मास्टरनी की दवाइयाँ तो क्या, जब मर जाएगी तो उसकी 'भसम' को गंगाजी तक छोड़ आऊँगा। समझे! हाँ, हरिद्वार।'

और वे पीपलरावाँ से बोहरे की मोटर पकड़ कर देवास आ गए थे।

आने के पहले वे 'मास्टरनी' से उसकी उस अँधियायी कोठरी में मिलने गए थे। चलने के पहले की अन्तिम मुलाक़ात के लिए। 'मास्टरनी' ने उनको ख़ूब समझाया था, 'कालूंडी चढ़ी गई और छोरा ने गुस्सा में कांई कही भी दियो तो माफ़ कर दो... आख़िर है तो तमारी ज औलाद...?' मगर उन्होंने 'मास्टरनी' की एक भी नहीं सुनी थी, 'मास्टरनी', तू भी उसका ही पक्ष लेती है ?... अरे, जो बाप के माजने के काँकरे कर दे, इज़्ज़त की ऐसी-तैसी कर दे, वो काहे का बेटा... आज मास्टर माखनलाल गन्दगी की ओर देख लेगा मगर, साले तेरे उस केशो की ओर नहीं देखेगा... समझी !' गुस्से के आख़िरी छोर में पहुँचकर आदतन मालवी बोली के शब्दों के सहारे से वे बोले थे–

'माथा से टूट्यो बाल, गू में जाय के मूत में।'

अपमान-बोध की तीव्रता की कठोर रीढ़ ने उनके अहम् को झुकने नहीं दिया था। और वे उसी दिन धोती-कुर्ता, लोटा-थाली और चटाई चिमनी को साथ लेकर देवास के लिए रवाना हो गए थे।

कल शाम अचानक जब उन्हें पोस्ट कार्ड मिला था, तो क्षण भर के लिए वे विक्षिप्त-से हो उठे थे। उन्हें लगा था, जैसे धीरे-धीरे उनके पैरों के नीचे की ज़मीन खिसकती चली जा रही है और आसमान उनकी छाती पर गिरनेवाला है वे, यहाँ आने के बाद से पहली बार ख़ुद को इतना अव्यवस्थित व एकाकी पा रहे थे। देवास में रहते हुए उन्हें हमेशा लगता रहा था, जैसे उनके भीतर हरदम टिमटिमाती कोई लौ है, जिसकी रोशनी में वे देर रात तक, प्रभु स्मरण के बाद, जीवन की जर्जर किताबों के पन्ने पलटते रहते हैं, लेकिन, अब उन्हें लगने लगा था, जैसे अथाह जल के तीखे प्रवाह में बहते हुए, एक ही रस्सी का सहारा बचा था, आज वह भी टूट गया है और वे अब दिशाहीन से अनन्त की ओर बहते चले जा रहे हैं... अछोर और असीम में।

केशव बाहर से लौटकर वापस उसी जगह चुपचाप आकर पसर गया। उन्हें बड़ी बेटी रमा दिखाई नहीं दे रही थी। उन्होंने चाहा कि वे उसके बारे में केशो से पूछें, लेकिन चुप ही बने रहे। वैसे भी रमा को उनसे कोई हियाव नहीं था। उलटे उनसे खार ही खाती रही थी।

रसोईघर से टुन्नी और पप्पू के झगड़ने की ध्वनियाँ आ रही थीं। शायद, खाने-पीने की किसी ख़ास चीज़ के लिए झगड़ रहे थे। झगड़े के संवादों से लग रहा था, कदाचित् चीज़, टुन्नी को कम और पप्पू को ज़्यादा दे दी गई थी और वितरण की इसी असमानता के कारण दोनों के बीच झगड़ा शुरू हो गया था। कुछ क्षणों बाद वे झगड़ते-झगड़ते रसोईघर से निकलकर बाहर औसारे में आ गए। टुन्नी ने पप्पू के हाथ में काट खाया। पप्पू की मुट्ठी में दबी 'बेसन की चक्की' का टुकड़ा नीचे गिर गया...। वे चुपचाप उस घरेलू मिठाई का टुकड़ा देखते रहे। फिर वहाँ से निगाह हटाकर केशव के चेहरे पर जमा दी। केशव का चेहरा जाने कैसा-कैसा तो भी हो आया। पप्पू, पिता से अपनी मिठाई छिन जाने की शिकायत करने लगा और वहाँ से हटा नहीं। वह, तत्काल कोई न्याय चाहता था। ऐसा न्याय जो, उसके पक्ष में फैसला घोषित कर दे। लेकिन, केशव ने आँखें दिखा दीं।

वह परिस्थिति को अपने अनुकूल न हो सकने की स्थिति को समझ कर भाग गया। टुन्नी पराजय को स्वीकारते हुए वहीं बैठी-बैठी चक्की का वह टुकड़ा खाती रही। फिर कुछ पल बाद वह भी उठकर भाग गई।

औसारे में फिर वे ही दोनों रह गए तथा रह गई दोनों की बीच लटकती तनावपूर्ण खामोशी; जिस पर मरजीवे से जलते हरीकेन की पज़मुर्दा रोशनी पड़ रही थी। कभी उनकी निगाहें केशो के चेहरे पर चली जातीं तो केशव छत की ओर ताकने लगता, जहाँ

गोदड़मच्ची थी और यदि उसकी निगाह उनसे टकरा जाती, तो वे फ़र्श की ओर ताकने लगते। दोनों चुप रह कर भी एक-दूसरे के अस्तित्व-बोध का तीखा एहसास कर रहे थे...। वे, गोदड़मच्ची पर तहा कर जमाई हुई रजाइयों को देख रहे थे... पता नहीं कौन सी रजाई ओढ़ती रही होगी, 'मास्टरनी' ! उन्हें लगा, वहाँ रखी किसी रजाई में 'मास्टरनी' की देह की गंध दबी पड़ी होगी।

रसोईघर में से सब्ज़ी छौंकने की आवाज़ आयी, तो वे चौंक-से गए। क्योंकि, मालवा में परम्परा के अनुसार मृतक के घर में तेरहवीं हो जाने तक सब्ज़ियों में छौंक नहीं लगाया जाता। यहाँ तक कि तेरह दिन तक हल्दी भी नहीं डाली जाती है, दाल और सब्ज़ी में। उन्होंने छौंक की आवाज़ को सुनकर केशव की ओर देखा। वह उसी तरह दीवार से पीठ टिकाए मौन मुद्रा लिए बैठा था। छौंकने की आवाज़ और गंध से विलग और ऊपर वे उसे काफ़ी क्षणों तक एकटक तटस्थ भाव से देखते रहे।

वे शायद केशव के चेहरे पर रसोई में चल रहे भोजन को स्वाददार बनाए जाने की प्रतिक्रिया को ढूँढ़ना चाह रहे थे। लेकिन, वहाँ उसके चेहरे पर कुछ नहीं था। न तो कान ने सुनी थी, छौंक की आवाज़ और न ही नाक ने पकड़ी थी, बघार की गन्ध। उन्होंने देखा, अचानक केशव का हाथ जेब की ओर चला गया। मगर, क्षण के दूसरे ही अंश में वापस लौट आया। उन्हें मालूम है, वह सिगरेट पीता है उन्होंने सोचा शायद इस समय उसे सिगरेट पीने की तलब महसूस हो रही है मगर, उनकी उपस्थिति के एहसास ने उसको तथा तलब को रोक रखा है उनके भीतर केशव के लिए तीख़ा आक्रोश भर आया। जी में आया कि वे ज़ोर-ज़ोर से चीखकर कहें, 'हाँ पी ! रुकता क्यों है ? सिगरेट क्या, शराब पी... ! और खा रसोई में बनवा-बनवाकर मीठे पकवान... बेसन, चक्की और मोतीचूर के लड्डू ! अरे तुझे काहे का दुख...? ये तोबरा चढ़ाने का ढोंग क्यों रच रहा है...? तुझे तो 'मास्टरनी' के मरने से खुशी हुई है क्योंकि, वो तेरी माँ थोड़े ही, दुश्मन थी... तेरी तो आँख में आती थी न !... उसके ज़िन्दा रहने से तो तेरी लड़की रमा की कहीं सगाई नहीं हो पा रही थी न ! येल्ले, अब मर गई... अब खूब खुशी मना ले... अब तेरे को दवाइयाँ नहीं लानी पड़ेंगी...।'

वे भीतर ही भीतर ख़ुद से जूझते हुए असहज और अव्यवस्थित हो आए। उन्होंने भीतर से कचकचा कर चाहा कि केशव के चेहरे पर चिपकी यह नकली संजीदगी खींच कर फाड़ फेंकें और उसके नीचे का मुसकराता चेहरा नंगा कर दें... मगर, वे कुछ भी नहीं कर पाए। केवल सोच कर ही रह गए। 'मास्टरनी' की मृत्यु के प्रति बरती जा रही उपेक्षा का अनुभव उनकी बूढ़ी आँखों के कोरों को चुपचाप नम कर गया। उन्हें 'मास्टरनी' पर भी खीझ हो आयी। खीझ दाम्पत्य के प्रेम में लथपथ भी थी। उन्होंने उससे कितनी बार कहा था, 'मास्टरनी', तू मेरे साथ देवास चली चल... सरकारी अस्पताल में तेरी ये गिठाने ऑपरेशन के ज़रिए निकलवा दूँगा... लोग इन्हें ही देखकर तो कहते हैं कि 'मास्टरनी' माँय को कोढ़ फूट रही है...' मगर 'मास्टरनी' ने कतई नहीं माना, 'राजाराम

बेदजी तो केबे कि ई तो सीतगरमी की गिठान है कोढ़ थोड़े ही... जो कहै ऊके ही कोढ़ होवे... म्हारे काय की... शंकायला लोग शंका करे तो म्हारे कंई...?'

रसोईघर में से फिर बच्चों के झगड़ने की आवाज़ आने लगी थी। शायद दोनों के बीच का द्वन्द्व अभी थमा नहीं था। केशव ने बैठे-बैठे ही हाथ बढ़ा कर पास के ताक में से कोई किताब खींचकर अपने सामने खोल ली थी। पप्पू व टुन्नी झगड़ते हुए फिर औसारे में आ गए थे। उनकी इच्छा हुई कि वे केशव से पूछें कि 'रमा' कहाँ गई। मगर, चुपकर गए। केशव ने हाथ की किताब बन्द करके फिर से ताक में रख दी और उठकर बच्चों को समझाने में लग गया।

वे उठकर बाहर ओटले पर आ गए...। बाहर अँधेरा बढ़ गया था। घरों में से उठने वाला शोर कुछ मद्धिम होने लगा था। बस कभी-कभी बाँटा या भूसा खाते ढोरों के गले में बँधे टोणों और घंटियों की आवाज़ें भर भटकती हुई बाहर के अँधेरे में आ कर उनके कानों तक पहुँच रही थी।

'मास्टरनी' की अनुपस्थिति के कारण उनके भीतर कई सन्दर्भ उठने लगे थे। जिन्हें वे पूरी शक्ति से दबा कर स्वस्थ होना चाहते थे। मगर हर बार वे ख़ुद को बहुत निरीह व अशक्त अनुभव कर रहे थे। उन्हें लगा, वे 'मास्टरनी' के विषय में सोचते-सोचते पागल हो उठेंगे। उनके कानों में 'मास्टरनी' के द्वारा बोले गए जाने किन-किन वक़्तों के हज़ारों-हज़ार शब्द गूँजते जा रहे थे।

भीतर उठती अतीत की रेखाओं को पोंछ फेंकने की कोशिश में उन्होंने चारों ओर देखा। शायद हनुमान मन्दिर पर आरती शुरू होने वाली थी। लोग जमा हो चुके थे। इसीलिए बार-बार शंख फूँका जा रहा था, जो गाँव के शेष लोगों के लिए मन्दिर तक आने का अघोषित बुलावा था। उन्होंने चाहा कि वे भी वहाँ मन्दिर तक हो आएँ। मगर, यह सोचकर रुक गए कि ऐसी 'सूतक' की स्थिति में भगवान् के मन्दिर में जाना अच्छा नहीं लगेगा। तेरह दिन निषिद्ध रहता है ऐसे में घर की देव मूर्तियों को भी पड़ोसियों के यहाँ पहुँचा दिया जाता है, ताकि वे अपूजे न रहें।

वे ओटले पर चहलकदमी करने लगे...।

ओटले को देखकर उन्हें याद आया। 'मास्टरनी' हर बरसात में ओटले की ओट पर पलाश के पत्तों की 'पलाणी' लगा दिया करती थी, ताकि बरसात में मिट्टी का कच्चा ओटला धँसे नहीं। मगर, आज उसके तमाम कोने धँस गए थे। वह इसे हमेशा लीपती-छाबती रहती थी। एक बार रघू तेली के बैल ने गीले ओटले में सींग मार दिया था, तो वह उसके घर तक जा धमकी थी, 'ढोर-ढाँढा पालो तो अटोपने को तमीज़ भी राखो... यों कंई कि लोग होण को नुकसान करता फिरे...' उन्होंने ख़ुद उसे रोका था, 'मास्टरनी', इस मिट्टी के ओटले की ख़ातिर तू किन-किन से झगड़ती फिरेगी...? जानवर हैं, सींग मार दिया था तो बेचारे रघू का क्या कसूर...' 'मास्टरनी' ने तब प्रति उत्तर दिया था, 'अरे मिट्टी है तो कंई, मेहनत भी तो है हूँ मिट्टी का सरू नई, मेहनत

का सरू लड़ी री हूँ... मिट्टी तो आक्खो सरीर भी है'

उन्होंने औसारे की खिड़की से पिछ्वाड़े की ओर झाँका। वहाँ नीम अँधेरे में डूबी 'मास्टरनी' की वह अँधियारी कोठरी थी, जिसमें अब निरबंक उजाड़ था। कोठरी की छत के टीन केशव ने उचड़वाकर बेच दिए थे। और उनकी जगह देसी कवेलू का छप्पर डलवा दिया था। यह ख़बर भी 'मास्टरनी' ने केसर बेन द्वारा कारड लिखवा उनके पास देवास पहुँचवायी थी। जब पहली बार 'मास्टरनी' का झगड़ा केशव की बहू से हुआ था, तभी से 'मास्टरनी' नाराज़ होकर इसी कोठरी में रहने लगी थी। उसी की योजना थी कि उनकी ग्रेच्युएटी के पैसे मिलेंगे तो वह इसे पक्की करवा लेगी। और अब मौत तक केशव की बहू के हाथ का राँधिया अन्न नहीं खाएगी। वे उम्र के 'पचपन साला' वाले राजकीय नियम के अन्तर्गत रिटायर हुए थे। ग्रेच्युएटी और पेंशन केस काफ़ी उलझ गया था। 'माखनलाल' नाम, अंग्रेज़ी में लिखे जाने के कारण 'ए' के बजाय 'ओ' हो जाने से 'मोखनलाल' हो गया था। बाद में, किसी ज़्यादा समझदार बाबू ने 'मोखन' को 'मोहन' की तरह ठीक कर दिया। नतीज़तन, उनके नाम का ही झँझट पड़ गया था। पेंशन प्रकरण ख़ासा उलझ गया था। बस, इसी त्रुटि को दुरुस्त करने में साल के साल बीतते जा रहे थे।

औसारे में केशव की बहू आ गई, तो वे ठिठक गए। वह चटाइयाँ बिछा कर एक पटला ले आई। केशव दीपक जलाने के लिए बत्तियाँ बना रहा था। फिर बहू ने खूँटी पर से हरीकेन उतारा और धुएँ के कालिख से पुती काँच की हंडी निकाल कर साफ़ करने लगी। हरीकेन के ज़मीन पर आते ही उनकी निरीह और सिकुड़ी हुई छाया दीवार पर महाकाय बनकर गिरने लगी। अपनी ही विराट छाया के समक्ष वे बौने लग रहे थे।

हंडी के अन्दर तेज़ी से चलता हाथ देखकर उनकी इच्छा हुई कि वे बहू को हिदायत दें कि कहीं हाथ न कट जाए। क्योंकि, उसका एक कोना टूटा है एक बार इसी से 'मास्टरनी' की अँगुली कट गई थी। मगर, यह सोच कर चुप कर गए कि काँच की वह हंडी तो जाने कभी की ही फूट चुकी होगी। और अब ऐसी राय देना सरासर बेवकूफ़ी लगेगी। उन्होंने वहाँ से निगाह हटा ली।

केशव बत्तियाँ बना चुका था–

और अब रामीलाल सुकल आ गए। वे तपाक् से उनसे गले मिले और आर्द्र स्वर में बताने लगे–'भाभी कहती थी, रामीलाल, भगवान् म्हारे कदे उठाएगा। म्हार तो लागे कि भगवान का घर में म्हारो तो कागद ही कंई खोवई गयो है अब ब्रह्माजी का लिख्या लेख मिळेगा, तब तक तो इन्हीं मट्टी की काया के याँज काटनी पड़ेगी।' वे कुछ बोले नहीं सिर्फ़ हाँ-हूँ में ही बतियाते रहे। फिर कुछ महिलाएँ भी जमा हो गईं, जिनमें ज़्यादातर बूढ़ी और 'मास्टरनी' के साथ उठने-बैठनेवालियाँ थीं। उन्हीं के साथ उन्होंने जब केसर बेन को भी आते देखा, तो वे भीतर से ख़ुद को कुछ भरा-भरा अनुभव कर उठे। 'मास्टरनी' की केसर बेन से ख़ूब पटती थी। दोनों ननद-भौजाई रात के ग्यारह-ग्यारह

बजे तक बतियाती रहती थीं। दोनों की ऐसी 'जमेल बैठक' को देखकर केशव व उसकी बहू भीतर से कुढ़ा करते थे। एक बार केशव ने उनको बेलिहाज़ ढंग से आगाह भी कर दिया था कि 'ये केसर बुआजी के पास कोई काम-धाम तो है नहीं और यहाँ आ के रोज़ अपना राण्डी-रोणा करती रहती हैं। किसी दिन आई तो मैं दरवाज़ा उनके मुँह पर बन्द कर दूँगा।'

केशव ने एक दिन तो आख़िर उन्हें कुतिया की तरह दुत्कार दिया था, 'बुआ जी, तुम हमारे घर मत आया करो... अम्मा को जाने क्या-क्या पढ़ाकर, हमारे घर में फूट डालती हो।' मगर, केसर बेन ने मान-अपमान सहकर भी आना न छोड़ा था। उन्हें केसर बेन को देखकर पहली बार उनकी पीड़ा पकड़ में आई कि पति के बग़ैर औरत के लिए ज़िन्दगी काटना कितना दुश्वार होता है पूरा जीवन दुःख का पुराण बन जाता है, जिसे बाँचने के लिए किसी के पास समय शेष नहीं रहता। वे देवास क्या चले गए थे कि ख़ुद की जनी औलाद ने ही 'मास्टरनी' के बुढ़ापे के बिटमने कर दिए। फिर केसर बेन ने पीहर में रहकर धोली-धोती पहन-पहनकर सारी ज़िन्दगी कैसे काटी होगी?

थोड़ी ही देर में पास-पड़ोस के लोग-बाग, निराव-पूला तथा रोटी जीमणा-चूठना निबटाकर आ गए। उनमें जवान कम, बूढ़े अधिक थे। कुछ तो सीताराम मुकाती बा जैसे भी बूढ़े थे, जो सिर्फ़ इसलिए जी रहे थे, क्योंकि वे मर नहीं पा रहे थे।

रामीलाल सुकल ने गरुड़ पुराण बाँचना शुरू कर दिया था...; जिसमें मृत्यु के बाद के जीवन का रहस्यमय और अबूझ वृत्तान्त था। वे उस वृत्तान्त को कान लगाकर एकाग्रता के साथ ख़ामोशी से सुनते रहे। सुनते-सुनते कई स्थलों पर वे बुरी तरह अस्वाभाविक व भयभीत हो उठे। क्या वाकई ऐसा सब होता होगा? क्या 'मास्टरनी' की आत्मा वास्तव में ही तेरह दिन तक इस घर के आसपास मँडराती रहेगी...? उन्हें लगा, जैसे 'मास्टरनी' की ढेर सारी मुद्राएँ उनके अवचेतन से उभर कर उनकी समूची चेतना को लील रही हैं। एक सैलाब-सा उमड़ आया है...'मास्टरनी' की विभिन्न मुद्राओं का... हँसी-हँसाती, रोती-गिड़गिड़ाती...।

उन्हें याद आया 'मास्टरनी' को एक बार उन्होंने धोती के पाँच हाथ के बटके के लिए केशव के सामने गिड़गिड़ाते देखा था, 'लाई दे केशो, लाई दे नी... हूँ थारी माँ ज तो.. हूँ' तब उन्हें 'मास्टरनी' बहुत दयनीय व निरीह लगी थी। उन्हें लगा था, जैसे केशव ने उनकी जगह ले ली है क्या केशव 'मास्टरनी' के लिए स्थानापन्न हो गया है? उन्हें लगा था, जैसे आज भीतर से हमेशा-हमेशा से सख़्त रहनेवाली कोई अनाम सी चीज़ टूट गई है उन्हें उन क्षणों में गुस्सा तो काफ़ी आया था कि उठकर वे केशव को डाँट दें। मगर, ऐसी व्यंग्यात्मक स्थिति से ख़ुद को बचाने के लिए बाहर निकल गए थे...। पहली बार लगा था, सारी भाषा और उसके तेवर जेब के बटुए में होते हैं और उनके बटुए में गीता का गुटका भर है और गुटके से क्या होता है? अर्जुन ने गीता की वजह से युद्ध अवश्य छेड़ दिया था, लेकिन, वह तो बाप-बेटे के बीच का नहीं, बन्धु-बान्धव

के बीच का था।

बाद केशव के स्कूल चले जाने पर, उन्होंने 'मास्टरनी' को डाँटा था, 'मास्टरनी, ये तेरी क्या आदत है...? उस बित्ते भर के छोरे के सामने तू ऐसे गिड़गिड़ा रही थी, जैसे मास्टर माखनलाल मर गया हो... मुझे कहती, मैं दस धोतियाँ ला पटकता...' रज्जू लीलगर की दुकान पर खटाऊ वायल कल ही आयी है थान का थान ला देता हूँ। पहन, कितनी पहनना है? गाँव की कन्याओं के भी पाँव पूज के एक-एक धोती बाँट देना।' मगर यह कहने के बाद उन्हें लगा था, वे अपने आत्म-सम्मान और अस्तित्व को बचाए रखने के लिए कितना कमज़ोर झूठ बोल रहे हैं, जो खड़ा-खड़ा मन के भीतर ही भीतर काँप रहा है क्योंकि पेंशन और ग्रेच्युएटी का निकाल अभी पूरा हुआ नहीं था। और न ही निकट भविष्य में उसके 'निकाल की' कोई सम्भावना थी। और जब 'मास्टरनी' ने तैश में आकर कह दिया था कि 'अच्छा तो फिर वे ले आवें धोतियाँ', तो वे दूसरे ही दिन रज्जू लीलगर के यहाँ से दो सस्ती-सी हैंडलूम की साड़ियाँ उठा लाए थे। मगर, लाते समय इस बात की चिन्ता मन में बाक़ायदा बरक़रार थी कि वे इस उधारी के पैसे कब और कैसे चुकाएँगे? और आख़िर उस उधारी को छह माह बाद केशव ने ही चुकाया था। तब, कई दिन तक वे अपने, आर्थिक-दीनता से उपजे अपमान बोध को पोंछ नहीं पाए थे।

गरुड़ पुराण ख़त्म हो गया।

महिलाएँ उठ गईं। रामीलाल सुकल और केसर बेन आत्मा की गति-अगति पर चर्चा करते रहे, जिसमें स्वर्ग और नरक के भीषण और भयभीत करने वाले भूगोल का भी हवाला चलता रहा। वे चुपचाप सोचते रहे। 'मास्टरनी', जो कभी जीवन में गाँव, घर और काँकड़ छोड़ नहीं पायी, वह उस विराट और अनजाने लोक के भूगोल में भटकती हुई क्या सोचेगी ? कुछ देर बाद रामीलाल सुकल भी उठ गए। केवल केसर बेन, केशव और वे तीनों ही रह गए। केसर बेन की मौजूदगी देखकर केशव का चेहरा तनावपूर्ण हो आया। कुछ देर तक केशव बैठा रहा फिर वह भी रसोईघर में घुस गया। कुछ देर बाद पुनः आ कर झाँक गया। मगर केसर बेन को वैसा ही जमा देखकर भनभनाता लौट गया। उसकी झल्लाहट, उसके वापस जाते क़दमों से प्रकट हो रही थी, लग रहा था जैसे वह केसर बुआ की उपस्थिति को अपने पाँवों के नीचे रौंदता हुआ लौट रहा है

केसर बुआ उन्हें लगभग फुसफुसाहट के से स्वरों में बताती रही कि 'मास्टरनी' की 'गत' इन लोगों ने क्या बना के रखी थी... टुन्नी और पप्पू तक भी छोटी-छोटी बातों पर 'कुचराँद' किया करते थे, उससे। उन्हें, उन्हीं से पता चला कि 'मास्टरनी' के 'पराण' खटिया पर ही गए हैं... 'मास्टरनी' की तबीयत उस दिन सुबह से ही गम्भीर थी। मगर केशव के ससुराल के लोग रमा के लिए लड़का ढूँढ़ के जो लाए थे... किसी ने परवाह न की... खाना-पीना होता रहा, लोग चक्की-सेव खाते रहे, मगर 'मास्टरनी' की कोठरी की तरफ़ तो किसी ने झाँका तक नहीं कि उसे क्या चाहिए...? और अन्त

में केसर बुआ ने उनके कानों के पास आकर रुदन को रोकने की असफल कोशिश करते हुए भरे गले से बताया कि वे क्या कहें, 'मास्टरनी' भाभी के 'पराण' तो सुबह ही के निकल गए थे, मगर केशो ने किसी को कहा तक नहीं... सगई-सरपण की रसम पूरी करके, जब मेहबान बिदा कर दिए, तब कहीं जा कर रोना-धोना शुरू किया...।

वे, पत्नी की उपेक्षित मृत्यु-स्थिति को सुन कर सन्न-से रह गए। क्या ऐसा सम्भव है कि माँ के प्राण छूट जाएँ और बेटा घर में मेज़बानी करता रहे।

केशव के प्रति उनका मन घृणा और आक्रोश से इतना भर उठा कि अभी दौड़ कर 'केशो' का ग़रेबान पकड़ कर उसे खूब पीटे–'साले, आख़िर, वो तेरी माँ थी... नौ महीने पेट में रखा था और उसे तू, घर में तक नहीं रख पा रहा था।' मगर, वे कसमसाते हुए बैठे रहे। आक्रोश को रोकने के कारण वे रुआँसे हो उठे। उन्हें लग रहा था, जैसे उनकी चेतना पर किसी ने कोई भारी शिला रख दी हो। और वे अब हिलने-डुलने से भी हाथ धो चुके हैं।

वे ख़ुद को काफ़ी अशक्त अनुभव कर रहे थे।

कुछ देर बाद केसर बेन भी उठ गई। उठी क्या, बस...उन्होंने ख़ुद को इच्छा के विरुद्ध उठा लिया। जबकि, उनके चेहरे से लग रहा था जैसे 'मास्टरनी' की पीड़ा के बखान में उनके भीतर की समूची भाषा ही पस्त हो गई है अब सिर्फ़ चेहरे की मुद्रा ही भाषा का काम निपटा रही है केशव ने खाने का पूछा, तो वे मुकर गए। बच्चे सो चुके थे। उन्हें दिनभर की शैतानियों की थकान नहीं, बल्कि गरुड़ पुराण के पाठ ने सुला दिया था, जिसमें से हर बार कोई भय निकलकर उनको बार-बार घेर लेता था। केशव ने औसारे में रखी खटिया फैलाकर उनका बिस्तरा डाल दिया। खटिया के नीचे पानी का लोटा रख दिया और कुछ देर बाद रसोईघर में घुस गया।

लोटा, वही ताम्बे का था, जिसमें रातभर पानी रखने के बाद सुबह 'निरने' पेट, वे तथा 'मास्टरनी' पीया करते थे। यह, दीर्घायु होने की परम्परागत युक्ति थी।

चरऽ ऽ...! रसोईघर का दरवाज़ा बन्द हो गया। वे चौंककर उठ गए और अपनी खटिया पर आ गए। लेटते समय उन्हें लगा, जैसे शरीर का एक-एक हिस्सा ख़ूब पके हुए फोड़े की तरह दर्द कर रहा है

लगातार पन्द्रह मील का कीचड़ भरा रास्ते का सफ़र और हर पल मन की संवेदनशील पर्तों को बींध-बींधकर उठनेवाली टीस ने उन्हें चूर-चूर कर दिया था। आँख लग ही नहीं पा रही थी। झपकी लगती और लगता, जैसे 'मास्टरनी' कहीं ज़ोर-ज़ोर से रो रही है... या कोई उन्हें झिंझोड़कर उठा रहा है झपकी टूट जाती। अचानक ऐसी ही झपकी लगी और टूटी, तो उन्हें लगा, जैसे सारे औसारे में बर्फ़ भर गई है और अब उनकी हड्डियाँ तक ठिठुर रही हैं। मुँह पर से चादर हटायी, तो पाया, सब दूर अभेद्य-सा लगने वाला घुप्प अँधेरा। औसारे के ताक में रखी ढिबरी बुझ गई थी। माथे पर हाथ गया, तो लगा, जैसे सिर तवे की तरह गर्म हो उठा है गला प्यास के मारे बुरी तरह सूखे जा रहा

था। अँधेरे में खटिया के नीचे रखे पानी से भरे ताम्बे के लोटे को टटोलने के लिए हाथ बढ़ाया, तो लोटा लुढ़क गया। सारा पानी बाहर...

एकबारगी सारी हिम्मत जुटा कर बैठ गए। फिर काँपते पैरों से उठकर रसोईघर के दरवाज़े के पास गए! जी में आया कि ज़ोर से 'केशो' कहकर चिल्लाएँ। मगर, भीतर के मद्धिम-मद्धिम प्रकाश तथा अस्फुट शब्द-ध्वनि सुनकर आवाज़ गले में ही रुकी रह गई। रसोईघर से हल्के-हल्के हँसी के खनखनाते स्वर आ रहे थे। उन्हें लगा, उनके भीतर का कोई कोमल हिस्सा बेतरह बिंध गया है एकाएक लम्बी श्वास लेते समय, उन्होंने महसूस किया, जैसे लगातार सत्तर बरस से पसलियों के पिंजरे में फड़फड़ाते परिन्दे को किसी ने अपनी क्रूर मुट्ठियों में भर लिया है और वह उसे निचोड़ डालने की हद तक धीरे-धीरे दबाव बढ़ाता चला जा रहा है

वे बहुत मुश्किल से खटिया तक आ सके। पहली बार लगा दरवाज़े से खटिया तक के बीच की दूरी उनकी देह के सामर्थ्य के लिए अलंघ्य हो गई है

लेटकर उन्होंने एक बार फिर सोचा कि उन्हें ज़ोर से लम्बी साँस खींच कर केशो को आवाज़ देनी चाहिए, मगर हिम्मत न बटोर पाए। वे पल, प्रति पल गला और अधिक सूखता महसूस करते जा रहे थे। हड्डियों में अनुभव होती ठंड बढ़ती-सी लगी। उन्होंने चादर के दोनों सिरों को सिर और पैरों के नीचे कस कर दबा लिया, लेकिन ठंडी हवा फिर भी जाने कहाँ से आ रही थी, जो मांस मज्जा को फोड़कर, उनकी बूढ़ी अस्थियों को भी भेदती जा रही थी।

वे भीतर से बुरी तरह से घबराहट अनुभव करने लगे थे।

घबराहट को बुहार फेंकने की कोशिश में, वे 'मास्टरनी' के बारे में सोचने लगे... उन्हें लगा 'मास्टरनी' के तमतमाए, चेहरों की भीड़ से उनका चेतन मस्तिष्क डूब गया है... और कानों के भीतर 'मास्टरनी' की पुकार के शब्द, अर्थहीन ध्वनियों के रूप में बज रहे हैं। फिर लगा, उनका सारा शरीर पिघल-पिघल कर गर्म मोम की तरह खटिया से टपकता चला जा रहा है उन्हें लगा, जैसे वे देह से अलग होकर स्वयं की देह को देख रहे हैं। रजाई के नीचे। घबराहट में छटपटाती हुई। उन्हें वहाँ अपनी जगह 'मास्टरनी' लेटी हुई जान पड़ी।

एक क्षण के लिए उन्हें लगा, वे पूरी ताक़त से सहायता के लिए टुन्नी को पुकार रहे हैं...पप्पू को पुकार रहे हैं... बहू और केशव को पुकार रहे हैं–लेकिन, कोई नहीं सुन रहा है जैसे सबके कान किसी त्यौहार की तैयारियों के शोरगुल से भर चुके हैं।

उन्होंने स्पष्टतः अनुभव किया कि, उनकी घबराहट धीरे-धीरे पल-प्रति पल, लगातार बढ़ती ही चली जा रही है

(रचनाकाल- 1973)

शुरुआत से पहले

मिट्टी ने शायद अपनी मालवी फ़ितरत के चलते ज़रूरत से ज़्यादह पानी पी लिया और कण भीतर तक भींग के डल्ले सरीखे डबरा गए। बदरीपरसाद ने धीरे-से बाँस की एक छोटी किमची से, थोड़ेक कण उठाए और बाएँ हाथ की हथेली के ऐन बीच रख लिए। फिर, मसक कर देखने के लिए, दाईं हथेली उठाकर, बाईं पर ज़ोर से दबा दी। बाद दबाने के हथेलियाँ खोल कर अलग कीं।

हथेलियों की रेख में शुरू से अख़ीर तक मट्टी समा गई थी। 'कुम्हार की जीवनरेख में मट्टी नँई तो और क्या होगा...? माँ तो कहा ही करती थी, 'छोरा अपणो तो गोत्र ई मट्टी को है रे...या हाथ ई नी, माथा की रेख माँय भी भरी हुई है एक दन ई में ज, रमतै-रमतै अपण रामजी का याँ भी चल्या जावाँगा रे।'

बदरीपरसाद की भूरी और भरी-भरी आँखें, मन में से उठी मटमैली चमक में लथपथ हो गईं। वह भली घड़ी के इस हिस्से में हाथ की रेखाओं में, मट्टी की मौजूदगी से अलग, कण से कण के मिल जाने के बाबत सोचकर गदगद हो रहा था। मट्टी की ये मुलायम आदत, बदरीपरसाद की आँखों में आ उतरी, उस मटमैली चमक की ही जड़ थी। क्योंकि कण एक दूसरे के माँय घुलमिल के एकमेक हो गए थे। खिलौकणे और मूर्ति की बणाणे में मट्टी की इतनी ही तैयारी चईये। मट्टी तो इत्ती बण के तैयार हो गई है कि दो आदमक़द गणपति अने एक पचौळ सेठ-सेठाणी बणी जाए फिर इत्ती मट्टी में उसको बँगाली बाबू के वास्ते बणाणा है, काळी माँ की, एक ही तो बड़ी मूर्ति।'

मन-ही-मन मुसका के, बाल्टी के पानी में अपने दोनों हाथ खँखोलते हुए, वह अपने-आपसे बोला, 'बस भइया, येई तो कमाल है, माळ्वे की इस मट्टी का। ये लसलसाती तो इस क़दर है, जने कि घी में घोल मारा हो, मट्टी के मुगालते में मैदा। मट्टी के कण-कण में चिकणई एकदमै-ई ऐसी कि बिसर-भूले में, अगर अन्नदेव का दाना लथपथा जाए, तो बस आँख मींच कर मान लो कि ये परमेसरी अब उसमें अँकुर फोड़े बिगैर मानेगी नी। अपनी तो काया से क्या जा लगी कि बस यहीं के यहीं हरे-भरे हो गए। मेल दी जड़ें ज़मीन में। अब तो आलम ये है कि किसी भी तुर्रम-फुर्रम ख़ाँ के उखाड़े नँई उखड़नी है तब ऐनाबाद के ठेकेदार आ के नी बोले थे..? 'क्या कर के बदरीपरसाद! हाथ में हुनर तो तेरे लाज़बाब हैगा। चल मेरे संग, उठा के ये तेरा टीम-

टाम। पाँच जनों के बीच बोल के बता रहा हूँ। तेरा और तेरी बइराँ का खाना और लत्ता-कपड़ा मेरा। साथ में, तेरे को दूँगा मैं, रहने के वास्ते गाडर-फर्शी का पक्का मकान। पगार, अब तू ही अपणे बत्तीस दाँत और एक़ जीभ वाला मूँ खोल के ख़ुद ही बता दे कि कित्ती दे दूँ।'

मगर, मिनख-मिनख के मिज़ाज की बात है बदरीपरसाद ने घोघ हिलाकर के, कर दिया नकारा। पगार मने क्या...? ये तो चाकरी ही हुई नी, एक तरह से। है कि नी ? अपणे से खेटवायेगी नी। भइया, बात असल में ये है कि हालदार की हुजूरी से, मालवे की माटी की मजूरी ठीक। फिर मट्टी से हिरदे का हियाव भी तो जनम का था। मन माना ज नी। रामगीर ने तो उठाई अपणी छैणी और हथौड़ी...अने फिर हो गया ठेकेदार की पीछे। हरे पंडत के मन्दर के ओटले पर, चार जनों के माँय, मज़ाक-मज़ाक में, यारबाज़ी के झटके से बोला था, 'ठेकेदार साब, गिंडोले का गोत्र क्या...? गारा और मट्टी। है कि नी...? रहन दो यार, काय लेणे के वास्ते इसके मनावणे करते हो...! मैं चल तो रहा हूँ, तुम्हारे साथ। अरे रंडुआ ख़सम और अंडुआ बैल दोनोंई पाँव पीछे ही पटकते हैं।'

धरती माता की सौगन्ध खा के, ओटले पर बैठे तमाम लोगों के सामने बदरीपरसाद बोला था, 'हरे पंडत! माँ चामुंडा के साधक हो, तुम। तुम्हारे सामने कह रिया हूँ कि मेरे को रामगीर के बोल का बुरा रत्ती भर नी लागा है हालाँकि, वो मेरा पक्का यार है लेकिन, ये तो मिनख-मिनख के मिज़ाज की बात है कहना यूँ पड़े कि कोई की ज़िभान ज़्यादा चलती है, तो कोई के हाथ। अपणा तो बस हर काम में, हाथ ही हाथ चलता है सो तै किया कि मिहनत से काम करेंगे तो ऐनाबाद यहीं पे उतर आएगा। ऐनाबाद तो छोड़ो सुवर्णा नगरी याँ पे उतर आवेगी। फिर, मैं नी गया तो नी ही गया। हाथ और हुनर पे बिसास रखा और रमा रहा यहीं ज की मट्टी में। आज येई धरतीमाता ऐसी 'टूटमान' हुई कि मैं रोटी के ऊपर रोटी रख के तो खाता हूँ। और जहाँ तक 'करज' का सवाल है, तो वो थोड़ाक भौत तो हरेक के माथे पे होता ही है अरे होल्कर महाराज पे भी करजा था, सर सेठ हुकुमचन्द का।'

'ठीक कहते हो, बदरीपरसाद!' हरे पंडत बोले थे, 'मुझे देखो, मेरे मस्तक पर रुपए-पैसे का ऋण नहीं, पर मातृ-ऋण तो है ठाकुर साहब, माँ चामुंडा का मन्दिर निर्माण करवाने का सोच रहे हैं। सोचता हूँ, चार-पाँच सौ ईंटें इस ब्राह्मण की ओर से भी जुड़ जाएँ। जाने किस विपत्ति में, वे दीवार बनकर खड़ी हो जाएँ और रोक दें, अनिष्ट को।'

फिर, कोई सालेक भर बाद, येई इस लागते फागुण की तेरस को पता चला कि रामगीर ऐनाबाद के ठेकेदार से नेठुँई लुटलुटा के वापिस गाम में लौट आया है, तो आगे रह कर दौड़कर वो ख़ुद मिलने गया था, बदरीपरसाद। हौ... अपने पुराने यार से। रामगीर ने हुलक के पूछा था, 'क्या हालचाल हैं रे, प्यारे बदरी के परसाद तेरे ?' तो बदरीपरसाद

हँस-हँसा के बोला, 'रामगीर सुन, अपणा तो मट्टी से जनम-जिनगी का ऐसा मेलजोल हो गिया है कि कोई बादश्या भी अपणी मट्टी पलीद नी कर सकता। मैंने तो तेरे को बोला भी था कि इस ऐनाबाद के ठेकेदार के झाँसे में मत आ। इन हरामज़ादों की मरी हुई खोपड़ी भी धोखा दे देती है पर, साले! तेरे जैसे भोंट पत्थर-कटे को, तब तो सम्पट ही नी बैठी। फिर पत्थर के भीतर पाणी काँ जावे, जो के तू पसीजता।'

रामगीर अपने दोस्त बदरी की बात पे हल्का-सा हँसा था। फिर अपनी हँसी को दगगड़दार बनाने के बाद बोला था, 'देख बे बदरी ! असल बात तो ये है कि उस ठेकेदार ने अपणी तरफ़ से भौत भिड़ायी थी तुकतान कि वो बट्टे खाते कर डाले, मेरी मजूरी को। पण, घली नी उसकी। मैंने भी घंटा दिखा के समझा दिया, ख़ालिस उर्दू में कि ठेकेदार साहब, सिलावट हूँ, पत्थर तोड़ने और फोड़ने का काम करता हूँ। आज तक पत्थर के नीचे अपणी आँगली तक नी आणे दी है...और तुम हो कि इस पूरे के पूरे, मिनख के मिनख को, अपणे तले दाबरिये हो। याद रखना, पत्थर पे जोंक के जबड़ों का ज़ोर नी जमता समझे। ख़ून की तो बात रैन दो, तुम मेरा पसीना तक नी चाट सकते। ये रई तुम्हारी नौकरी। सँभालो तुम्हारा टीमटाम। ठाकर को चाकर भौत, तो चाकर को ठाकर भी भौत भरे पड़े हैं। एकदम कौड़ी-कुटार। ऐनाबाद आ के इस रामगीरे ने मजूरी बेची है, हाथ थोड़ेई। अरे नाई की कमाई आँगळी और उस्तरे में...और सिलावट की हाथ के हथौड़े में। हाथ सलामत रहे तो काम का टोटा नँई। कहीं भी बैठ के चार हथौड़े मारूँगा तो चौदह चित होंगे।'

बात का भाटेमार तरीका सुन के बदरीपरसाद हँसा था। और, हँसी में साथ दे दिया था, रामगीर ने। मट्टी के कच्चे घर में हँसी गूँजी तो नहीं, पर, हाँ खापरे ज़रूर खनका दिए थे, छप्पर के। बदरी कहा करता है, 'रामगीरे ! तेरी तो हँसी भी काँकरे-सी कणकणाती है, रे। मैं तो कहूँ कि एकदमै से कत्तल है'

रामगीर ने उसी दिन प्रस्ताव रखा था बदरीपरसाद के सामने। 'बदरी! अब तू छोड़ यार, ये धन्धा। भांडे-बर्तन और खेल-खिलौने कब तक बनाता रहेगा...? आ अपण दोई मिल के शुरू करते हैं, ईंटों का भट्टा। देख धूल में पोटा पड़े तो कुछ न कुछ तो ले के ही उठता है अपण ने ऐनाबाद में ऐरण घड़ने के साँते-साँत येई काम तो करा था। सारी जुगत सीख ली, भट्टा चलाणे की। वहाँ ठेकेदार से इसी बात पे ही तो मचा था, रापटरौल्या। मेरे तो मन में एक दन अई भी थी कि स्साले ठेकेदार को धक्का दे के भर दूँ, भट्टे में। और धर दूँ, आग। पर, बदरीपरसाद मैंने छोड़ दिया, उसे। ये सोचकर के कि हरामी कौम है, इन सालों की। भट्टे में इस बजर-बट्टू की पंचतत्त्वी काया, बजाय 'भसम' होने के; आँच खा के कहीं ईंट के माफक पक्की हो गई तो उल्टी होगी, अपणी आफत। फिर तो स्साला, जुग-जमारे तक छाती पे जमा रहेगा...और गल्ती से किसी ने वो ईंटाल्ये को मन्दर के ओटले में लगा दिया तो पुण्य का भागीदार हो के बैकुंठ में मौज करेगा ,वो अलग।'

फिर से वे दोनों ही हड़हड़ाती हँसी हँसे थे। एक थी, पथरीली...और दूसरी थी, ईंटाली।

बाद इसके, नवे धन्धे में ऐरण और ईंट की जुगलबन्दी जमना तै हो गई। रामगीर की याद आते ही बदरीपरसाद के मन की खुशी मन्दी पड़ गई। सुख और दुक्ख दोनों ई जुड़े थे, उससे।

उसे याद आया कि अख़ीर में वो ने रामगीर के साथ मिल के मसानिए की ज़मीन पे, तलाब की तलेटी से बस थोड़ाक अद्दर शुरू कर दिया था, अपणा ईंट का शामलाती भट्टा। हरे पंडत मिले एक दिन...! तो उणणे बदरीपरसाद को डाल दिया, भरम में। बोले–'अरे बदरी ! ये क्या करने जा रहा है तू...? गेल्ये कहीं के...! धरणीधर की धरती पे तूने धर दिया, भट्टा। ये तो नागमन्दिर की थानक की ज़मीन थी रे। ये पाप क्यों कमा रहा है तू...? अरे रामगीरा पत्थरकटा तो नेठूँई निरबंसिया है रे... कुँआरे की कौन बंस-बेल। उसका डूबा भी तो क्या...? खाली, हाथ का हथौड़ा ही नी... अरे ओ अक्कल के गरण-गेल्ये गर्दभ, तेरे को तो आल-औलाद है रे... सोच और बन्द कर दे ईंट का भट्टा...' दूसरे दिन ओ ने रामगीरे को बतायी थी, हरे पंडित द्वारा दिमाग़ के भीतर पैदा कर दी गई संका। रामगीर ने हरे पंडत की, हँस के हवा में उड़ा दी थी, बात। बोला था-'देख रे बदरी...! ये हरामी हरे पंडत है, चुगद चिड़ीचोद...ये उड़ती की भी, उल्टी मारता है...इसकी तो हर गप्प इसके पोथी-पानड़े में लिक्खी हुई रहती है देख, इस बामण जात की तो हर बात, हर बोल, बेमेल हैं...मेरे काकाजी कहते थे–'इन बामण औन्धाड़ों का ये है गियान...कि मूते तो इन्द्री और ये बाँधें बिचारे कान। ये कान को अपणी जनोई से बाँध के सोचते हैं कि इन्ने बखत को ही बाँध दी है अरे तू डाल मट्टी, हरे पंडत के परपंच पे...चल, सँकायळा मत बण। अपण तो सुरू करते हैं, ईंट बणाणे का भटट्।'

बस सुरू कर दिया ईंट बणाने का काम। कवेलू के काम का हुन्नर तो बदरीपरसाद के हाथ में, पहिले ज से था, अलबत्ता ईंट का साँचा बना लाया, रामगीर। कमली और दुर्गी भिड़ी रहती, दिन भर ईंट थापणे में। और किसण्या किल्लोल करता खेलता रहता, कच्ची ईंटों के बीच छिपा-छाँई का खेल। कई कावा तो होता ये कि वो वहीं घड़ लेते बाटी और अरीटे पे सेंक लेते। हाँ, दाळ बघारने का ज़िम्मा रामगीर अपने मत्थे पे ले लेता।

पहली कावा, महीने भर में ही थाप दी, बदरी-कमली ने मिल के दो हज़ार ईंट। रामगीर पहाड़ से काट के ले लाया, भट्टे के लिए बळतण। पहिला भट्टा लगा तो धुँआ अक्कास में रेख मांडता हुआ, उगणूँ से आथणूँ तक फैल गया। रामगगीर अपणी झबरीली मूँछों में बँट देता हुआ बोला था–'बदरी...! ये है, अपणी कामयाबी का असमानी लेख। हरे पंडत क्या घंट लिक्खेगा...? एक दिन तो अपण बस यहीं पे ही डालेंगे ईंट का कारखाना। तेरा किसण्या रहेगा, उसका मिनेजर और अपण दोई चले जावेंगे, नरबदा मैया का टूटा घाट बणाणे। पहिले भट्टे की सारी ईंट ख़रीद ली थी,

पटेल रायसींग ने। अपणे नैरे की दीवार के वास्ते। तो दूसरे भट्टे की तैयारी उन्होंने पौष माह के उतरते-उतरते कर दी। दो बैलदार भी लगा लिए मदद के वास्ते। लक्ष्य रखा, पाँच हज़्ज़ार का। कमली और दुर्गी देख-रेख भी करती और ईंट थापणे का काम भी। दूसरा भट्टा ऐसा बना कि कोई छोटा-मोटा महल हो। किसण्या को तो आसपास के मजूरों के बच्चों के साथ मिल कर, उसमें छिपा-छँई खेलणे से ही फुरसत नँई मिलती थी। साथ के खेलणे वाले छोरे, किसण्या को ढूँढ़ने में हार जाते।

जिस दिन भट्टा लगाया तो देखणे वाले लोग होण की भारी भीड़ भेळी हो गई थी। जब रामगीर ने नारेळ बदार के बळतन में चिनगारी धरी और भट्टे में लपट उठी तो जैसे कि मजूरों ने तो जै-जैकार भर दी। अक्कास गूँज उट्ठा। तभी कमली की आँख किसण्या को ढूँढ़ने लगी।... किसण्या दिख नँई रहा था। इधर-उधर पूछा तो उसके साथ छिपा-छँई खेलणेवाले एक छोटे छोरे ने बताया कि वो तो भट्टे के भीतर ही छुपा हुआ है फिर क्या था, हल्लातोल मच गई । लोग भिड़े, भट्टे को बिखेर के उसमें छुप गए, किसण्या को ढूँढ़ने । लेकिन आग की लपटें साँपों की जीभ मुजब लहराने लगी थीं।

कलेजा काट इस हादसे की याद आते ही सहसा बदरीपरसाद की आँखों की मटियारी चमक में गहरे डोरे खिंच आए, जिनका रंग लाल था। जैसे, कोई छोकरे ने जौम में, अपणी पतंग का धागा, बीच हथेली में रख के रेस दिया हो। धागा तरबतर। अब भी कभी कभी, कमली नींद में से आधी रात उठ के किसण्या को हेला पाड़ती हुई, बाहर बगड़ में आ जाती है फिर नींद की गफ़लत टूटती है और वो कमली को फिर से बिस्तर में ले जा के सोवाड़ देता है वो अनहोणी के बाद, रामगीर ख़ूब कळाप करता भी रहा था। लेकिन करम का लेख था, मिटता कैसे। पर बाद इसके बदरीपरसाद किसण्या को खोने से, शगुन-अपशगुन से भौत डरणे लगा। देवी-देवता को जादा ही मानणे लगा।

बदरीपरसाद को याद हो आया। एक दिन सुभै-सुभै रामगीर आ के भरे गले से बोला–'पता नँई बदरी यार... ! मैं किसी माँ के पेट से आया हूँ कि पत्थर की किसी सिल्ला के नीचे से निकला हूँ । पर मरूँगा तो किसी सिल्ला पर ही। किसण्या के बाद तू तो जीवता है...पण मेरे माँय अभी भी अपणी ल्हास दिखती है रे।'

पता नँई कि वो कौन काळघड़ी थी कि उस दिन उसके मूँ से ऐसी कुबाणी निकली कि अख़ीर में वोई हुवा- एक सिल्ला पे ही मरा।...अब क्या और किसको बतायँ कि रामगीर भी अपनी तरह का एक ही आदमी था। सुरंग लगा-लगा के पहाड़ फोड़े और हथौड़े मार-मारकर पत्थर। पर, साले का मन तो वही रहा न, मालवे की मट्टी का बुरबुर बिखर जानेवाला। बोलता था, तो दग्गड़ दरकते थे। बोली का भर 'बबरी' था, पर पेट में तो उसके गाय थी न। कहो कि बस जनम-भर रँभाता ही रहा। ऐकल्ली और अन्धी गाय मुजब। अन्धी गाय का कौन...? खाली राम रखवारा। बस रामभरोसे ज डोलता

रहा। इस पहाड़ से उस पहाड़। 'नाहर-दरवज्जे' से गवलीपुरे के बीच वाली सड़क पे कुँवारा रहते रहते सारी जिनगी काट दी। बदरीपरसाद मज्जाक-मज्जाक में कहता था, 'कभी मैं मुन्सीपाल्टी में मिम्बर हो गिया तो, बाद तेरे मरने के, ये सड़क का नाम तेरे नाम पर धर दूँगा। रामगीर रोड। बिलकुल तेरी तरह तो है, ये। 'नाहर-दरवज्जे' से घुसो और गवलीपुरे की गोशाला' में पहुँच जाओ। नाहर-दरवज्जा तेरा मूँ और गवलीपुरे की गोशाला तेरा पेट। तू रास्ता हो जाएगा, रास्ता। लोगों के वास्ते। लोग चलेंगे। जलूस चलेंगे। दुनिया चलेगी। तेरे साथ।'

'और बदरी, ये बात क्यों छुपा रिया है कि मेरी छाती और पेट के उप्पर चलेगा, तेरी मुन्सीपाल्टी का रोड रोलर भी।' बदरीपरसाद के द्वारा माण्डे जा रहे मट्टी के महल पर हथौड़ा मारकर इतनी ज़ोर से हँसा था, रामगीर कि खूँपे पे बैठी चिड़िया चिंचिंया के उड़ भागी थी।

पंख फैला के उड़ भागा तो रामगीर भी था। तब, जब सरकार ने 'गांधी ताल' के बनाने का ऐलान किया। सुभू-सुभू छैणी और हथौड़े थैली में भरके आया और बोला था, 'बदरीपरसाद ईंट के भट्टे के काम में किसण्या वाली अनहोणी के बाद मेरा मन नी लगरिया है अब तो तू इक्ल्ला ही सँभाल, यार। अपणे बूते का बिलकुल नी है सच्ची बात तो ये कि मट्टी के काम में मेरी तब्यैत ही नी लगती, यार। अपण तो असाड़ के पावणे हैं–काय का खेत ने काय का खळा...? सिलावट के हाथ में हथौड़ा ही भला। मैं तो कहूँ कि मैं तो मरूँगा भी, तो पत्थर के बीच।' फिर हँसते-हँसते उसी में बदरीपरसाद से रौल करते हुए बोला था, 'स्साले ढेलेफोड़! तेरी मौत तो मट्टी से लिक्खी है, समझे।' बाद इसके वही मदरसे में माड़साब की पढ़ाई किताब में पढ़ी कबीर की साखी को अपणी ज़बान की छैणी से, मन-मुताबिक घड़कर बोली थी, 'माटी कहे बदरीपरसाद से कि ढेलेफोड़ तूँ क्यों रूँदे मोय। येक दिन ऐसो आयगो, मैं रूदूँगी... हा हाऽऽ। हा हाऽऽ...।'

फिर, वही दरक डालनेवाली हड़बड़ती हँसी गन्नायी थी तो बदरीपरसाद ने ठपकारा था–'अबे ओ पत्थरफोड़! इत्ते ज़ोर-ज़रीके से कुम्हार के टापरे के नीचे मत हँसाकर, मट्टी के कच्चे बर्तन-भाण्डों की उतरेड़ हिली तो दरक जाएँगे मेरे सारे ठीबड़े और घाटे में घाटा हो जाएगा। ईंट का भट्टा छोड़ के जाने की बात कर के तूने मेरा भट्टा तो यों ही बिठाने का तै कर लिया है'

बदरीपरसाद को अभी तक अफसोस होता है कि क्या पता था, साली वो ऐसी ठपकार बैठ जावेगी। बाद, उस दिन के वो हँसी इस घर में कब्भी नहीं घनघनायी। भले घर के सारे बर्तन-भांडे चूर-चूर हो जाएँ, पर सिरफ एक बार तो सुन-सनाका तोड़ के घनघना उट्ठे वो हँसी। पर, भगवान् में तो ये गोम काठी है कि वो मनचीती काँ करे? जबकि रामगीर ने भगवान् के मन्दर में ऐरण जोड़े तो होंगे ,पर हेड़ा एक भी नी होगा।

रामगीर के नी रहने के बाद बदरीपरसाद से ईंटों का भट्टा नी चला। कुछ महीनों बाद ही बन्द कर दिया सारा ताखा।

हुवा अन्त में ये कि पाँच सौ ईंटें हरे पंडत ले के गए और बाक़ी बची खेरची में बिक गईं। बदरीपरसाद वापस आ गया अपने उसी पुश्तैनी धन्धे पर। यही मट्टी के खिलौने और बर्तन भाण्डे बणाणे के काम में। और हाँ एक बीघा ज़मीन के जोतने में। अच्छा हुआ, उसने ईंट के भट्टे के समै खिलौने का काम एकदम बन्द नी किया था। हर साल, 'गणेश-उत्सव' के टैम का 'माल' तो तैयार करता-ही-करता था। उसे कभी-कभी हिन्दू धरम की बात बड़े सुभीते की लगती है तैंतीस करोड़ देवता। रोज़ीना दो-चार की चतुर्थी-पँचमी अम्मावस-पूनम मनती रहती है तो बणता ही रहता है, कुछ न कुछ। बनाने में सबसे आसान 'माल' पड़ता है, शिवरात्रि का। एक लौंदा रखो चाक पे और खींच के कर दो लम्बा। बन गया शिवलिंग और जलाधारी जोड़ दो अलग से। थोड़ी-सी मिहनत माँगते हैं, अपणे भोले शंकर के गौरीनन्दन गणेश। पर, अब तो बना लिया है, उनका साँचा। 'साँचे' से बाहर अब कोई देवता नी जाता। फिर चाहे उसके दो हाथ हों कि दस।

बदरीपरसाद को गली हुई मट्टी को देखकर याद आया। 'गणेश उत्सव' का 'माल' बनाने के बाद, आज पहली बार गलायी थी, मट्टी। आजकल तो मट्टी भी मोल की हो गई है सरकार से मट्टी खोदने के लिए भी लैसन्स बनाना पड़ता है भादो में काबरिये गधे ने भरभचक हरी घास खायी तो कुँवार में बीमार पड़ गया। सो बिलावली के तालाब से खोदी मट्टी बदरीपरसाद माथे-माथे ढो के लाया। इसी वास्ते गलाते समय गणित रखा था, मगज़ में। कहीं कम जास्ती न हो जाए।

बदरीपरसाद ने हथेली पर मट्टी के कण मसक के मट्टी की तैयारी का मोआयना किया तो मन मालवा चित चँदेरी हो गया।

'घणी है, इत्ती मट्टी।' उसने चाक के क़रीब गलायी मट्टी को आँख तले निकालने के बाद अन्दाज़ आँका। 'ये साल में मन ज़रा भी नी था कि दीवाली के वास्ते मट्टी के सरावले (दीये) बनाये। कौन मोल लेता है, इन सबको अब...! बड़े-बड़े घर-दुआरों पर अब उजेला मट्टी के 'सरावले' से नी, पइसे से होता है बिजली के बड़े-बड़े गुलुप लटका के अम्मावस-पून्नम एक साथ भेळी कर लेते हैं। फिर अब तो मोम के दीये आ गए हैं। कहते हैं कि तेल के दीये से जगह ख़राब होती है क्या करो, बखत-बखत की बात है थोड़ाक भौत माल उठता भी है, तो ग़रीब-गुर्बों के हाथ। घर में चाहे स्याक-भाजी बघारने को तेल नी। पे, मन के माँय चिकणास तो है चार बून्द सरावले में डाल के धर दिया उसे, अँधेरे के पेट में। बळते-बळते बुझ के बच गया तो सुबू चढ़ा दिया सनी-महाराज को। इसी के वास्ते मट्टी थोड़ीक ज़्यादा ले ली थी। मौत और गिराक का कोई भरोसा नी, कब आ धमके। अब परसों की ही बात लो नी। 'गणेश-उत्सव' की बखत का मेंहगा माल ढेर सारा बचा पड़ा

है पर, एक जणा आया और दाईं तरफ़ की सूण्ड वाले चार बड़े-बड़े नग उठा लिए गया। बग़ैर किसी तरह की रिगझिग किए, हरेक नग पे पाँच-पाँच जास्ती दे गया। अपनी खुसी से।

घाटा समझ के बिना बिके माल को देख दुक्ख होता रहा था, वो ही नफ़े में बदल गया। बीस जास्ती मिले। धन्धे का जोग-सँजोग है और अद्दर वाले की किरपा।'

धड़ामऽऽ। धड़-धड़। धड़ा-धड़ाऽऽऽ...

'धत्तेरी किसमत की।' बदरीपरसाद ने बर्तनों के लुढ़कने की आवाज़ें सुनीं तो कपाल पे हाथ मारते हुए बोला, 'बताव साला, इधर नफ़े का हिसाब लगाया और उधर, उतरेड़ के भाण्डे रूड़क कर एकदम से चकनाचूर हो गए। क्या बताव, साली चींटी के घर में रोज़ ही मातम। कोई ना कोई रोज़ ई मरता गड़ता है कुम्हार के घर रोज़ ही भाण्डों की टूट-फूट।'

वह उठा और बड़बड़ाता हुआ, बर्तन-भाण्डों की कोठरी की ओर जाने लगा।

'ये छोरी दुर्गी को कोई दसों दफ़े समझाया कि खाणे-पीणे की कोई चीज़ इस कोठरी में मत ले जाया करो। चूहे घुस जाते हैं और गिरा-विरा के सब चौपट कर देते हैं। और आजकल मोटे भी इत्ते हो गए हैं कि बिल्ली भी भे खाती है, शिकार करने में। भगवान् जाने, कितने की पुत गई होगी। 'भगवान का भी बही-खाता गज़ब है गणेश जी ने इधर बीस दिलाये तो उनकी सवारी ने तीस वसूल लिये। इधर भी सरकारी दफ़्तर जैसा मामला है बड़े सा'ब लोग कुछ भला कर दें तो छोटे बाबू लोग हिस्सा माँग लें।'

बदरीपरसाद बर्तन-भांडोंवाली कोठरी में ज्यों ही घुसा, भौंचक रह गया।

अचरज से आँख खुली की खुली रह गई। 'वाह रे, एकदन्त, दयावन्त तूने तीस के तोड़े पे जिनगी में लगता है, लक्खों के जोड़ दिए। ये क्या...? दुर्गी की माँ कमली खड़ी थी और वो भी एकदम सीधी-सट्ट। कमर की टूट चुकी हड्डी को जुड़वाए बग़ैर। छह महीने से खाट पे ल्हास की मुजब पड़ी रहनेवाली घरवाळी कमली खड़ी हुई थी। वह गलतान हो गया। पर, भरम टूटते देर नी लगी। आँख धोखा खा गई। दुर्गी थी-ये तो दुर्गी। पेली दफे अपनी माँ का लुगड़ा लपेटा हुआ था, सो गफ़लत हो गई। बदरीपरसाद बेटी को देख के घबरा गया। माटी में रमते-खेलते दुर्गी की काया कब धिप्पाड़ हो गई, बर्तन-भाण्डे घड़ते रहने के बीच ख़बर तक नी पड़ी। देह ऐसी निस्सल और ठोस की मूँ उठा के देखो तो आँच आती है कमली सच्ची कहती है 'लड़की की जात तो पानी पी-पीकर बड़ी हुई जाए।' बदरीपरसाद को कित्ती बड़ी लग रही थी, अपनी बेटी।

दुर्गी की आँख में आँसू थे, जो काँच की किरच के माफक चमक और चुभ रहे थे। खिलौकणे का टोकना माथे पे चढ़ाती बखत शायद तौल नी जमा और जा गिरा ज़मीन पर। खिलौणे चारों तरफ़ बिखरे पड़े थे, ज़मीन पर। बदरीपरसाद ने पसुड़ी की तरह बेआवाज़ बिसूरती बेटी को बिसास देने के वास्ते कन्धा थपथपाने को हाथ बढ़ाया। फिर, बीच में से ही खींच लिया। लगा छोरी को छू दिया तो पन्जा झुलस जाएगा।

बदरीपरसाद ने बरबण्ड दिमाग़ से सोचा, 'तो इत्ते दन से कौन से निमाड़े मे तप रई थी, अपनी ये दुर्गी...? ग़रीब की छप्पर तले चूल्हे की आँच कम, भूख की ज्यादा होवे। और, ऊ में भी उभरती तो खाली पाँसली, छाती तो बिलकुल नी!'

बदरीपरसाद अपनी ज्वान-मान बेटी से आँख मिलाने में भी हिचक रहा था। सो उसने अपनी बड़ी होती बेटी के चेहरे से निगाह हटा कर ज़मीन की ओर करी ताकि 'नुसखान' का अन्दाज़ा लगा सके।

बदरीपरसाद ने डरपन और रंज में रंजी आँख से दुर्गी के पाँवों के पास तका। हिरणों के सींगड़े टूट गए थे। शेर की गरदन। कुत्ते की पूँछ और मिट्ठू की चोंच—खाली सेठ-सेठाणी साबुत थे। और, चिड़िया तो छार-छार हो गई थी।

'बचक-बान्दरी मुजब काम मती किया कर, समझी!' बाद 'नुसखान' को कूतने के बदरीपरसाद झिड़क देने की ढब में बोला। बोलती बखत हलकार ऊपर उठाने का करतब भी किया था, उसने। पर, आवाज़ गीली गार की माफक अधाड़ में से धँस मरी। फिर, नाड़ नीची किए-किए बाहर निकल आया। ये बखत बदरीपरसाद के मन के चाक पे, मट्टी की तैयारी आ जाने की खुशी के बजाय, दुर्गी की देह में तैयारी चढ़ चुकने की चिन्ता अधिक घूम रही थी। समझ में नी पड़ता था कि सिर घूम रहा है कि चिन्ता। बताव बेटी के बाप का निमाड़ा तो इसी चिन्ता-चिन्ता में पक जाता है बदरीपरसाद ने सिर झटकते हुए सोचा, 'चिन्ता साली मट्टी का लौंदा होती तो कसम रामगीर की, मैं उसे गीली अँगुलियाँ से छी कर रावण का सरूप दे मारता और सौंप देता मुहल्ले के लौंडों को। जहाँ, वे उसका खेल-खेल में ख़ात्मा कर देते। और रामगीर होता तो हथौड़ी से तोड़ लाखता, उसकी मुण्डकी। पर, ये टैम गीली अँगुल्याँ नी आँखियाँ थीं। किसण्या के बाद रामगीर का भी इन्तकाल। भट्टे का घाटा। कमली के कमर की टूटी हड्डियों की दवा। गणेश-उत्सव का माल बणाने के वास्ते उधारी पे उठाए पइसे का ब्याज। और इन सब पे चिड़कली मुजब छोकरी को माण्डवो माण्डने की फड़फड़ती फिकर और लाग गई।

बदरीपरसाद ने तड़प के सोचा। 'ये कैसा ताखे में ताखा है, साला ? बताव कोई पाँच पचौल गणपति घर में रखे हैं, पर दुर्गी के माण्डवे की पूजा में जिसकी 'परतिष्ठा' हो जावे, ऐसा एक भी नँई।

बदरीपरसाद को सूझ ही नी पड़ रही थी कि वो क्या करे? मन माँय तै किया कि हरे पंडत से टीपणा देख के 'लगन' छनवाएगा और निबटा देगा, इसी देव-उठणी ग्यारस पर। हवा-बाव का आजकल कोई ठिकाणा नी है दुर्गी की माँ कमली एकदम साँची कहती है, 'ग़रीब-गुर्बा की टापरी के नीचे छोरी और भेड़ की पीठ के अद्दर ऊन; किसने साबुत रहणे दी है कौन जाने काँ की घड़ी में कालो मुण्डो हुई जाए इज़्ज़त की दोणी फूटने में घड़ी भर भी नी लागे। और, अब वो देवास भी वो वाळा देवास काँ रह गया, जब वो गाँव छोड़ के देवास आए थे। पहले सरीखा देवास कहाँ ? देखते-देखते, देव-

वास से दानव-वास हो गिया। गवलीपुरे के गोपीलाल की छोरी को दिन-धौले कोई उठा ले गिया और हबीब खाँ की मुमताज मटन-मार्केट में मरी हुई मिली। बस पगड़ी बच जाए और सिगड़ी जल जाए, येई भौत है

दुर्गी को लेकर मन पर चढ़ी चिन्ता, भीतर ही भीतर घूँदाती हुई चिढ़ में बदल गई। 'चिढ़' क्षणिक देर बाद बड़बड़ाहट में गुँथा कर गुस्सा बन गई। साऽअला किन्ने कर दिया देवास को दानव और दुर्गी को दगड़ी...? किसे कस के कूट दे...? लोग या लड़की को...? रामगीर होता तो कमबख्त इतने में सुरंग छोड़ देता। लेकिन गुस्से की गन्नाटी में रामगीर भी गधा लगने लगा, बदरीपरसाद को। 'कमबखत पठार पे पैदा हो के जिनगी भर पहाड़ से लड़ता रहा... मैं पूछूँ कि पहाड़ पे दहाड़ कँई काम की...? मैदान का आदमी था, मैदान में आता...और भिड़ जाने की बाहद्दरी पे भरोसा भगवान् से भी ज़्यादा था, तो भिड़ जाता नी ये शहर होते देवास से। तब जा के खोपड़ी के खाड़े में ग्यान भराता कि मिनख-मिनख को रूँदता है कि माटी... ! हरे पंडत, ठीक कहते हैं, 'देवास चामुंडा के वास के कारण 'माँ-नगरी' था, पर माँ-बहनों की अस्मत ऐसी लुटने लगी है कि इसे 'माँ-नगरी' के स्थान पर, 'महानगरी' कहना उचित है अब सत्य तो यह है कि इस मालव-प्रदेश का न तो वो अन्न-जल रहा है, न ही वह पहले वाली मट्टी। देखना थोड़े ही बरस बाद ये बस्ती 'महा-नागड़ी' हो जाएगी। यहाँ की कन्याएँ, वन्याओं जैसे वस्त्र धारण करेंगीं। कहना यही है कि बदल चुकी है माळ्वे की मट्टी...।'

पिन्नाटे में, सोचते-सोचते, ज्यों ही कानों में हरे पंडत की बात पलट के सुनायी दी तो बदरीपरसाद ने सामने गीली और गलायी हुई काली मिट्टी के घोल की तरफ़, गौर से देखा। कहाँ बदली वैसी ही तो है, यह मट्टी। काली और चिकनी। जब से देख रहा हूँ , तब से ठीक वैसी ही। उतनी ही काली उतनी ही चिकनी।'

बदरीपरसाद मिट्टी की चिकणई पर चढ़ते ही फिसल कर बहुत पीछे चला गया। बरसों पीछे। भूगोल पढ़ाते मास्साब के मदरसे में।

'क्यों बे, बदरट्या...कुम्हार की जात में जनम ले के मिट्टी की बात नहीं मालूम...? बता जल्दी, मालवे के पठार की ये मिट्टी काली क्यों है...? हुँह, गधे... ! तू क्या बताएगा। चल बन जा मुर्गा। और, हाँ रामगीर अब तू बता तो रे।'

'मालवा के पठार की मट्टी काली इसलिए है माड़साब कि यहाँ पहले ज्वालामुखी पहाड़ थे। वे पहाड़ फूटे और उनसे निकला 'लावा' चारों तरफ फैलकर जम गया। उसी से बनी है, मालवे की मिट्टी।' रामगीरे ने रट्टा मारा हुवा, जस का तस उगल दिया था।

'देखा, इसे कहते हैं, बुद्धि, समझे... !' मुर्गा हुए बदरीपरसाद की ओर इशारा करते हुए मास्साब ने कहा और ऊँची आवाज़ में रामगीर से बोले, 'रामगीरे... ! ला तो ज़रा खजूर की कीमड़ी। स्साले गदड़े की सुटाई करनी पड़ेगी।' बस इतना सुनायी दिया और मुर्गा फड़फड़ाया और दफ़्तर-पट्टी छोड़कर, जो उड़ा तो उड़ता ही चला। साथ में रामगीर

भी भाग निकला था। बदरीपरसाद, जब रुका तो उसके आगे सुलगा हुआ 'निमाड़ा' था, जिसमें से लपट और धुँआ उठ रहा था। ज्वालामुखी के माफक। उसे लगा, वह इसी घड़ी फूटेगा और 'लावा' निकलता हुआ, उसे लपेट लेगा।

वह बचने के लिए पीछे हटा।

पीछे हटते ही पीठ टिक गई। दीवार थी और सामने 'लावा' नहीं गीली और गलायी हुई काली मिट्टी थी। बदरीपरसाद ने हथेलियों से आँखें मलीं और उदास होते हुए सोचा, 'क्यों रे बद्री...! ज्वालामुखी पहाड़ के फूटे-से फैले लावे की इस मट्टी में, तूने कुम्हार की काया पाकर, आख़िर जनम भर किया ही क्या...? बस पानी ही पानी रेड़ा उसमें, और कर दी ठंडी गार। और, अब, इस मट्टी में रहते किसी का ख़ून गरम हो के खौले नहीं तो बता इसमें दोष किसका...? तेरा कि मट्टी का...? बोल...? बोल नी...?'

बदरीपरसाद चुप था। मट्टी के मिज़ाज को ठंडा करने के दोष में चुप। और, मट्टी दोषी नहीं थी क्या...? जिसने थोड़े ही दिनों में अपने में रमने-खेलने वाली दुर्गी को एकाएक इतनी धिप्पाड़ कर दिया...? ग़रीब-गुबों की लड़की को कौन इतना जल्दी बड़ा कर देता है...? समय से इत्ती अगाड़ी...? अब तो जल्दी से ढंग-ढांग का छोरा ढूँढ़ के लगे हाथ निबटाणा पड़ेगी, छोरी को।

बदरीपरसाद ने मन-ही-मन तै किया कि अब्भी ही दुर्गी के पास जाके उसे चेता दे कि कल से हाट में 'माल' बेचणे के वास्ते नी बैठे। 'माल' उठणा होगा, तो गिराक घर के ओटले पे से उठा के ले जावेगा। जाने की ज़रूरत नी है सौदासुलफ की आँख लगा के आनेवाले लोग, हर चीज़ को ख़रीदने की निगाह से ही देखते हैं। और अबे तू बड़ी हो गई है बदरी को याद आया कि एक दिन हरे पंडत का लड़का आया था और वो दुर्गी से मट्टी के सारे खिलौकणे ख़रीद ले गया था। बदरीपरसाद के मन में भेम भराने लगा।

वह झटके से उठकर कोठरी की तरफ़ लपका भी कि दुर्गी से पूछे कि वो इतने सारे खिलौणे क्यों ले गया था...? कहीं दुर्गी को रिझाने का परपंच तो नहीं कर रहा है पर दुर्गी से कुछ भी कहने-बोलने के बजाय, टूटे हुए खिलौने समेट के लौट आया। लाकर मिट्टी के पास पटकने के बाद उसने खिलौने की तरफ़ एक दफ़ा फिर तका, और सोचा–'बताव, कसो ताखो में ताखो हैं, यो...? गधा घेरने वाळा का घर में शेर जखमी पड़ियो है सब बखत-बखत की बात-बेवार है'

'बदरीपरसाद...! ओ बदरीपरसाद...!'

बाहर से एक बुजुर्ग हाँक आयी। चिन्ता और गुस्से में बार-बार ऊपरा-तली होते बदरीपरसाद को सूझ ही नी पड़ी कि कौन दिसा में कोई मिनख ने उसको हेला पाड़ा है मट्टी के खाली-बर्तन भाण्डों से भरे घर में, हाँक भटक के कुछ इस तरह बिखर जाती है कि कान को कोसिस करने के बाद भी सुराग़ हाथ नी लगता कि 'बोल' कहाँ से उठे!

'हमें अपनी आमद की इत्तिला के लिए अब क्या पटाख़े ही फोड़ते हुए आना पड़ेगा, बदरी...? कान कमज़ोर तो हम बारूद छोड़नेवालों के होना चाहिए, और कमबख़्त सुनायी तुम्हें कम देने लगा है' अन्दर आकर बाद ये कहने के फकीरों के से चेहरे-मोहरे वाले चचा अल्ताफ़ अपनी दाढ़ी सहलाने लगे।

'आवजी, चचा आव।' बदरीपरसाद ने अपणी बोली में, ग्यान में बड़े मिनख के लिए आदर और नरमास भरी। अवाज़ अपनापे में लसलसा के पातली पड़ गई। तभी पिछवाड़े के बाड़े में बँधा हुआ, काबारिया गधा रेंक दिया। रेंक चचा के कानों के क़रीब आयी तो उन्होंने रेंक की हवा में डूबती पीठ पर, अपनी ठनठनाट हँसी लाद दी। रेंक चचा की हँसी को लादे-लादे हवा में दूर निकल गई।

बदरीपरसाद टूटे खिलौनों के पास से उठकर चचा अल्ताफ़ के टिकने के लिए मुक़ाम की तजवीज करने लगा।

पर, यहाँ गीली मट्टी के घोल और सूखी के ढेर के अलावा टूटे-फूटे भाण्डों की ठीबें भर थीं। कुल मिला कर, ऐसा कुछ भी दिखाई नहीं पड़ रहा था, जहाँ चाचा की उम्र और अदब को देख, ढंग से बिठाल सके।

इसी बीच चचा अल्ताफ़ ने अपनी चोंपदार नाक के सिरे पर टिकी ऐनक को ठीक करके टूटे खिलौने का जायज़ा लिया। और बोले, 'वाह भई बदरी...! तूने बढ़िया काम किया। कुत्ते के हिलाने के लिए दुम ही बक़ाया नहीं रहने दी। बहरहाल, ये कुत्ता कम-अज़-कम इस इल्ज़ाम से तो ताज़िन्दगी बरी रहेगा कि वफ़ादारी के नाम पर ये टुकड़ा डालने वालों के आगे दुम हिलाता है'

'तमारे मालम नी है, चाचा। जिनके हिलाने का वास्ते पूँछ नी होय उई हुकम-उदूली में अपणा पूरा का पूरा ढँडेर ही हिलाय है' बदरीपरसाद ने बात ख़तम कर के चार ईंटें उठाईं और उन्हें चौकीनुमा जमा दी।

'ठीक फरमाया रे बदरी तूने'—चचा अल्ताफ़ बैठने से मना करते हुए कहने लगे, 'ज़रा जल्दी में हूँ। अपना क़ुर्बान बारूद लेने के लिए कल इन्दौर जा रहा है देख ही रहा है, तू...कि दीवाली एकदम छाती पर आ गई है और पटाख़े बनाने का काम अभी लगाया नहीं है मैंने सोचा पहले तुम्हें कह आऊँ कि अब की दफ़ा दो हज़ार अनार बनाने हैं और सबमें पचास-पचास गिराम बारूद भरी जानी है इसलिए साइज़ ज़रा बड़ी बननी है तुम इसी हफ़्ते तैयार करके सुखाओ और भिजवा दो मेरे पास।' इतनी लम्बी बात एक ही साँस में पूरी की तो खाँसने लग पड़े चचा। फिर, सुस्ता के बोले, 'अबकी दफ़ा बारूद और पटाख़े का ज़खीरा अपनने सर्राफ़े की साइड लगाया है देखते हैं, धनतेरस के दिन कितना उठता है'

'बैठो चचा, मैं आपके वास्ते जगह बनाता हूँ। साथ में बैठ के चिलम ही पी लूँगा।' बदरीपरसाद दो-तीन ईंटों को उठाकर चौकीनुमा जमी ईंटों पर रखने लगा।

'चिलम की बात कर रहा है मरने तक की फ़ुर्सत नहीं है और, ख़ुदा न ख़ास्ता मर

गया तो चिलम और ईंट हमारी क़ब्र के वहाँ रख आना। फ़िलहाल जाने दे।' चचा ने फिर से वही अपणी ठनठनाहट हँसी निकाली, पर इस दफ़ा लदने के लिए उसे कोई सवारी हासिल नहीं थी। बहरहाल, वह कुछ ऊपर उठी और वहीं बिखर गई। गीली मिट्टी के घोल और सूखी के ढेर में।

चचा बाहर निकल गए। और बदरीपरसाद उनकी खनखनाती हँसी के बारे में सोचने लगा। रामगीर के बाद सिरफ चचा की ही हँसी तो है ऐसी।

रामगीर और अल्ताफ़ चचा का बड़ा हेत था। इन दिनों रामगीर का चचा के यहाँ खाता खुल जाता था। रोज़ बारूद लेना और गजकुण्डी में भर-भर के छोड़ना। ये घड़ी में रामगीर होता तो चचा को बोले बगैर रैता नी। 'क्या यार चचा, तुम भी गज़ब आदमी हो, सर्राफ़े में ज़खीरा लगाया है तो धनतेरस पे लोग सोना ख़रीदेंगे कि बारूद... आप कहो तो मैं बारूद के बल पे सोना और सर्राफ़ा दोनों को ही लूट के लोगों में बाँट दूँ।'

पर, ये बात बोलने के वास्ते रामगीर, था ही कहाँ...? रामगीर दीवाळी तो भौत जमके ही मनाता था। कहा करता था–'बदरी, यार येई तो एक ऐसा तेवार हैय जिसमें कुम्हार की मट्टी भी बिकती है, और सर्राफ़ का सोना भी।'

फिर, चचा का 'माल' बनाने की बात ध्यान में आते ही सोचा, 'अच्छा ही हुआ। इस मट्टी के 'सरावले' बनाता तो हाँ-जी-हाँ जी करके खेरची में बेचणा पड़ते और ग़रीब-गुर्बों के घर का तेल ये फोकट में पी जाते। अब थोक दो हज़ार हुक्के का काम मिल गया तो दूसरा 'माल' बणाने के लिए रकम हाथ में अई जावेगी।' आतिशबाजी के अनार के लिए हुक्के बनाने की बात दोबारा सोच के बदरीपरसाद को लगा, 'येई मट्टी, जो अपने पेटे में तेल और बाती रखती, वोई अब बारूद और उसकी बत्ती भर के फूटेगी। बखत-बखत की बात है रामगीर होता तो ये टैम में कोई ऊँची बात फींचे बिगेर नी रैता। ओ की आदत थी, दीवाली पे चचा के ज़खीरे से मुलक सारी बारूद ख़रीदता और सारी रात धमाधम छोड़ता रहता। छोड़ते-छोड़ते एक बार तो ओ ने कर दी थी-सुभेर...हाँ भई, उगा दिया था, सूरज...! बदरीपरसाद ने टोका तो बोला था, 'बदरी, येई तो एक ऐसा बार-त्यौहार है, जे में बालकजात बारूद से खेले और सर्राफ़ा में बणिया होण का बही-खाता बदली जाय रे, समझियो...? वैसे बारूद हो पास तो अँधेरा इधर मूँ नी करे।'

सर्राफ़े का ख़याल आते ही बदरीपरसाद को अपणा कर्ज़ याद हो आया, 'गणेश उत्सव में गणपति की मूर्तियाँ बनाने को कर्ज़ क्या लिया कि बस माथे पर जमदूत-सा जम गया। दीवाली आ गई पर उतरने के आसार निगे नी आते।

रामगीर ज़िन्दा होता तो उसको बोलता, 'यार, रामगीर, सर्राफ़ा में बणिया होण का बही-खाता बदले नी रे- उल्टा नवा हुई जावे। और, जिसकी बाईं तरफ पहिले उई लिखे लाभ और बाद में दायीं तरफ शुभ।'

'दाईं में कि बाईं में...? समझ में नी आता कि कौन भुजा में खड़ग बनाऊँ।' बदरीपरसाद का मीजान फिर गड़बड़ा गया। धड़का-सा हो गया कलेजे में। भे भर गया मन में। बस येई तो फच्चर है, इसमें। कौन जगह क्या कसूरी हो जावे सूझ ही नी पड़ती। हरे पंडत ही तो बोले थे, 'बदरीपरसाद, माँ चामुंडा की साधना करते-करते सतत सत्रह साल हो गए मुझे, पर अभी भी देवी के कोप का भय नहीं गया। मन में साधना के पहले मूलाधार में थरथरी उठती रहती है भवानी को रुष्ट कर देना बड़ी जोख़िम का काम है साक्षात् शक्ति का रूप। रीझे तो राज दे डाले, खीझे तो खोज खो दे। और, तू काली जैसी दुःसाध्य महारूपा की मूर्ति बना रहा है...?' फिर कड़ैले की तरह ज़मीन पर औंधे धरे आसमान में अपनी आँख धँसा के बिनती करने लगे थे, 'हे भगवान! ये अज्ञानी है, निरा मूर्ख। इसे तू अनिष्ट से बचाना। इसका बंस तो पहिले ही डूब गया है...क्या अब ये विधुर होकर रहेगा...?'

हरे पंडत की ये बात सुन के तनन-भट्ट खेल गई थी, वो घड़ी में बदरीपरसाद के मगज़ में। जने कि किसी ने कलेजा पकड़ लिया हो। हाँ, जने कि पसली के भीतर हाथ डाल के। हाथ-पाँव, आँख-कान, जस के तस रै गए। जैसे कोई अदेखी हवा ने खाँग दिया हो। काया का पोर-पोर। बदरीपरसाद ने 'भे' से भरे मन और भर्राते गले के साथ पूछा था, 'तो क्या हरे पंडत, मूरती बनाणे का काम आज से यहीं बन्द कर दूँ...?' हरे पंडत, बदरीपरसाद के ये सवाल के जवाब में बोले थे, 'आधी-अधूरी प्रतिमा छोड़ना, यानी माँ का दूसरा घोर अपमान करना है अनिष्ट पर अनिष्ट । इससे तो वो माँ और अधिक रुष्ट हो जाएगी। मालूम नहीं तेरे को...? पहाड़ी पर माँ के मन्दिर का शिखर बनाने के साफ़ नकारा कर दिया था, उस तेरे लालची सिलावट रामगीर ने। बीच में अड़ गया। महामूड़ और अधम था, हाँ वो मतिमन्द। नास्तिक कहीं का। कहने लगा, मेरे को पसीना सूखने से पहले पइसा चइये। तभी दूसरा पत्थर चढ़ेगा, नी तो खुल्ला का खुल्ला रैगा, ये मन्दिर का मत्था।'

बाद इसके हरे पंडत ने हाथ इस तने से हिलाये, जैसे गंगा की धार में वे श्राद्ध के लिए पिंड छोड़ रहे हों। फिर बोले थे, 'बदरीपरसाद, बस ये ही वाले दिन थे। नवरात्र के आरम्भ होने में कोई बीसेक दिन की अवधि की छेटी थी। उस दिन ठाकुर साब के यहाँ श्राद्ध को निमन्त्रित था, मैं। पहुँचा, तो बोले, 'पंडतजी। आज रामगीर मन्दिर के शिखर पर पत्थर जमाते समय, पत्थर सम्मेत नीचे चट्टान पर आ लगा। भेजा फट गया। मैं तुम्हें कहूँ, सब चकित थे, पर मैं तो रँचमात्र भी नहीं। मुझे तो अविलम्ब समझ में आ गया, माँ ने उस पापात्मा का भोग ले लिया।' ये बात उन्होंने बड़े गर्व से बोली। फिर प्राणायाम की विधि सरीखी लम्बी साँस खेंची और आगे जोड़ा, 'बदरीपरसाद, तू माँ काली को भड़का तो नहीं रहा है, बल्कि उस काली माँ को कालूंडी दिला रहा है समझ में आया भी कि नहीं...? इकलौता बेटा खोने देने के बाद भी तेरा घड़ा अब भी

औंधा ही है...? काली माँ को खतराणा कोई हँसी-खेल नहीं है, समझे।'

सुनकर लगा था, जैसे बरतन-भांडों से भरा 'लगड़ा' काबरिये गधे की पीठ से उलट गया हो। छार-छार हो गया छिन में। ये अब क्या रहस्य खोला, हरे पंडत ने। हे भगवान, रामगिरिया की मौत के पीछे क्या ये वजह थी? मन्दर का मत्था अधूरा छोड़ने की? बाईं आँख फड़कने लगी। फिर तो पूरी काया ही धूजणी चल्लू हो गई। यदि बदरीपरसाद, तेरे से काली माँ की मूरती में कोई कोर-कसर रेह गई, तो तू किस के सरणे जाएगा...? हाँ, किसके सरणे ? वो घड़ी में बार-बार याद आए थे, बदरीपरसाद को एकदन्त, दयावन्त, गौरीनन्दन गणेश। बिचारे ज़राक भी टेड़े नीं। तोंद छोटी कर दो या कान या सूण्ड बड़ी, कभी भी कोय विपदा नी पटकते। और भवानी दुर्गा या काळी...? हरे पंडत ने बताया था, 'कोप से भर जाए तो बन्स मेट दे। कुनबे के कुनबे, पीढ़ी की पीढ़ी खाँग दे।'

बदरीप्रसाद ने हाथ का मट्टी का लौंदा एक तरफ़ मेल दिया। 'बैंक नोट प्रेसवाले बँगाली बाबू आवेंगे, तो वोई बतावेंगे कि कौन भुजा में खड़ग बनाना है और कौन भुजा में खप्पर। ये घड़ी में वो की हालत 'भागवत-कथा' में हरे पंडत के बखाने उसी तिरसंकू की माफक हो गई थी। इधर कुआँ तो उधर कराड़। और पग में थरथरी। जाएँ तो किधर जाएँ।'

बदरीपरसाद पछतावा भी करता है कि मैं अड़ग्यानी और बेबूझ क्या जानूँ कि वो कौन-सा चौघड़िया था, जिसमें वो बँगाली बाबू देहरी लाँघ के भीतर आए और हथेली पर धर दिए, हरे-हरे नोट। फिर, बोले थे, 'पोहली दफा हमाड़ा बेंगाली लोग इध्रड़ में आया है, हम लोगों ने हमाड़ा शोंघ बोनाया हैं, इधड़ में। काली पूजा की टाइम में हम कोलकोत्ता नोय जायगा। इधड़ ही माँ की पूजा कोरेगा। तोम माँ का मूड़ती बनाव। अडवांश का दुई शौ रुपिया रखो।'

बदरीपरसाद ने थूँक लगा के गिने और दिमाक नेठूई फेल हो गया। दो सौ रुपिया और वो भी एक मूरती के...? कहा–'बाबू, एक कावा फिर से गिन लो, जास्ती तो नी अई गए मेरे पास...?' बँगाली बाबू बोले थे, 'भाय, तोमाड़ गोणित तो ठीक हय...? हम दुई शौ रुपिया दिया हय। फिन, जीश दीन में मूड़ती उठा के पूजा के लिए ले जायगा, बोकाया पेमेंट कोर देगा।' बदरीपरसाद गलगळानन्द हो गिया था। सूझ ही नी पड़ी थी कि क्या करे वो। उठे कि बैठे कि भाग पड़े कोय भी दिसा में। 'इत्ता पइसा। वाह रे...गौरीनन्दन गणेस, गजब निवजा रे तू ,...ग़रीब कुम्हार की कोठरी में। वारा-न्यारा कर दिया, तूने तो रे। सुन्ने में सूण्ड मढ़ दूँ, तेरी। उसे वो बखत लगने लगा, जने कि कमली की कूबड़ ठीक हो गई। और दुर्गी का माण्डवे में माणक खम्ब गड़ गया, समझो। पेल दफ़े इतनी बड़ी रकम का अर्डर मिला था। फिर क्या था, दूसरे ही दिन लगा दिया था, बदरीपरसाद ने मूरत बनाने का ताखा। लकड़ी के ढाँचे पर पटेल के खेत से पुआल ला के बाँधी और मट्टी चढ़ाने का काम लगा दिया। घूमते-घामते

हरे पंडत आए और बोले थे, 'बदरीपरसाद, गाँव के लोग कुम्हार को परजापत बोलते हैं वह असत्य नहीं है जाने कितनी तरह के जीव-जन्तु बना लेते हो, तुम। ब्रह्मा की सृष्टि से कोई अलग नहीं है, तुम्हारा कारोबार।' फिर लकड़ी के ढाँचे पर पुआल पर चढ़ती काली मट्टी को देख हँसते हुए बोले थे, 'लो अब इसे ही देखो न, जाने कौन-सा प्राणी रूप ले रहा है'

वो दिन जिनगी में पहली बार बदरीपरसाद हरे पंडत के अग्यान पर हँसा था। धन्धे की बात है मट्टी की बात धरम-ध्यान की पोथी में थोड़ेई मिलती कि हरे पंडत ने खोला पानड़ा और बाँचली बात। हँसी-खयाल में बदरीपरसाद ने पूछा था, 'आपको तो चौरासी लाख जोनियों के जीव का पता है, भला देखी के बताव कि मैं ये क्या बना रिया हूँ।'

हरे पंडत ढाँचे की ओर ओचपी आँख से घड़ीक भर घूरते रहे। पर सूझ नी पड़ी। फिर भी सवाल पूछा था, तो बोलने को बोले, 'बदरीपरसाद दशहरा तो निकल गया, फिर ये रावण बना रहा है, क्या तू ?'

बदरीपरसाद ने सुन के ख़ूब ज़ोर से दाँत काढ़े थे। फिर बोल के बताया था, 'हरे पंडत, जब गजानन म्हाराज मौज से सूण्ड हिला दें ता समझो मटके में मोती मोवा गए। लड्डू ही लड्डू। परसों बैंक नोट प्रेस से एक बँगाली बाबू आए। माँ के पक्के साधक दिखते थे। अर्डर दिया है, माँ काली की मूरती बनाने का। देवास में ये साल कलकत्ते वाली माँ की पूजा होयगी, समझे।'

हरे पंडत पर तो सुनते ही जने कि धूल-कोट पड़ गया हो। हिलता हाथ रुक गया। हँसी वाली मूँ फाड़ बीच में ही भिंच गई। आँख खिलौकणे-सी थिर गई। सब कुछ बेहरक़त। क्या हो गया ये पंडत को...?

'बदरीपरसाद!' उनने बड़े गते-गत बोलना चल्लू किया, 'अज्ञानवश तू ये क्या कर रहा है! अब चण्ड और मण्ड का वध करनेवाली, माँ चामुंडा के नगर देवास में तू काली की प्रतिमा का निर्माण कर रहा है...? देवास, माँ चामुंडा का स्थान है तूने माँ काली की स्थापना करी और दो महारूपा शक्तियाँ परस्पर टकरा गईं, तो फिर समझो सब कुछ ध्वंस।'

हरे पंडत के वचन सुन के , वो दिन बदरीपरसाद के कानों में झन्नाट बीत गई। जैसे, अचानक अल्ताफ़ चाचा ने हुक्के की बजाय किसी मटके में ही बारूद भर के दनाक से छोड़ मारी हो। पूरा देवास नष्ट। प्रलय सरीखा का सुन-सनाका। जिसमें केवल भगवती भर बची है पहाड़ी पे। सब नेसनाबूद । सर्वनास।

बाद इसके तो हरे पंडत के गियान की धारा फूट निकली, वो सुन-सन्नाटे में। 'बदरीपरसाद, तेरे का मालूम है ? देवी के बाएँ हाथ के अँगूठे से परशुराम प्रकट हुए थे। क्रोधाग्नि का विकट रूप। जिन्होंने इस धरती पर से इक्कीस बार क्षत्रिय राजाओं को समूल नष्ट कर डाला था। अब राजा-वाजा कहाँ रहे। सत्रह-पन्द्रह जात-पाँत के

मन्त्री-सन्त्री होते हैं। इनको बराबर करने के लिए देवी के क्रोध की हुँकार भर पर्याप्त होगी। एक मारी और सब कुछ स्वाहा।'

बदरीपरसाद दंग रह गया था। हरे पंडत की आवाज़ ही इस तने की थी। दीवार के माफक। ऊँची और अभेदी। इतनी कि सुननेवाला क़ैद हो जाय, ओ में। हमेशा-हमेशा के वास्ते। वो बोल-बताके चले गए। लेकिन बदरीपरसाद के मन के माँय 'भे' व्यापता ही गया। पग-पग पे अड़चन। और अड़चन की जगह पे फोड़े जैसी बात हो गई। किस-किस को बताए और बोले। मूरती में कुछ जोड़ना शुरू करे और संका-कुसंगा उठने पड़ने लाग जावे।

'जब बाएँ अँगूठे से परसूराम जैसे राजाओं को नेस्तनाबूत कर लाखने वाले आदमी हुए, तो खड़ग बाएँ में ही रैता होगा।' बदरीपरसाद ने अपने औसत ग्यान के मुताबिक अन्दाज़ा लगाया। फिर भी बणाने को उठता हाथ रुक गया। बस बँगाली बाबू आएँगे और वो जो बतावेंगे, वैसा ही करेगा। माँ के रूप का गियान तो उन्हें जास्ती होगा। एक दिन हरे पंडत आए थे, तो बदरीपरसाद ने बोला भी था कि उन्हें वो बँगाली बाबू से मिलवाए देता है हो जावे गियानी से गियानी की भिड़न्त। पर पंडत ने मुँह कडु-कडु बनाया और नकारा कर दिया, 'बदरी, असली बँगाली तो बस विवेकानन्द थे। उनके पश्चात् तो समझो, बँगाली का 'बं' निकल गया। बस, गाली-गाली भर रह गया। कलकत्ते चले जाव। क्या पाओगे...? मारकाट। ख़ून-ख़राबा। लूटपाट। सब माँ काली के कोपित होते जाने के चिह्न हैं। ये शाक्तों के पतन का प्रमाण है'

बाद इसके, हरे पंडत देवास पर उतर आए, 'यहाँ भी पिछले सालों से माँ चामुंडा का कोप बढ़ रहा है हमारे तुम्हारे ही देखते-देखते ये हो रहा है पापों का नाश कर डालनेवाली पहाड़ी के माता मन्दिर की घंटियों की पवित्र ध्वनि को फैक्टरी का भोंपू निगल जाता है और पावन धूम्र को चिमनियों का धुआँ।...बताव माँ की पूजा की ज़िम्मेवारी अब सरकारी कारिन्दों को दी जानेवाली है ये सब आसुरी प्रभाव की बढ़ोतरी है रे।' फिर साँस खेंचकर सिरंस्क्रीत में कोई बात बोली और अन्त में अरथाया था, 'बदरीपरसाद पुराणों में बताया गया है, देवी महाशक्ति अपने बाएँ हाथ की कनिष्ठका, यानी कि 'च्यूँटी आँगली' से कल्कि का अवतार उतारेगी और इस सारे अनाचार और अनाचारियों को क्षण भर में नष्ट कर देगी।'

बदरीपरसाद के बाएँ हाथ की 'च्यूँटी आँगली' में चुनचुनाहट होने लगी। वह हाथ से चिपकी मट्टी छुड़ाने लगा। सोचा, तब तक मुंडकियों को तार में पिरों के मुंडमाला बना दें। थोड़ी-थोड़ी गीली हैं, मुंडकियाँ। सो, तार भीतर से निकल भी जायगा। बदरीपरसाद मन-ही-मन में बोला, 'मुंडकियाँ' बनाने में ज़राक भी टैम नी लागा। सेठ-सेठाणी के बनाने की पुरानी रफ़त थी, ख़ूब काम आई। रामगीर होता और बणाते देखता, तो बोलता, 'बदरी, इसमें तू एक मुंडकी ऐनाबाद के ठेकेदार की भी बना के पिरो दे, बे। मैं हथौड़ी से फोड़ के मज़ा लूँगा रे।'

मुंडमाला का काम निबटा के बदरीपरसाद ने सोचा, 'आयुधों का काम रुका पड़ा है तब तक मूरत के कन्धे और आसपास की कारीगरी निबटा दे। उसने काली मट्टी का नरम लौंदा लिया और गले के नीचे, पसलियों के ऊपर रख दिया। सपाट और बेलोंस मूरती में अचानक आए 'उभार' से खपसूरती तो आयी, पर बदरीपरसाद का ध्यान ओटले पे खिलौणे बेचती बेटी दुर्गी की आड़ी चला गया। हाथों की अँगुलियाँ जैसे होम हो गई हों। वह बैठ गया। शंकाएँ उठने लगीं। थोड़ी देर में ही उसे लगने लगा, भीतर भीड़ हो गई है, बाजार का मुजब। शोरगुल और हल्लाबेदा। और वह बेचणे बैठा है क्या, बेचणे बैठा है...? 'माल' कि मन के माँय भरी संका-कुसंगा ?

बदरीपरसाद सोच रहा था कि अब वो क्या करे? उसको मालूम है, जिस दिन से ये मूरती का काम लगाया, वो ई दिन से दुर्गी की दसा बदलने लगी है ओ के वास्ते कौतुक की चीज़ हो चुकी थी, ये मूरती। जाने कब-कब देखती और कैसा-कैसा तो भी सोचती हुई लगती है पर, अपने काकू बदरीपरसाद से पूछने की हिम्मत कभी नी की, वो ने।

इस समै मिट्टी की चिड़िया ज़मीन पे थी और दुर्गा आसमान में। जाने कौन पंख लगा के। बेधड़क उड़ती हुई। विधाता भी क्या है! चिड़िया से होंठ और दाँत छीन के चोंच दे दी। सो बोलने-बतियाने से तो गई। वर्ना, उसकी बेटी दुर्गी की दिनभर चलती रहती, उसी से बात। फिर तुरत चिन्ता ने घेर लिया। चिड़िया बड़ी हो गई है घोंसळा छोड़णे का समै आ गया है, उसका।

एक दफा कृष्णा भगवान की मूर्तियाँ बनाई थीं तो ये छोरी बेचते-बेचते बन गई थी, मीरा। रोज़ मन्दिर जाती और सीख लाती, हरे पंडत से नवे-नवे गीत। अच्छा हुआ, उसने कभी राजकुमार की मूरत बेचने को नी बनायी। वर्ना, दुर्गी राजकुमारी बन बैठती तो फिर वह किस से करता, उसका ब्याह...? कहाँ से ढूँढ़ता जँवाई।

मज़ाक-मज़ाक में हरे पंडत बदरीपरसाद को हर-हमेशा बोलते थे, 'बदरीपरसाद, तू तो एकदम ब्रह्माजी सरीखा है जाने कितनी जोनियों के जीव-जन्तु बना लेता है वह कभी ये है कि तेरे को सिरफ दो हाथ हैं। माँ चामुंडा के प्रताप से यदि लड़का हो गया, तो अपने-आप हो जाएगें, तेरे चार हाथ। फिर ब्रह्मा की तरह चार हाथों से चला करेगा, जीवों का निर्माण।'

पर जोग की बात थी। कमली के पेट से लड़की आयी। हरे पंडत सूरज-पूजा के दिन आए और बोले, 'अरे बदरीपरसाद, कुम्हार को लोग 'परजापत' ही तो बोलते हैं। तू है, 'प्रजापति' है दक्ष प्रजापति की तो चौबीस कन्यायें थीं। तेरे घर एक आईं, और तू डर गया। मैं कहता हूँ, तू चिन्ता छोड़। तुझ पर सर्वप्रथम माँ चामुंडा की कृपा हुई है बहुत शुभ हुआ है मेरी ओर से इसका नामकरण सम्पन्न। दुर्गा रख दिया-दुर्गा। सिंहवाहिनी दुर्गा। ला मिष्ठान्न बाँट।'

रामगीर आया था तो, हरे पंडत की बात पर खूब हँसा था, 'भोले बदरीपरसाद बात

ये है कि पंडतों की कौम बरसों से मीठा खाते-खाते अपनी ज़बान को रलकट कर चुकी है लार में लथपथ रहते हुए, एकदम अलसट्टे चलती है उठाई और भेड़ की तालू से। भले आदमी...! तू ही सोच, कुम्हार की औलाद,...'सिंह' की सवारी करेगी कि गदहे की...?' फिर वही ठहाका लगाते हुए बोला था, 'चिन्ता काहे करता है, यार! मेरे को कोई आल-औलाद तो है, नहीं। तो सुन, ये छोरी दुर्गी आज से मेरी छोरी हुई, बस। मैं करूँगा, इसका ब्याह। कुँवारा हूँ तो कन्यादान के पुन्न का तो मेरी जनमपत्री में जोग ही नहीं है तेरी दुर्गी का मांडा मांड के ये पुन्न मेरे को मिल जाएगा रे। चल आज से छोड़ दे, छोरी के बाप होने की चिन्ता। सारा ख़र्चा मेरे मत्थे। जाता क्या है...? एक कुंटल गेहूँ के आटे की घड़ दूँगा, लड्डू-बाटी। खाओ स्सालो बरातियों और, मौज करो।'

'अबे पत्थर कटे...! अगर तू लड्डू-बाटी घड़ के सेंकने लगा नी, तो खानेवाले की पत्तल पर एक-एक हथौड़ी भी परोसनी पड़ेगी। वर्ना, व फोड़ेंगे कैसे...?'

बदरीपरसाद ने बाद यह कह के ठहाका लगाया था। ठहाके से चिन्ता चिन्दी-चिन्दी हो गई थी। पर, दुर्गी के बाप होने का बोध तो बक़ाया ही था। बदरी ने नज़र घुमा कर दोबारा दुर्गी की तरफ़ देखा। देखने के साथ गौर किया, दुर्गी ने जब से माँ का लुगड़ा-लत्ता पेन्हना शुरू किया है, तब से कुछ ज्यादा ही सयाणी लगती है मूरती की तरफ़ वापस निगाह लाते हुए उसने मन-ही-मन तै किया कि जादेह मुफ़ीद येई होगा कि मूरती का बाक़ी का काम औसारे के बगल वाली 'ओड़ली' में ले जाकर निबटाए। इससे दुर्गी की निगाह में भी नी आवेगी और फिर बाड़े में बनाते हुए रस्ते चलते लोग भी तो कौन व कैसी नज़र से देखने के वास्ते रुक जाते हैं और फिर भीड़ बढ़ने लगती है अने, बनाते टैम मूरती को ढाँक के भी तो नी रक्खा जा सकता। माँ की देह खुले में नंग-धड़ंग दिखे। ये भी पाप की बात है

पसीना-पसीना हो गया बदरीपरसाद। अकेले से तीन हाथ की मूरती पहले तो उठ ही नी रई थी। फिर ताक़त लगाई और 'ओड़ली' में ले आया। ल्हास की तरेह घसीट कर लाना पड़ा। कसूरी तो हुई, पर छिमा माँग ली।

हलके-हलके अँधेरे, और उजालदान से आती उजाले की रेख में आधी-अधूरी मूरती ख़ासी विचित्र और आँख को बलबट बाँध देने वाली लग रही थी। धड़ पर अभी मुख तो बना कर के ही नी रक्खा था। पर अपणे ही हाथ की 'सिरजना' से बदरीपरसाद के अन्दर थरथरी लाग गई। उसे समझ में ही नी आया कि देह में पसीना वज़न उठाने से आया था कि 'भे' भरने से। कोठरी के भीतर चौमासे भर से बन्द हवा, मट्टी और मनुज देह के पसीने की घुल-मिल गन्ध थी। जो बदरीपरसाद के फेफड़ों में जाकर एक अटपटी सनसनी मचा रही थी।

काम शुरू करने के पहले बदरीपरसाद ने 'ओड़ली' का दरवाज़ा भिड़ा दिया। दरवाज़ों से बारिश की फूलन अभी गई नी थी। भेड़ते समै बदरीपरसाद को देह सटा के ताक़त लगानी पड़ी। हल्की-सी असावधानी के कारण लोहे की पत्तियों में आरपार

होती कील से बाएँ हाथ की च्यूँटी अँगुली रिस्टा गई। ख़ून की छोटी-सी सुर्ख़ बूँद पोर पर आ गई। रोशनदान से आते उजाले की रेख में अँगुली आयी, तो बूँद यक-ब-यक चमककर लाल हो गई। हीरे की माफ़क। उसे रामगीर की बात याद आ गई–'ज़िन्दे ख़ून की चमक से हीरा भी मन्दा पड़ जाता है' जाने क्यों व कैसे बदरीपरसाद की आँखों के नीचे पहाड़ी चट्टान और चट्टान पर चमकता ज़िन्दा ख़ून हिलने लगा। उसे भान ही नहीं हो पा रहा था कि वो अधूरी मूरती के आगे खड़ा है कि अधूरे मन्दर के सामने। गरदन को झटका देकर आँख भींची। फिर खोली और अन्त में लम्बी साँस खेंच के काम में लग गया।

गले के नीचे पाँसलियों की जगह पर मट्टी में 'आकार' निकालते हुए बदरीपरसाद की अँगुलियाँ काँपने लगीं। माटी की मूरत तो ढेरम-ढेर बनाईं थीं, पर मूरती में ये वाले 'अंग' पहली कावा काढ़ रहा था। एकदम जने क्या हुआ कि उसे लगा, उसकी अँगुलियाँ सुन्न, दिमाग कुन्न हो गया। बालों की जड़ें तक काँप गईं। 'आकार' गढ़ते मट्टी में लथपथ हाथ, कटी डगाल के माफ़िक झूलकर लटक गए। बदरीपरसाद को लगा, जैसे उसको हवा के हाथों ने उठा के, ज़ोर से मथा और फिर घूमते चाक पर मट्टी के गीले लोंदे-सा पाथ दिया है और देह में अजाने आकार निकाल रहा है क्या पता, पलक झपकाने के बाद वह कौन जोनि का पराणी बना हुआ पड़ा मिलेगा- दुर्गी कमली और देवास के तमाम लोगों के सामने। फेफड़े में, मूँ के रस्ते जित्ती भी हवा खेंची जा सकती थी, खेंची। पर लगा, ओड़ली की हवा, मिट्टी के घोल-सी गाढ़ी औ गेरी हो गई है वह इस कल्पना से ही डर गया कि ये मूरत का 'रूप' यदि ये घड़ी में परगट हो जाय तो कैसा होगा ? माँ की माफ़िक़ दूध पिला सकनेवाले 'अंग' के ऊपर से खून में तर-बितर मुंडकियों की माला गुज़रेगी और हाथ में होंगे आयुध। सोचते-सोचते बदरीपरसाद को लगा, जैसे मसान में हड्डियाँ लगातार टकराने लग पड़ी हों। फिर पाया कि टकराहट बन्द होने का नाम ही नहीं ले रही है बुरी तरह घबराहट में भर कर, ओड़ली की उस हवा में बदरीपरसाद ने गरदन घुमायी। कान को कूबत ही हासिल नी हो पा रई थी कि आख़िर आवाज़ काँ से उठ के आ रही है ? फिर समझ में आ गया। कोई ओड़ली के बन्द दरवाज़े को ठकठका रहा है उसकी हिम्मत नी हो पा रही थी कि बढ़ के दरवाज़ा खोल दे। फिर कैसे तो भी कर के क़दम बढ़ाए। दरवाज़े से आफला। दरवाज़ा भड़ाक से खुल गया।

सामने बिखरे बाल, उड़ी-उड़ी शक़्ल और सुर्ख आँखें लिए एक नई उमर का छोरा खड़ा था। पहले तो पिचाण में ही नी आया कि कौन है

फिर पिहचान गया–'हरे पंडत का लड़का है, ये तो।'

'क्या बात है...?' बदरीपरसाद ने बदहवासी में पूछा। उसे आसंका हुई कि कहीं ये दुर्गी की वजह से तो खिंच के नी आया है बेटी काण-क़ायदे की है, पर उमर का उफाण का क्या कहो...?

'अर्थी उठनेवाली है, इसलिए श्मशान तक आग ले जाने को काली व कोरी हाँडी चाहिए' लड़के की साँस बोलते हुए फूल आई थी।

'क्या बात है...? क्या हो गिया...?' बदरीपरसाद अपनी आवाज़ से अधिक थरथरा रहा था। लड़के के उत्तर के लिए उसकी आँख जम-सी गई।

'दादा जी नहीं रहे।' लड़के ने नाड़ नीची कर ली।

'क्या हो गिया था, उनको एकदम...?' बदरीपरसाद की आवाज़ बेंडी हो उठी।

'सुब्रह तो ठीक थे। माँ चामुंडा के मन्दिर भी गए थे, टेकरी पर, पूजा करने। लौट के आए, तो बोले–हरेशंकर...! मेरी तबीअत थोड़ी घबरा रही है पापा को बोले, 'हरे शंकर पानी पिला।' वे पानी लेने गए। लौटे, तब तक तो–'लड़का बोलते-बोलते रुक गया। बाक़ी के हरफ़ बताने की ज़रूरत भी नी थी।

बदरीपरसाद के चेहरे के भाव देखने के लिए लड़के ने आँखें ऊपर कीं, तो उसकी निगाह पुराने दरवाज़े को छेंकती हुई, अन्दर ओड़ली के नीम अँधेरे मे धँस गई। वह हलके से कुतूहल और विस्मय से चौंका।

लेकिन, चेहरे पर ज़मी हुई गाढ़ी उदासी की परत को फोड़ कर वह बाहर नहीं आया। सिर्फ़ लगा कि उसकी पुतलियाँ दरवाज़े के पार ओड़ली के भीतर कहीं ठहर गई हैं।

बदरीपरसाद ने लड़के की आँख की मंशा और भाव भाँपे, फिर फुरती से ओड़ली के किवाड़ उढ़का दिए। उसे ये क्षण में लग रहा था कि जैसे हवा में भी माँ चामुंडा का चौतरफ़ा रोष सनसना रहा है ज़रूर दादाजी से साधना में कोई चूक हो गई होगी। जब हरे पंडत की लुगाई मरी, तो भी तो ऐसाई कुछ हुआ था। हरे पंडत ने बताया था, 'दुर्गा सप्तशती' के पाठ करते समय 'भार्याम् रक्षतु' को छापेखाने की ग़लती से 'भार्याम् भक्षतु' पढ़ गए। बस दूसरे ही दिन तुम्हारी पंडतानी का प्राणान्त हो गया।' बदरीपरसाद का जीव तानकी पर चढ़ गया। जैसे जोड़-तोड़ में कोई ने कील ठोक मारी हो। वह चकनाचूर तब्यैत से मट्टी के भांडे बरतनों की कोठरी की ओर बढ़ा। लड़का पीछे हो गया।

वह धड़क-धड़क करते हिरदे और थर-थर धूजते हाथों से मट्टी के ढेरों बर्तनों के बीच से कोई छोटी-सी काली और कोरी हांडी टटोलने लगा, जिसमें मुर्दे को फूँकने वाली आग को अटोपा जा सके।

वह कोरी और काली छोटी-सी हांडी टटोल रहा था। बरतनों के बीच से। ताकि, उसके पैंदे को काट कर मूरती के हाथ में रखने के लिए खप्पर बना सके। जब ढूँढ़ने पर मिल गई, तो बदरीपरसाद खुश हो गया और 'ओड़ली' में ले आया, जहाँ वह मूरती का काम कर रहा था। हांडी को धरती पर रखकर, धीरे-धीरे ठीब उतारने के लिए बदरीपरसाद ने मट्टी खरोचने की 'करनी' से गते-गत उस पर चोट करनी शुरू कर दी। बन्द कोठरी

में खाली हांडी पर एकरस होती चोट, उसके कान पर पड़ती, फिर कान से होती हुई दिमाग़ में और अन्त में ख़ून में ख़लल करती हुई जाने कहाँ घुलघुला जाती। बदरीपरसाद के ठीब उतारते हाथ यक़-ब-यक़ रुक गए। जाने कैसी-कैसी तो लग रई थी, वो आवाज़। जने कि, कोई अघोरी कापालिक, मसान के सुन-सनाके के माँय मनख की खोपड़ी खोल रहा हो। घबराहट पाँखरू की मुजब पाँसलियों में पंख तौलने लगी। फिर एकदम गला सूखने लगा, साँस घुटने। जैसे, ऊपर की हवा ऊपर ही रुक गई हो और नीचे की नीचे। जी मैं चैन के वास्ते सुराही खींचकर पानी पीया, तो घबराहट, बजाय घटने के बढ़ गई। लगा, पानी गाढ़ा और गरम हो गया है, ख़ून की मुजब और वह अपने गले के माय निरबंक ख़ून-ही-ख़ून उड़ेल रहा है, मिनख का। बिलम के बोला, बदरीपरसाद, अपने आप से 'धतेरे की! हर दिन, ये क्या और कैसा-कैसा तो भी घनमथन हो जाता है, दिमाक में। निश्चय ही ये सब माँ काळी के ही करतब हैं।'

उसने माथे को ज़ोर से झटका दिया और सब भूल-भुला के वापस अपने काम में लग गया।

खप्पर बनाने के लिए हांडी का पैंदा काटने और आठों हाथों के आयुधों का काम तो पूरी तरह से कल ही निबट गया था। देह में बस कमर के नीचे के कुछ भागों में रंग-रोगन बक़ाया था।

परसों बँगाली बाबू ख़ुद रह के आए थे। और रंग-रोगन का तौर-तरीक़ा बतला गए थे। साथ ही माँ काली का एक रंगीन छापा सौंप गए थे कि उसमें से देख-दाख कर ही रोगन किया जावे। पर वह छापे को भूल कर भी ज़मीन पे ना रक्खे। वो दिन सँजोग भी कुछ ऐसा लागा कि वोई टैम में हरे पंडत का लड़का आ गया। बोला, 'बद्री काका, उस दिन मुझे लगा कि आप ओड़ली में कुछ बना रहे हैं। मेरी रुचि है इन्दौर में मूर्ति बनाने की पढ़ाई कर रहा हूँ, एक कॉलिज में। इसलिए, देखना चाहता हूँ ,आप क्या बना रहे थे।'

फिर बँगाली बाबू और हरे पंडत के लड़के के बीच तो जाने क्या-क्या और कितनी-कितनी बात होती रही। कब्भी हिन्दी में तो कभी इँग्रेज़ी में। भगवान जाने, कौन-कौन ज़िभान में, बड़ी देर तक बतियाते रहे। बँगाली बाबू की बात पे कान धरने के बाद लगा कि इन बाबू से तो अपने हरे पंडत कहीं जास्ती ग्यानी हैं। जो भी बोलते हैं, सीधे-सट्ट हिरदे में जाकर बैठ जाती है बदरीपरसाद ने गौर किया, हरे पंडत के लड़के की आँख में तो ज़राक भी 'भे' नी झलका, मूरती को देखते मेलते। वो ने मूरती आँग-आँग को, पूरी तरह सँभाल-सँभाल के, ऊपर-नीचे सब तरफ़ से देखा था। बात ये है कि हरे पंडत को इष्ट है, मैया का। बदरीपरसाद ने वो की निडरता देख अन्दाज़ लगाया था कि माँ चामुंडा के साधक की सन्तान है, आख़िर माँ वो पर क्यों कर के कोप करेगी...? पर दूसरे ही क्षण लगा कि ऐसा होता, तो सत्तर साल के सतत साधक दादाजी को क्यों उठा लेती माँ।

तभी उजालदान से आता उजाला रुक गया। कमरे में हलका-सा अँधेरा हुआ। उसने चौंककर देखा। लेकिन, उजालदान की जाली के पास कुछ नी था। समझ नी पड़ी कि आख़िर ऐसा क्या हुआ कि उजाला पलभर के लिए एकाएक रुक गया। बदरीपरसाद ने सोचा, शायद ये सब मन के 'भेम' से हो रहा है

वह फिर से हँडी का पैंदा काटने के काम में मशगूल हो गया। थोड़ी देर में पैंदा खप्पर की तरह निकल आया तो किनोर घिसकर पहले चिकनी की। और फिर काले रंग से पोत दिया। पर, मन में धूजणी भरी हुई थी। फिर भी साँस ले के मन को सँभाला और मूरती के कमर के नीचे के अंगों को आख़िरी रंग-रोगन देने में भिड़ गया। छान-छानकर घोला काला रंग नंगी पिंडलियों पर घी की तरह चुपड़ रहा था। घुटने के ऊपर के भाग पर रंग लपेटते-लपेटते यकायक बदरीपरसाद के मगज में हरे पंडत का भागवत-कथा के समै बखाना गया एक 'परसंग' घूम गया। कैसे शंकर भगवान करोध में पागल होकर काँधे पर पार्वती की लाश उठाए, अट्टहास करते हुए दौड़ने लगे थे। बेष्णु भगवान को चिन्ता व्यापी की अब इनके करोध से पृथमी नष्ट हो जाएगी। सो उन्होंने सुदरसन चक्र से पार्वती की ल्हास को काट-काट के गिराना शुरू कर दिया। जहाँ-जहाँ पार्वती की कमर के नीचे के अंग कट-कट के गिरे वहाँ-वहाँ अघोरपन्थी दैवी पूजा के अस्थान बन गए।

उसे लगा, देवास की पहाड़ी पर से ज़रूर शिवजी पार्वती की लाश काँधे पे लादे-लादे दौड़ते निकले होंगे। और पार्वती की कमर के नीचे का कोई अंग गिरा होगा।

बदरीपरसाद की आँख तले कालजा हिला डालनेवाला वो दृश्य आ गया, जब वह ख़ुद भी शिवजी की मुजब कमली की लाश के माफ़िक़ ढीली होती देह को काँधे पर उठाए-उठाए, पहाड़ी के पास की काली मट्टी की खदान से भागा था। खदान अचानक खोदते-खोदते धँस पड़ी थी। कमर के ऊपर मट्टी के बड़े-बड़े ढेपे गिर पड़े थे, कुदाल चलाती कमली पर। वो दिन कमली के पराण तो बच गए, पर कमर की हड्डी टूटी की टूटी रह गई। डॉक्टर ने ऑपरेसन की बोली, पे इत्ता पइसाँ कहा से लाए...? बस खाट से चिपकी की चिपकी रह गई। सोचा, जब इफ़रात में पइसा हाथ आएगा, ऑपरेसन करावेगा।

पर कभी-कभी उलझन में पड़ जाता है कि इफ़रात में पइसा आवेगा तो वो दुर्गी का मांडवा मांडेगा कि ऑपरेसन करवाएगा...? ऐसा सोच ही रहा था कि घर के बाहर, बगड़ में से किसी के द्वारा हेळा पाड़ने की आवाज़ आयी। वो फटाक्दनी से हाथ का काम छोड़ के बाहर आया तो क्या देखा कि कुम्हारिया गाम के परजापत मण्डलोई जी हैं। अपणी ही बिरादरी के मुखिया। बदरीपरसाद ने बरामदे में दीवार से लग के खड़ी खाट को आड़ी पटक के बिछा दी । और 'बैठो पावणाँ' कह के हाथ धोवा के वास्ते पिछवाड़े चला गया।

जब पता चला कि ये तो अपणी दुर्गी के लिए रिश्ता ले के आए हैं तो बदरीपरसाद

मार खुशी के उबराणे लगा। वाह रे भगवान् गज्जब का सणजोग है कि इधर माँ की मूर्ति काम शुरू किया तो घर में कुलदेवी की पूजा का परसंग ही उपजी आया। उन्होंने दुर्गी को देखणे की बात करी तो वो ने बेटी दुर्गी को हेला पाड़ के बुलायी तो सामणे आणे में ही संकोच करने लगीं। बदरीपरसाद को समझ में आ गया कि बेटी सयाणी हो गई है और सगई-सर्पण की बात की तुरत सनागत करने लगी है एक दफ़े हरे पंडत ठाकुर बनेसींग की बेटी की चँवरी के लिए मटकियाँ मोल करवाने आए थे तो बोले थे–'अरे, बदरी... ! ये क्या है, तुम्हारी जात में कन्या का भी मोलभाव करते हैं...? अरे नठ्ठारे... ! कन्या का दान करते हैं कि उसको बेचते हैं...? अब तू ही सोच ये तेरी बेटी दुर्गी खाली नाम की दुर्गी नहीं है, बल्कि माँ दुर्गा के समान ही है...बोल तू इसको बेचणे को तैयार हो जावेगा क्या...?'

बदरीपरसाद ने पिंडलियों के रँगने का काम पूरा किया और खप्पर बनाने के लिए काटा गया, हांडी का रँगा हुआ पैंदा उठाया। वह अब तक पूरी तरह सूख गया था। बदरीपरसाद ने अन्दाज़ लगाया कि वो कम-ज़-कम गहरा इतना तो है कि अपने पेटे में, सेर भर की गुँजाइश रक्खे। उसने उसे धीरे से मूरती के हाथ पर रख दिया। रखकर मूरती को निहार ही रहा था कि लगा, हज़ारहा आदमी ज़ोर से चीख पड़े हों। 'ख़ून पीना बन्द करो।' घबड़ाकर बदरीपरसाद मूरती से दूर हो गया। पर, आवाज बाक़ायदा बाहर से उठ रही थी और हर पल लगातार ऊँची और क़रीब होती जा रही थी। वह दरवाज़ा खोलकर बाहर भागने के लिये घूमा। दरवाज़े की ओर देखते ही बेतरह डर गया। किवाड़ों की दरारों में से दो बड़ी-बड़ी सुफेद आँखें ढलक-ढलक झाँक रही थीं। दरवाज़े की ओर बढ़ने की पहले तो उसकी हिम्मत नी हुई, फिर ज्यों ही बढ़ा, पिंडलियों में सनसनाहट होने लगी। आँखें, दरारों में से भीतर झाँक रही थीं, बदरीपरसाद को हरकत में आते देख हट गईं। बदरीपरसाद ने ज़ोर लगाकर किवाड़ खींचे। लेकिन, एक झटके में खुल नहीं पाए। दोबारा जब जम के ज़ोर लगाया तो खटाक से खुल पड़े। सामने दुर्गी खड़ी थी। डरी-डरी किसी हादसे में फँसी। दरवाज़ा खुलते से पीछे हट गई। उसके पीछे दूर और मकान से बाहर आवाज़ें उसी तरह उठ रही थीं, जैसे हज़ारों मिनख एक साथ ज़ोर-ज़रीके से चीख रहे हों।

'क्या हो गिया दुर्गी...? बदरीपरसाद की आवाज़ पीपल के पत्ते-सी थरथरा रही थी। दरअसल वह दुर्गी को दरवाज़े से अन्दर झाँकने के लिए डाँटना चाहता था, पर मारे घबड़ाहट के बोल बिखर गए, जिनकी संेध में से गुस्सा बाहर हो गया।

'माँ की तब्यैत भौत घबरा रई है, तमारे बुलाय वा।' दुर्गी ने बोला और बदरीपरसाद को लगा, ऐड़ी से चोटी तक लाय लग पड़ी हो। किसी ने जने कि धकेल के धधकते 'निमाड़े' के सामने खड़ाकर दिया हो। बदरीपरसाद, जीव छोड़ के कमली की कोठरी की तरफ़ भागा और घुस गया अन्दर। कमली खाट पर लेटी थी। बिलकुल बेहरक़त।

बदरीपरसाद बुरी तने से डर गया। हे भगवान, ऐसी साफ़ झक्क सुभे-सुभे में करम के आगे ये कौनसा पानड़ा आड़े आ गया ? उसने चीखते हुई झिंझोड़ा, 'कमली, ओ कमली।'

कमली ने आँख खोली और बोली, 'कँई बात हैं?'

'तेरी तब्यैत...' बदरीपरसाद ने बोलना चाहा। पर इतना ही कह सका।

'ठीक है थोड़ीक देर पहिलाँ घणी घबराहट हुई थी।' कमली बोली तब तक दुर्गी भी खाट के कने आ के खड़ी हो गई थी। मकान के बाहर और दूर हवा में, हज़ारहा मनख की आवाज़ें उसी तने उठ रई थीं। बदरीपरसाद ने पल भर को कान उधर कूँ लगाए। लगा, कोई जुलूस गवलीपुरे से बाहर 'नाहर दरवाज़े' की ओर बढ़ रहा है नारे लगाता हुआ।

'दुर्गी ने अईके म्हारे बतायो, कमली ने बोलना शुरू किया, 'तुम माँ काली की मूरती बणई रिया हों।'

बदरीपरसाद जवाब में कुछ बोला नहीं। मन के माँय सोचा, हो न हो, उजालदान से थोड़ी देर पहिले दुर्गी ने झाँका होगा।

'हूँ तुम से बिन्ती करूँ, जोखिम में हाथ क्यों डाल रिया हो...?' कमली ने कहना शुरू किया, 'नफो-नुकसान तो चल तो रै कानखर्जूया की एकाध टाँग टूटी जावे तो ऊ कँई लूलो थोड़ेई हुई जावे। 'गणेस-उत्सव' को 'माल' नी उठ्यो तो नी उठ्यो। परमेसरो ऊ कोई दिन टूटमान होयगो, तो ढेर कर देगा, धन को। पे तमने लालच में 'काली-माता' को काम क्यों ली लियो...? तमारे मालम है नी, सब लोग कहे है...रामगीर भइया का साँथे कँई हुयो थो...? माता की मूरत के पूजा के बाद ओ के अस्थान से उनने सरका दी थी। कमली बात पूरी भी नी कर पायी और साँस उखड़ने लगी। फिर उसे खाँसी ने खाँग दी।

बदरीपरसाद को समझ में नी आया कि आखिर हुआ क्या था, रामगीर को...? जित्ते मूँ, उत्ती बात। वो तो उसकी आयी लिखी थी। 'सुण लो, हूँ फिर कऊँ कि कलयुग है काली माँ कोप में अईगी तो हम कँई का भी नी रहाँगा। हूँ मरी गया तो कुँवारी औलाद के बाँह में भरे-भरे का काँ काँकड़ नापता फिरोगा।' कमली बोली और बोलते-बोलते बिलख पड़ी। आँख आँसू से और गला थूक से भर गया।

बदरीपरसाद ने कमली की पीठ पे हाथ फेर दिलासा दिया और अपनी तरफ़ से बिसास के दो बोल औंधे-सूँदे बोले। और खाट के पास से उठ गया। कमली साँची कहती है और हरे पंडत भी। कलजुग में देवी का कोप बढ़ता ही है ये सब उसी से ही तो होता जा रहा है बेमारी-धेमारी। मार-काट। ख़ून-ख़राबा।

सोचते-सोचते बदरीपरसाद घर से बाहर निकल आया। शोर जो उठ रहा था, चौरस्ते से बाईं दिसा में मुड़कर, शायद दूर निकलता जा रहा था।

बदरीपरसाद ने गली में दूर नज़र डाली। गली के नुक्कड़ से हरे पंडत का लड़का

साइकिल पर आता दिखाई दिया।

'काहे का हल्ला-गुल्ला हो रहा था वहाँ...?' हरे पंडत के लड़के के पास पहुँचते ही बदरीपरसाद ने पूछा।

'जुलूस निकल रहा था, बद्री काक', साइकिल पर से उतरते हुए हरे पंडत के लड़के ने बताया, 'कल रात दाल मिल में काम करते हुए गवलीपुरे वाले वो गोपी काका का हाथ आ गया। वे तो ऐवजी में काम करते थे। शक्कर की बीमारी थी, सो ख़ून बहना रुका नहीं और अस्पताल पहुँचते-पहुँचते मर गए। मिलवाले कहते हैं कि ऐवजीवालों को कानूनन मुआवज़ा नहीं मिलता। इसीलिए, सुबह होते ही तमाम कामगारों ने मिलके उनकी लाश उठायी और मुआवज़े की माँग करते हुए जुलूस निकाला। रामगीर काका रहते थे न, उस रोड़ से।'

बदरीपरसाद ने आँख भींच लीं। ख़ून में तरबतर लाश को ऐन सुभे की धूप में उठाए-उठाए चीखती भीड़ कैसी लाग रई होयगी नाहर दरवाज़े के बीच। शेर की तरह गरजती। कानों में कोलाहल के बीच से उठती पंक्तियाँ, अब भी गनगना रई थी–'ख़ून पीना बन्द करो। ख़ून पीना बन्द करो।'

'मूर्ति पूरी हो गई बद्री काका...?' लड़के ने पूछा।

'हाँ हो तो गई है फिर भी बँगाली बाबू अब्भी आवेंगे और कोई कोर-कसर बकाया रै गई होगी, तो बता देवेंगे। सँजा तक मैं पूरी कर दूँगा।' बदरीपरसाद ने डूबे-डूबे जवाब दिया। फिर कान का मेल निकालता हुआ अन्दर दाख़िल हो गया। वे अब मूरती वाली ओड़ली की ओर बढ़ने लगे।

ओड़ली के कने पोहँच के चकद्दम रै गया बदरीपरसाद। ये क्या हो रहा है, आपो-ई-आप। वो जब कमली की कोठरी की तरफ़ भागा था, तब तो किवाड़ खुल्ले के खुल्ले ही छोड़ गया था। फिर किसने बन्द कर दिए इसके किवाड़...? उसने आगे बढ़के ज़ोर का धक्का दिया। भड़के खुले और खुलते ही हरे पंडत का लड़का व बदरीपरसाद दोनों के दोनों ही भौंचक देखते रह गए। माँ की काले और लाल रंगों में रँगी मूर्ति की विकरालता के सामने कोमल और कमनीय दुर्गी खड़ी थीं। उसकी बड़ी-बड़ी फटी आँखें खुली और ख़ौफ़ से खाली थी। जो उजालदान से आती रोशनी में कौड़ियों की तरह सुफ़ेद झक्क लग रही थीं। उसे तनिक भी ध्यान और भान नी था कि कोई ने दरवाज़ा खोला है और भड़ाकदनी से खोला है

'दुर्गी! ओ दुर्गी! याँ पे तू क्या कर रही है...?' बदरीपरसाद ने बेटी को ज़ोर से हलकारा। दुर्गी ने धीरप से गदरन दरवाज़े की ओर मोड़ी और आँख में बिना किसी भाव के ऐसे देखा, जनेकि वो किसी को भी पिचाण ही नी पा रही है बदरीपरसाद को भी लगने लगा कि जैसे कि दुर्गी एकदमै से केवल बदली नी बल्कि वो बड़ी हो गई है वो से भी बड़ी। बाप को देखते ही झिझक के झपक जानेवाली दुर्गी पळ्क झपकते ही विराट हो गई है इतनी विराट कि अगर अब वो ओड़ळी से बाहर निकलेगी तो ओ का

माथा ओड़ली के दरवज्जे की बारसाख में ही अड़ जावेगा।

दुर्गी गते-गते ऐसे चलने लगी समझा लो कि वो के पग धरती पे नी, अक्कास में हैं और वा कदम गिन-गिन के रख रही है गिन भी नँई रही हैबस हरे पंडत की भागवत कथा के वामन भगवान् की मुजब पृथमी नाप रही है उसके हाथ हवा में फैलते हुवे, हल्के-हल्के हिल रहे थे। पंखों के सारखे। जने कि वह हाथों से हवा में कुछ काट रही है हो सकता हो कि दुर्गी को लग रहा हो कि उसकी काया में आठ भुजाएँ निकल आईं हैं। माँ काळी की मूर्ति की मानिन्द। फिर पाँव उठाती हुई, गते-गत दरवाज़े से बाहर निकलकर कमली की कोठरी आड़ी बढ़ गई। उसके जाते हुए पाँवों से बड़ी अटपटी-सी आहटें उठ रही थीं। उन आहटों में पाँव के काँसे के कड़े की झनक थी और उसमें कलाइयों की काँच की चूड़ियों की खनक मिल के कुछ अजीब-सी घनघन पैदा कर रही थी।

वह किसी की ओर भी देखे बिना फिर पाँव उठाती हुई दरवाज़े तक आयी और देहरी लाँघते ही दौड़ कर कमली की कोठरी की तरफ़ लपक ली। उसके भागते पाँवों से बड़ी अटपटी आवाज़ आयी। पावों में पहले काँसे से कड़े बजे और बन्द हो गए।

'दुर्गी है अपनी नानकी। एक ही है' बदरीपरसाद बेटी की उजबक आदत को ढाँपते हुए बोला, 'कुम्हार के घर जनमी पे करतब से बेल्कुल बामण है हरे पंडत का ये पर बड़ा आसीरवाद है' हरे पंडत के लड़के ने कोई बात नी बोली। सुनमान-सा ओड़ली के अन्दर आ गया। ओड़ली में घुसे ही थे कि बाहर से आवाज़ आई, 'बोदड़ी पोड़साद जी! ओ बोदड़ी पोड़साद जी!'

हाँक, कान पर पड़ते ही आँख में ओलखाण आ गई। बँगाली बाबू आ गए हैं। येल्लो यो भी घणों अच्छो सँजोग है उणणे बोला था, सुभे-सुभे आऊँगा और ठीक टैम पे आ गए। बदरीपरसाद दौड़ के मकान के दरवाज़े पर पहुँचा और उनको पधराया, 'आव जी, बाबू आव।' बँगाली बाबू सुफ़ेद झक्क धोती की लाँग सँभालते-सँभालते अन्दर आ गए।

हरे पंडत के लड़के ने नमस्कार बोली। 'नोमोश्कार, भाय नोमोश्कार। माँ की मूड़ती का आभलोकन चोलत रहा है' बँगाली बाबू हरे पंडत के लड़के से बोलने को हो आए। लड़के ने घोघ हिला के हामी भरी, पर जिभान हिला के बोला नी।

'कइशा लागता हय...? आपको, माँ का ये मूड़ती...? इधर पोहली बार बणवाया है' बँगाली बाबू ने तपासा।

'ठीक ही है' हरे पंडत का लड़का बोला। बँगाली बाबू का उत्साह ओ का मुख देख के थोड़ा ठपका गया। उन्होंने आँख से ऐनक उतारी और धोती की लाँग के कोने से उसका काँच साफ़ करने लगे। फिर वापस बोले, 'भाय जेतेरे गुड़ तत मिष्टि फिरन जेतना 'माल' लगाओंगे, ओतना ही मूड़ती शुन्दर बोनेगा। अभी कोरीगर भी तो नोया-नोया है शोलापिट इधर को मिलता नोय। वोर्ना, माटी के जगह शींगार वो से किया जाय,

तो एक मूड़ती हज़ारों रूपिया को हो जोयगा।'

'मेरा मतलब इससे नहीं था। दरअसल, मैं कहना चाहता था, कि इसकी एनॉटमी में कोई 'इन्नोवेशन' नहीं है थोड़ा माडर्न टच रहता, तो स्टैच्यू ज्यादह अच्छा बन सकता था।' लड़के ने बोला, तो बदरीपरसाद को ज़राक भी ग्यान नी बैठा कि ओ ने मूर्ति की तारीफ़ की है कि कोय ख़ामी बोल बतायी है पन, ऐसा ज़रूर कुछ बोला था कि जिसको सुन के बँगाली बाबू गुस्सा गए। काँधे पर धोती से लाँग नीचे फेंक-फाँक दी और बिदक कर बोले, 'आप क्या बोलता हय। काली माँ की मूड़ती में कोछ माडर्न कोरेगा? जोदि किया, तो शबकोछ मटियामेट हो जाइगा। ये तो हज़ारों बरस का रिचुअल ट्रेडिशन हय। ट्रेडिशन का शवाल हय। इशमें तो 'इन्नोभेशन' हो सकता नाय। समझे। ऐ कोय आर्ट ग्यालरी का वास्ते नोय है, पूजा का वास्ते है, भाय।'

बाद इसके बँगाली बाबू ज़ोरम-ज़ोर हँसे। फिर अपना देस का कोई क़िस्सा बखानने लग गए, 'जोंग मैन! हमारा उधड़ एक आर्टिस्ट ने इन्नोभेशन किया था। माँ दुरगा के तोश्वीर से। पोलिस में वो बाई कोय बड़ा औफीशर था। नोक्शलाईट्स ने उधड़ कोलिकाता में बहुत ऊधम किया। वो बाई ने तीन लोगोंन को गोली मार दिया। अऊर कोई दुइशों लोगोंन को डी.आई.आर. में बोंद कोर दिया, ऊपर से शहर में क्फ्र्यू लगा दिया। उशके इश ऐक्शन पे मुख्यामोंत्री उशकी ताड़ीफ किया। काग़ज़ में ओ का बहुत ताड़ीफ़ आया। फिन, एक आर्टिस्ट ने उशका ताड़ीफ़ में बोहुत बोड़ा तोश्वीर बनाया। माँ दुरगा का। अऊर माँ दुरगा के मुख की जगह वो बाई का मुख बना दिया। वो आर्टिस्ट को ईनाम मिला। लेकिन माँ दुरगा बहुत नाराज़ हो गिया। एकदम गुश्शा। एक मोहिना बाद पहले ओ का लोड़का मरा। पायलट था, प्लेन क्रश हो गिया। फिन, वो बाई को सोर्भिस भी छूट गिया। हुँह। कोथाय शिंहवाहिनी, वो माँ दुरगा और कोथाय वो पोलिस का डोंडाधाड़ी औरत। जोगत-जननी के त्रिशूल के बिरोबर वो बाई का डोंडा कहाँ ठेहरेगा।'

बाबू की बात ख़तम हो गई। पर बदरीपरसाद को कुच्छ बी पल्ले नी पड़ा। एक बात समझ में साफ़ आयी कि उनकी आँख लाल हो गई और ख़ून गरम। ऐनक वापस नाक पर टिका कर बोले, 'भाय जोंगमैन। माँ काली की मूड़ती में 'इन्नोभेशन' कड़वाएगा, तो हम तो मठियामेठ होगा ई, फिन ये बेचाड़ा बोदड़ी पोड़शाद जी भी हमाड़े साथ माड़ा जाएगा।'

'नहीं, ऐसा कुछ नहीं होता। ये केवल हमारी धर्मभीरूता है' हरे पंडत के लड़के ने फिर कोई ऊँची-नीची बात दे मारी। बाबू फौरन गरमा गए। इँग्रेजी में फिर कोई बात बोले और हो गए उसी के साथ चल्लू।

'जोंगमैन। कीप इट इन योअर माइंड-दैट व्हाट बैंगाल थिंक्स टुडे, रेश्ट ओफ दी वोर्ल्ड थिंक्स टुमारो। आप क्या बोल्ता हय...? हम धड़मभीडू हय...? ठीक हय, धड़मभीडू हय...आमरा देभी-देभता शे हम भोय खाता हय। पर, बिधड़मी...? बिधड़मी क्यों डड़ता

हय...? येक ओमेरिकी पोयट उधड़ में आया था। वो का नाम था, गीन्शबर्ग...। वो...कोलकाता में, माँ काली के मोन्दिर गिया वो। शोचा हिन्दोश्तान का देभी-देभता मोज़ाक के वास्ते बोढ़िया होता हय। फोटो खींचेंगा। जभी काली माँ के शामने पड़ा, तो मोज़ाक कड़ना भूल गिया। बोला कि हम्को ये मुड़ती में तो ओद्भुत शोक्ति नज़ड़ आता हय। गले में लोटकी मुंडमाला में हम्को तो मुशोलिनी, हिटलर, औड़ गोयवेल्स के शिर दीखता हय।'

बाबू ने जो कुछ बोला, बदरी को कुछ समझा नी, पर एक चीज़ समझ में आयी के बाद ये बोलने के बाबू ने नसवार सूँघी और हरे पंडत के लड़के की तरफ़ बहुत कचकची खा के बोले, 'बताव जोंगमैन! वो ओमरिकी पोयट कोय हेंडू धड़म मानता था...? धड़मभीड़ू था...? नोय, बेल्कुल नोय। ये माँ काली के तेज का प्रभाव था। अब्भी ये मूड़ती को ही लेओ! अब्भी तो खाली माटी का हय...फिन, पूजा-प्रोतिष्ठा हो जाय तो ये में भी काली माँ का तेज शोम्मिलित हो जायगा। पूजा होने के बाद आप-हम...मआनी कोय भी मूड़ती को छू नाय शकता...। साक्षात् होता है, वो क्षण में माँ। माँ नाड़ाज हो गिया तो फिन एक लक्ष पुत्र तोर शवा लक्ष नाती-केहि न बोचिवे।' बदरीपरसाद डरने लगा था कि बँगाली बाबू और हरे पंडत का लड़का कहीं बात-बात में भातक-भीतक नी पड़ बैठे। हट्टा-कट्टा छोरा है, ख़ून ताव खाने में बिलम नी करता। पर, हरे पंडत का लड़का बजाय गरम होने के मुसकराया।

बदरीपरसाद का जी मुकाम पे आ गया। बँगाली बाबू की सारी बकझक में से बदरीपरसाद को एक बात साफ़ समझ में आ गई कि बाद पूजा करने के माटी की मूरती में साक्षात् कलकत्ते वाली काली उतर आवेगी और उसे कोई भी छू नी सकेगा। बदरीपरसाद ने सोचा, रामगीर होता तो क्या करता...? ये ई तो किया था वो ने...पूजित मूर्ति का स्थान भंग कर दिया था...और जान से हाथ धो बैठा। रामगीर को कमली की बात याद आई। साले की अक्कल पत्थर काटते-काटते पत्थर हो गई और सब चीज़ को पत्थर समझने लगा था। खो दी न अपनी जान और कर दिया बदरीपरसाद को ऐकेला। आज बदरीपरसाद को विपत में जीव हेड़ के सामने रख देनेवाला कौन रहा...?

'बहुत ठीक है, बोदड़ीपोड़शादजी, मूड़ती ठीक हय।' बँगाली बाबू जिभान की लपालपी से थक गए थे। साँस छोड़ के बोले, 'बस हम चोलता हय। सँजा को नवरात्र का आड़म्भ है, माँ का पूजा होगा। इशलिए, हम शोंघ का सोब लोग थोड़ा देड़ में आता है आप मूड़ती को बाहर बड़ामदे में निकालो। तभी आपका बाक़ी तीन शौ रूपिया भी पेमेंट कोर देगा। अऊर मूड़ती भी ले जायगा।' बँगाली बाबू हरे पंडत के लड़के से चिढ़ गए थे। सो चलते समय वो के तरफ़ देखा भी नी और धोती की लाँग काँधे पर लाखते हुए दरवाज़े से बाहर हो गए। गली में। बाबू गली के खूँपे तक भी नी पौंहँचे होंगे कि कमली की कोठरी से हवा को भेदती दुर्गी की बिलखती हाँक ऐसी आई कि आँगन में बँधा काबरिया गधा भी काँप गया।

'काकूऽऽ...ओ...काऽऽऽ। दौड़ो।'

बदरीपरसाद पराण छोड़ के भागा और पहुँच के देखा कोठरी में कमली की काया थर-थर धूज रई थी। जैसे किसी ने माव महीने की ठंड में तप के रोगी को नहला दिया हो। साँस फँसे जा रही थी। बदरीपरसाद ने सिरहाने रखी सुराही में से पानी गिलास में उँडेला और कमली को टोया। हरे पंडत का लड़का भी साँते लगा भाग के कोठरी में आ गया था। देखते ही बोला, 'बदरी काका, देर मत करिए, इन्हें अब्भी अस्पताल के लिए चलते हैं। हालत सीरियस है'

बदरीपरसाद ने हरे पंडत के लड़के की ओर बहुत अटपटी आँखों से ताका। जने कि वो कोई महा बेढंगी बात बोल बैठा हो...। फिर वह बोला, 'इसको हस्पताल की दवई ये टैम नी लगेगी। तुम अभी बाल बुद्धि के हो। समझ नी है, तुम में।' दुर्गी इस सारी भाग-दौड़ और घबराहट से अलग आँख मूँद के माँ चामुंडा की आरती गाने लग गई थी। पहले वह बुदबुदाहट के रूप में रही, पर जब बदरीपरसाद ने हरे पंडत के लड़के की बात को काटा, तो उसके सुर ऊँचे हो गए। सुर ऊँचा होते ही साफ़ हो गया कि वह माँ चामुंडा की नी, माँ काली की आरती गा रही थी। हरे पंडत के लड़के ने गौर किया, कम बोलनेवाली कच्ची उमर की लड़की की अटपटी आवाज़ में आरती के सुर बड़े अजीब और रहस्यमय लगने लगे थे, जिससे पूरी कोठरी का वातावरण ख़ौफ़नाक लगने लगा था।

'अच्छा बदरी काका, मैं चलता हूँ और डॉक्टर को अब यहीं लाना पड़ेगा, मुझे।' हरे पंडत का लड़का यह बोला और भाग कर घर से बाहर निकल गया। गली में उसकी साइकिल की घंटी गनगना रही थी। और कमरे में दुर्गी के द्वारा गायी जा रही, माँ काली की आरती के अटपटे सुर।

आरती ख़त्म होते ही कोठरी में सन्नाटा छा गया।

दुर्गी की डरी-डरी आँखें कुछ देर कोठरी, कमली और बदरी को ताकती रहीं, फिर उसने अँगुलियों से ढाँप लीं। बदरीपरसाद की तो जैसे वाचा चली गई हो। जिभान तालू से डरी-डरी चिपकी पड़ी थी। तभी एकदम कमली की साँस आते-आते फेफड़ों में फँस गई और नाक से घर्र-घर्र की ऐसी आवाज़ उठने लगी, जने कि कोई आधी रात के घोर सुन-सुनाके में, कुँऐ के माँय उतरकर माटी की माथणी में छाछ कर रहा हो। पता नहीं हवा ने क्या धार ली थी कि वो कमली के फेफड़ों में ये ख़तरनाक खेल खेल रही थी। बदरीपरसाद घबड़ाकर कमली के मुँह पर झुक आया। शायद ये ही वजह रही होगी कि दुर्गी ने घड़ीक भर खाट पर, पल-पल और अधिक बेसुध होती जा रही अपनी माँ की ओर एकटक देखा, फिर तरीके बन्द ढंग से कोठरी से बाहर बरामदे की ओर चल धरी।

घरघराहट बढ़ी और एक खास ठिकाणे पर पोहँच के एकतानी हो गई। बदरीपरसाद ने कमली के तेज़ बुखार में तपते कपाल पर पसीने से गीली हो रही अपनी हथेली रखे-

रखे, भे-भीत से, बाहर आँगन में तका। वहाँ दिन की उतरती धूप अपने घटते ताप के साथ मट्टी के सूखते हुक्को और काबरिये गधे की पीठ पर गिर रही थी। आँगन में काबरिया गधा कुछ इस तने से धीरज के साथ खड़ा था, जने कि धूप उसकी पीठ पर लादी जा रही है और लदान पूरा होते ही वो कहीं की भी दिशा में तिलमिलाता हुआ चल धरेगा।

'कारे काबरिया' कई सच्ची-साँच ज तू इना आँगणा की धूप के लादे-लादे कहीं चल्यो जाएगा ?' बदरीपरसाद ने अपने इकलौते गधे से होंठ-ही-होंठ के माँय 'आमनो' करियो। फेर, ये सोच बदरीपरसाद की आँख तनिक देर के लिए मुँदा गई। आँख के आगे इन्धेरा फैल गया। जिसमें कोठरी, कोठरी का सगला सामान और कमली भी पूरी तने से डूब गई। फिर एकाएक उस अँधेरे में अपने ही हाथ की लाल जीभ व काले खप्परवाली मूरती उभर आई। वह बेतरह डर गया। जैसे मूरती ने गढ़कर गर्जना की और उसको धर दबोचा है आँख खोल ली घबरा के बदरीपरसाद ने। कमली की साँस उलझ गई थी और घरघराने लगी थी। बदरीपरसाद ने दौड़ कर गिलास में पानी लिया और कमली के मूँ से लगा दिया। मूँ पानी से कुछेक देर कुल्हड़ की मुजब भरा रहा, फिर घुटक-घुटक की आवाज़ के साथ नीचे उतर गया।

बदरीपरसाद का 'भे' बढ़ने लगा। उसने कमली को किचकिची खा कर झिझोड़ा 'कमली, ओ कमली।' पर कमली के कान तो जाने कौन लोक की ओर खुले हुए थे। उसे ये जगत की कोई हलचल सुनाई ही नंई दे रही थी। बदरीपरसाद कातर कंठ से बोला, 'कमली, ये क्या कर रई है तू-अब्भी तो दुर्गी का मांडवा मंडना और अपणी जगदीश जी की जात्रा रई है...बोल ये सब्ब क्या मैं एकला-एकला करूँगा...? बोल नी...?' पर कमली बदरीपरसाद के सवाल के आगे चुपचाप थी। जो कुछ जवाब ढूँढ़ा जा सकता, तो वो सिरफ़ वो की साँस के सर्राटे में। पर, हवा की गत में लिखे को कौन सुन या बाँच सकता है बदरीपरसाद बड़बड़ा के चुपा गया। आँख से टपाटप आँसू ऐसे गिरे जने कि माँ चामुंडा की मूरती के 'अभिषेक' के लिए टाँगी मट्टी की माथनी से, दूध की दो बूँद गिरी हों।

उसका ध्यान फिर कोठरी से बाहर चला गया। बाहर बरामदे में दुर्गी दीख गई। मटकू के मानिन्द बैठी-बैठी जाने क्या कर रही थी। करम के ऐसे खोड़ले समै में दुर्गी का धीरज देख के बदरीपरसाद का मन भींज गया। कित्ती सयाणपत आ गई, खिलौने से खेलती और बोलती बेटी में। कमली सच्ची कहती है, 'कुम्हारण ने सोहणी सरीखी बेटी होण तो भोत जनमी, पे उनके वास्ते अपणा जीव हेड़ लाखने वाला महीवाल काँ पैदा होया। कई पतो काँ गारो घूँदेगी, म्हारी छोरी। अने हूँ मरी गई तो कुँवारी नी रई जाय।'

तभी दूर हवा में ढोल-ढमाकों की धूम-धड़ाके से, बजने की आवाज़ आयी। जाने कि चौरस्ते पे दूल्हे की घोड़ी को रोक बराती लौंडे-लपाड़ी नाचने लाग गए हों। पर, उसे याद आया कि ये 'लगन सरा' की बखत तो है ही नी, जो बारात हो।

बदरीपरसाद ने कलबलाती कमली की ओर तका और मन-ही-मन कलाप करने लगा, 'कमली कँई अपना दरवाज़ा के आगे घोड़ी देखे बिगेर चली जायगी, तू...? ऐसो तो मत करो वो।' बदरीपरसाद के कलेजे में काट चलने लगी। अपनी बेआसरा-सी हालात और कमज़ोत औकात को कूत कर वह माँ चामुंडा की सरणे जा गिरा 'हे माँ चामुंडा! तू तो मौत के भी मेटनेवाली हैं... यो कुम्हार कलसियो चढ़ायगा थारे-लाज राख लेजे।' तभी अरज करते मन में 'भे' आया और घनमथन होने लगा कि ये सब विपदा मूरती में कोई चूक या ख़ामी रह जाने के कारण तो नी आ रही हैं...? उसने खप्पर कहीं ग़लत भुजा में तो नी रख दिया...?

ढोल-ढमाके, जो दूर बज रहे थे, लगा ये छिन माय एकदम गली में आ गए हैं। उनके बजने की ताल 'जागझम्पा' मुजब होने लगी थी। एकताल में धुनकी जा रही ढोलकी कालजे मैं धमक धरने लगी थी।

वह इस बेकल घड़ी में ओड़ली के दरवाज़े से जूझ रहा था। किवाड़ों ने आदत के मुताबिक़ ताक़त की दरकार की। बदरीपरसाद ने तन की ताक़त पंजों से पहुँचायी और दरवाज़े को धकेला। दरवाज़ा खुल गया। बदरीपरसाद ने मार बेचैनी से मूरती की ओर निहारा। मटमैली भीत से लगी, रंग-रोगन के साथ मट्टी के आकारों में अपने खौफ़ खिलाते विकराल रूप को परगट करती, मुर्दे की सवारी करने वाली माँ काली की मूरती खड़ी थी।

खप्पर की अवस्था जाँचने के बाद, बदरीपरसाद ने ज्यों ही मूरती के पाँव की ओर देखा, वह सन्न रह गया। जैसे काली मट्टी की खदान की कराड़ कमली के साथ-साथ उस पर भी आ धँसी है चित्ता-ताळी खेल गई तब्यैत। पोर-पोर में ठंडा पानी बहने लग पड़ा। हे राम, इस खोड़ली दुर्गी राँड ने यो कँई करी डाल्यो, माँ काली की मूरती का पाँव पखार के पूजा कर दी। ओड़ली में आगे एक क़दम भी नी बढ़ा पाया। जैसे कोई झाळ उठ रई हो। सारी पृथमी घूमती लगी ये बखत बदरीपरसाद को।

वो फटी-फटी आँख से तक रहा था, मूर्ति को। हे भगवान्...! बँगाली बाबू को अब ये मूरती देगा कइसे, ये मूर्ति तो पुजा गई। उसके दिमाग़ में बँगाली बाबू की बतायी बात गड़गड़ाती गूँजी, 'पूजा कोड़ने के बाद, येई माटी की मूड़ती में साक्षात् कोलकाता की माँ काली का तेज़ शोम्मिलित हो जाएगा। कोय छू भी नोय शक्ता हम कोय बी।' बदरीपरसाद के कानों से सन्नाट बीत गई।'

ढोल-ढमाके इस तने बज रहे थे जने कि दरवाज़े के ऐन सामने बज रहे हो।

बदरीपरसाद की काया का पोर-पोर जकड़ गया था। उसे लगा, जैसे साँकल में खाँग के उसे खड़ा कर दिया है और बलि चढ़ाने के टेम बजायी जानेवाली ताल में 'जागझम्पा' ज़ोर-ज़ोर से बजायी जा रही हैं। एकदम उसकी गरदन पर चढ़ के। उसे लगा, दरवाज़ा खुला रखे-रखे वह कुछ पल और खड़ा रहा, तो पागल हो उठेगा। वह झटके से ओड़ली की देहरी लाँघा, कस के दरवाज़ा भेड़ा और साँकल चढ़ा दी। सामने,

बरामदे में बदरीपरसाद की बेटी दुर्गी बाप की तक़लीफ और तिलमिलाहट से बेख़बर, फूलों को सुई से उसी तरह छेद रही थी। बदरीपरसाद को लगा, उस सुई की नोंक उसके कलेजे में उतरती जा रही है

बदरीपरसाद की पीड़ा, ये बखत दुर्गी की लापरवाही का आलम देख गुस्से में बदल गई। 'नट्ठारी ने नुसकान कितना कर दिया और छानी-मानी बैठके उल्टी गजरा गूँथ रही है वह तैश में दौड़ा और दुर्गी को टाँटड़ी पकड़, वो के खड़ा कर दिया। फिर दाँत भींच के एक-एक बोल के बटके-बटके करते हुए चीखा, 'ऐ औलाद, यों कई करी लाख्यों अपणा बाप को। करिया-कराया पे पाणी फेर दिया ओ तू ने। कँख्यारी डाक्कण। बोले नी सूमड़ी-कई करी दियो तू ने...? ऐबली, बाँचड़ी बाँदरी...उछळ बछेरी...।' जितनी भी गालियाँ लड़कियों को हड़काणे के वास्ते वापरी जा सकती थीं, वो ने भड़ाभड़ उगल डालीं।

कब जिभान के साँथे-साँथ, वो के हाथ चलने लाग गए, बदरीपरसाद को सुध नी थी। वह ज़ोर-ज़ोर से कभी घमूके, तो कभी थप्पड़ से दुर्गी को दनादन कूटे जा रहा था। जिभान उससे तिगुणी और तलवार सी चलती जा रही थी।

'ये क्या कर रहे हो, बद्री काका...? उस बिचारी को मार डालोगे क्या...?' मारते हाथों को थमाते हुए एक कड़क आवाज़ उठी। सहसा सुध हो आयी बदरी परसाद को। सामने हरे पंडत का लड़का था। दुर्गी तो पिटते-पिटते ज़मीन पर औंधी गिर पड़ी थी। हरे पंडत के बेटे ने ज़मीन पे औंधी पड़ी दुर्गी को कन्धे पकड़ के उठाया।

खड़ी होते ही दुर्गी ने हरे पंडत का लड़के को हाथ झटक के दूर किया फिर अपनी बड़ी-बड़ी और जलती आँखों से बदरीपरसाद को घूरा और बाद इसके चीखकर बोली– 'ऐ पापी, तू मुझे बेचणे जा रहा है...तू मेरा सौदा कर रहा है...! सुण...मैं तेरा सत्यानास कर दूँगी...तेरा सर्वनाश हो जावेगा...।' बोलते हुए दुर्गी की आँखें इत्ती और ऐसी चौड़ी हो गई थीं जने कि उसकी दोनों पुतल्याँ डोळ्या समेत बाहर आ जावेंगी। फिर रजीक-सी देर बाद हुवा ये कि एकाएक दुर्गी की सारी की सारी काया धूजणा शुरू हो गई। कोई अदीखी लहर पाँव से उठकर उसके माथे की ओर जाते हुए पूरी काया को एक हिल्लोल में बदले दे रही है बाद इसके दुर्गी ने इस तरेह दाँत काढ़े कि लगे कोई अट्टहास कर रही है दोनों हाथ ऐसे घुमाए कि उनमें हों, बड़े-बड़े तीखे-भच्च गंडासे। उधर ढोल-ढमाके बजते-बजते अक्कास में चीरा डाल रहे थे। बदरीपरसाद मारे डर के ऐसा हो गया जैसे किसी ने ओ के डील का सारा का सारा लोई ही निकाल कर पी लिया हो। पीला-पट्ट पड़ गया, पूरा मूँ।

कुल मिला के कहो कि बदरीपरसाद की नेठूँई बाचा चली गई हो। वो कुच्छ भी नी बोल पा रहा था। घिग्घी बँध गई थी। पसीणे में उसकी पूरी देह भींग गई थी। वह सहारा लेणे के वास्ते गते-गत पीछे हटा और दीवार से उसकी पीठ टिक गई। वह धीरप से दीवार के सहारे रगड़ती पीठ के साथ खिसकता हुआ, ज़मीन पर बैठ गया।

हरे पंडत के लड़के ने बढ़कर दुर्गी को अपनी मजबूत बाँहों में जकड़ लिया और उसकी इच्छा के विरुद्ध उसको धीरे-धीरे धकियाता हुआ कमली की कोठरी की तरफ़ ले जाने लगा। लड़के की बाँहों में दबोचे होने के बावजूद , दुर्गी ठीक से जफोता नहीं पा रही थी। वह अपनी अट्टहासी आवाज़ में बोले ही जा रही थी। 'हे दुष्ट... ! तू मुझे बेच रहा है...तेरा सत्यानास हो जाएगा...।'

बदरीपरसाद के सामणे अब ये बेल्कुल साफ़ हो गया था। 'हे भगवान ये क्या हुआ...? अरे दुर्गी की देह में तो ये माँ काळी उतर आयी। हरे पंडत कहते हैं, जिनकी देवयोनि होती हैं, वे देवाविष्ट हो जाते हैं। उनकी काया में देवता साक्षात् हो उठते हैं। और उनके मुँह से निकला आसीरबाद और श्राप दोनों ही सत्य हो जाते हैं।'

बदरीपरसाद मारे 'भे 'के थरथरा रहा था। कमली की कोठरी से दुर्गी की अट्टहासी आवाज़ें बहुत साफ़-साफ़ दिखाई दे रही थीं। ढोल-ढमाके बजने के सुर धीरे-धीरे निकट और तीखे होते जा रहे थे।

हरे पंडत का बेटा दुर्गी को कमली की कोठरी में छोड़ के कोठरी की साँकल चढ़ा कर बदरी के पास लौट कर आया तो बदरीपरसाद ने पागलों की तरह विलाप करते हुए कहा, 'मार लाख्यो रे, बेटा, म्हारे इनी औलाद ने। इनी भगतण की पूँछड़ी ने । बता काली माँ की मूरती की पूजा करी डाली और अब माँ ओ का डील मे उतरी गई है अब हूँ, बँगाली बाबू के मूर्ति काँ से लई के दूँवा...? कित्तो नुसखान करी दियो, ऐ ने।' बदरीपरसाद बच्चों के माफ़िक़ ज़ोर-ज़ोर से घाँधड़ला पाड़ के रोने लाग गया।

ढोल ढमाकों की आवाज़ें रुक गईं। बदरीपरसाद ओचपा और चुप हो गया। इस समय उसके दरवाज़े में भीड़-की-भीड़ घुस रही थी।

'बोदड़ीपोड़शादजी।'

भीड़ के लोगन को कोहनी से हटाते हुए बँगाली बाबू निकले और बदरीपरसाद के नेठूँई सामने आकर खड़े हो गए। उनके हाथ में दस-दस के तीस नोट थे। उसकी ओर बढ़ाते हुए बोले–'बोदरीपोड़शाद जी, ये है आपका बोकाया पेमेंट। लीजिए, औड़ हमको माँ की मूड़ती दीजिए। आमरा बेंगाली शोंध का सब लोग आया हय। डीजोल गाड़ी कर के।'

बदरीपरसाद ने पल भर नोटों की तरफ़ देखा। फिर बाबू की शक़ल को। और बजाय नोट अपणे हाथ में लेणे के रोता-रोता बँगाली बाबू के पाँव में पड़ गया, और गिड़गिड़ाणे लगा–'म्हारी कसूरी माफ़ करी दो बाबू। हूँ तमारा हाड़्या पग खाता हूँ ...कहीं को भी नी रहूँगा, बाबूजी...। अरे तम म्हारा कुनबा के बचाई लो।'

'क्या बात हय...? भाय क्या बात हय...बोदड़ी पोड़शाद जी...?' बाबू घबड़ा के पीछे हट गए। बदरीपरसाद क्या बोल बक रहा था, उनकी कुछ समझ में नहीं आ रहा था। उसका मालवी-बोली में किया जा रहा विलाप, उनके लिए किसी विदेशी भाषा से कम नहीं था। वे उसका किसी भी तरह का अर्थ निकाल पाने में अपने आप को असमर्थ

पा रहे थे।

'भाय, बोदड़ीपोड़शाद जी क्या बोल्ता हय...आप...?' बँगाली बाबू बोले, 'हमको नोय शोमझा-हम मूड़ती को माँगा औड़ ये तो बेल्कुल पागल के जईशा रोता हय।' बाबू ने हरे पंडत के लड़के की ओर देखा।

'चलिए, आइए, मूर्ति मैं देता हूँ, आपको...।' हरे पंडत के लड़के ने बँगाली बाबू को एक ऐसी दमदार आवाज़ में जवाब सौंपा जने मूर्ति बना कर देने का सौदा, उसी ने किया था। लड़का ओड़ली की ओर ज्यों ही बढ़ने को हुआ, बदरीपरसाद ज़ोर से चीखा। इतनी ज़ोर से चीखा। इतनी ज़ोर से कि अपने मालिक की कातर चीख सुन के आँगने में बँधा काबरिया गधा, यकायक रेक पड़ा। फिर खूँटे से छूटने का तोड़ाव किया, उसने। लेकिन रस्सी से बँधे होने का कारणे करतब कामयाब हो नी पाया। अलबत्ता, हवा में दुलत्ती ज़रूर उछाली। दो-तीन बार। फेर ज़मीन पे लोट गया।

'सुन भैया, ओ तरफ़ मत्ती जा रे, मत्ती जा रे।' बदरीपरसाद फिर ज़ोर से चीखा, और अपनी हिदायत को बेअसर पाकर हवा में चारों तरफ़ डील घुमा के सहायता की दरकार में बोला, 'हे भगवान! इक्खे बचाव, एकली औलाद है, हरे पंडत की-दौड़ो-बचाव इक्खे! बचाव!' पर मूरती लेने आयी भीड़ में लोग सुनसान खड़े थे। उन्हें समझ में ही नी आ पा रहा था कि ये सारा मामला क्या है...? मूरती बनाने वाला कारीगर क्यों चीख-पुकार मचा रहा है सहमी भीड़ को बेहरक़त देख अख़ीर में बदरीपरसाद ख़ुद दौड़ा और हरे पंडत के लड़के की बाँह थाम ली। लड़के की देह में फुरती और जोश था, बदरीपरसाद की पकड़ फिसल गई।

हरे पंडत के लड़के ने ओड़ली के दरवाज़े को धकेला। मगर बीत चुकी बारिश की चपेट में किवाड़ अभी तक भी चले आ रहे थे। वे खुले नहीं। ज्यों-के-त्यों बन्द थे। शायद, लकड़ी के चप्पे-चप्पे में सीलन इस तने समायी हुई थी कि कुँवार की धूप के बावजूद पूरी तरह ग़ायब नहीं हुई थी। लड़का थोड़ा ठिठक गया।

इस बीच बदरीपरसाद दौड़ा और हरे पंडत को दरवाज़ा खोलणे से रोकणे के वास्ते उसके अद्दर झूल गया। हरे पंडत के लड़के ने झटक कर बद्री काका को दूर किया। फिर उसने कुछ इस तरह मूँ बनाया जने कि वो कुछ तय कर रहा हो। फिर बिजळी की गति के माफ़िक़ थोड़ाक पीछे हटा। और अन्त में, उसने ज़ोर से अपनी अक्खी देह को आगे की ओर धकेल के किवाड़ों से भिड़ा दिया।

बदरीपरसाद, जो साँस रोक यह सब भौचक आँख से भे'भीत हो देख रहा था। दौड़ कर हरे पंडत के लड़के के कने पहुँच गया। उसने देखा, किवाड़ों की लोहे की पत्तियों पर उचकी कील, लड़के के बाएँ कन्धे में शायद चुभ गई थी। ख़ून की पतली-सी रेख सुफ़ेद झक्क कमीज़ पर ऐसे मंड गई, जने कि कोई ने सुफेद काग़ज़ पे कुछ लिखने के पहले लैन खींच मारी हो। बदरीपरसाद ने पहली दफ़ा उसके कन्धे को इतने नज़ीक से निहारा। काफ़ी गोल और मजबूत था। रामगीर के काँधे की तरह।

दरवाज़े के पास खड़ी अवाक् भीड़ ने बदरीपरसाद की ओर देखा। खुली और स्थिर पुतलियों से, उस जवान लड़के के कन्धों को देखती बदरीपरसाद की आँखें ऐसी लग रही थीं–जैसे, वे जागने का का जतन कर रही हों। लेकिन वे ठीक से जाग नहीं पा रही हैं। फिर एक झटके से बदरीपरसाद हरे पंडत के लड़के के द्वारा धक्का देने से खुले दरवाज़े से देहरी लाँघ कर ओड़ली के अन्दर चला गया ।

हरे पंडत के लड़के ने देखा कि बदरी काका मूर्ति के सामने विक्षिप्तों की तरह जाने क्या बड़बड़ाते जा रहे हैं। वो कुछ पल ऐसे ही खड़े रहे फिर सहसा, वहीं मूर्ति के पाँवों के पास, ठीक सामने धड़ाम से गिर पड़े हैं।

●●●